国家社会科学基金项目研究成果（项目批准号：08BFX007）

本书由长沙理工大学出版基金资助出版

中国民主政治法治化研究

ZHONGGUO MINZHU ZHENGZHI
FAZHIHUA YANJIU

王新生◎著

人民出版社

责任编辑:郭　倩
封面设计:肖　辉
责任校对:张杰利

图书在版编目(CIP)数据

中国民主政治法治化研究/王新生 著. -北京:人民出版社,2014.12
ISBN 978－7－01－014334－7

Ⅰ.①中…　Ⅱ.①王…　Ⅲ.①社会主义民主-民主政治-研究-中国
②社会主义法制-研究-中国　Ⅳ.①D621②D920.0

中国版本图书馆 CIP 数据核字(2014)第 304253 号

中国民主政治法治化研究
ZHONGGUO MINZHU ZHENGZHI FAZHIHUA YANJIU

王新生　著

人民出版社 出版发行
(100706　北京市东城区隆福寺街 99 号)

北京市文林印务有限责任公司印刷　新华书店经销

2014 年 12 月第 1 版　2014 年 12 月北京第 1 次印刷
开本:710 毫米×1000 毫米 1/16　印张:15.5
字数:247 千字

ISBN 978－7－01－014334－7　定价:34.00 元

邮购地址 100706　北京市东城区隆福寺街 99 号
人民东方图书销售中心　电话 (010)65250042　65289539

序

李 龙[*]

　　当代中国法学研究呼唤"中国特色、中国风格、中国气派",亟待学者们立足中国实践,探究中国问题,寻找适合中国的解决之道。实现民主政治法治化是当代中国社会主义民主政治与法治发展的重大理论与实践问题,需要当代的法学人进行长期而深入的探索。

　　民主与法治是时代的主题。自古希腊柏拉图、亚里士多德以降,无数的先贤致力于探究民主与法治问题,为人类的政治文明与法治文明提供了充足的养分,造就了当今世界民主政治与法治的昌明。但是,民主与法治的事业是永无止境的,各个国家与民族都有其自身的特点与道路选择。西方国家有西方国家的历史轨迹与现实需要,其发达的民主政治与法治文明为中国当今的民主政治与法治建设提供了借鉴与参考。

　　中国的社会主义民主政治发展之路有着自己的路径与模式,那就是走上法治化之路。新中国成立初期,我国社会主义民主与法治建设取得了良好的发展,但是这一发展势头为"文化大革命"所中断。在某种程度上可以说,中国社会主义民主政治的法治化之路是从反思"文化大革命"错误中开始的。在长达十年的"文化大革命"时期里,在"大民主"和"群众专政"的鼓噪中,在"揪出党内一小撮走资派"、"坚持无产阶级专政下继续革命"的口号的激励下,广大的人民群众满腔热情而又盲目地卷入到了党内政治斗争之中,以"无产阶级革命"的名义砸碎了公检法机关,摧毁了一切权威,把宪法和法律踩在脚下,把大部分党和政府的领导干部批倒批臭,由此,国家机关的工作秩序受到严重冲击,社会秩序荡然无存,国民经济陷入崩溃的边

---

　　* 李龙,武汉大学人文社会科学教授、博士生导师。

1

缘,人民生活普遍贫困。历史的教训告诉我们,健全法制是发展社会主义民主政治的重要保障。1978年年底召开的党的十一届三中全会,反思"文化大革命"践踏民主法制所造成的严重恶果,实现了对"文化大革命"的拨乱反正,充分认识到"民主是法制的基础、法制是民主的保障",提出发扬社会主义民主、健全社会主义法制。自此,我国民主与法制事业走出"文化大革命"的阴影,取得长足的进步。

健全社会主义法制对于发扬社会主义民主有着重要的意义。没有健全的法制,不仅人民的民主权利得不到保障,甚至人民的人身自由也得不到保障,何谈民主?为了从根本上确立社会主义民主与法制的基础,在党中央的主持下,全国人民代表大会于1982年通过了全面修订后的宪法,即我们通常所讲的"八二宪法",全面规定了公民的基本权利和义务,明确了我国公民享有的人身权利、政治权利及其他权利,并将权利条款置于国家机构条款之前,凸显其重要地位。同时,"八二宪法"还完善了我国社会主义政治制度,规定了我国的根本政治制度是人民代表大会制度,还确立了中国共产党领导下的多党合作与政治协商制度、民族区域自治制度、基层民主自治制度。宪法还明确规定:任何组织和个人,都必须遵守宪法和法律,都不得有超越宪法和法律的特权,都必须在宪法和法律的规范下活动。任何违反宪法和法律的行为都必须予以追究。"八二宪法"的这些规定为我国社会主义民主政治法治化奠定了制度基础。

随着社会主义民主与法制事业的发展,法治的理念开始清晰、突出。在长达两千多年的中国封建专制社会里,"人治"的政治传统与政治观念已根深蒂固,仍旧会在社会主义建设初期以这样或那样的方式表现出来。"一言堂"、"个人崇拜"就是其表现之一。这种状况必须得到改变。邓小平就说过:要使社会主义事业不因领导的改变而改变,不因领导人注意力的改变而改变。由此,必须倡导"法治"而远离"人治"。1997年,江泽民代表党中央明确提出"依法治国"的理念,并将之写入宪法修改案之中。"实行依法治国,建设社会主义法治国家",这一宪法原则的提出,明确向世人宣布:中国将走向法治社会。自然,社会主义民主政治也必须法治化。

中国社会主义民主政治法治化是共识,也是难题。民主政治如何法治化?专家学者献计献策,从不同的视角、不同的侧面展开了研究,提出了许多有见地、有创新的真知灼见,为这一问题的研究打下了雄厚的基础。在我看来,社会主义民主政治法治化应当坚持几个基本点:第一,必须坚持党的领导、人民当家做主、依法治国三者的有机统一。我国是社会主义国家,必须坚持党的领导才能保证社会主义的发展方向。中国的社会主义事业是在中国共产党领导下进行的,党领导人民建立了社会主义政权,领导人民制定了宪法和法律,党带领人民遵守法律,人民当家做主是我国社会主义民主的本质要求,意在坚持人民民主原则,实现人民在政治、经济、社会、文化等各个方面的民主,要与西方社会所坚持的自由民主、精英民主有所区隔,体现我国社会主义民主政治的彻底性、全面性。依法治国是我国社会主义建设的治国方略,是在对我国社会主义实践经验与教训进行全面总结的基础上得出的结论,社会主义民主政治建设必须与法治相结合,才能稳定、有序地发展。第二,必须坚持我国社会主义宪法制度。社会主义民主政治法治化必须植根于我国宪法之中。依据宪法所确立的公民政治权利,基于宪法所确立的政治制度和政治构架,依照法律程序,有序地开展各项政治活动。第三,必须依照法治原则与精神全面更新政治理念。在一定程度上可以这么说:民主政治的法治化是一次理念的更新,更是一次灵魂的革命。当无产阶级掌握政权之后,特别是社会主义的宪法颁布实施之后,民主政治的话语与理念必须依照宪法原则与精神进行改造与更新。在宪法制度下,"人民"已转化为"公民",人民群众的"革命"理念应当转变为"建设"的理念,阶级的"权力"转变为公民的"权利"。如果说革命年代,人民群众可以以"革命"的名义砸毁旧政权的一切,现在,人民群众只能以公民的身份、以"权利"的名义展开自己的行为,遵守社会主义的宪法和法律,合法、有序地开展政治活动,承担起建设新的社会秩序的任务。中国共产党也由原先的革命党转变为现在的执政党,党的理念必须发生相应转变,以党内民主引导国家民主,在依法治国的背景下,党的领导方式必须法律化,以此推动国家民主政治的法治化。不管是党员,还是普通群众,都必须转换自己的角色与定位,改变自己过去熟悉的、执着的观念,适应社会主义民主政治与法治发展的新要求。

面对民主政治法治化这一重大议题,王新生博士作出了自己的努力。在武汉大学攻读博士学位期间,作者以"中国民主政治法治化研究"为题,撰写了自己的博士论文。毕业后又继续深化该专题研究。至此,将自己的研究成果出版成书,呈现在读者面前。该书立意高远,视野开阔,架构宏大,切中肯綮。作者的研究结合民主与法治两大时代主题,意在为中国民主政治的法治化路径提供理论支撑,自有其宏大的愿景。作者在书中探究政治与法律的历史联系,分析民主与法治的内在机理、功能、内容、途径、特点、基础等关键问题,初步构建了票决民主、协商民主、谈判民主的法律制度框架,并论及如何以法律争端解决机制解决政治争端等问题,为我们展现了一幅宏大的理论构架。中国民主政治法治化是一个十分复杂而宏大的课题,本书的研究只是一个开始。作为作者的博士生导师,我深切地期待,作者将会有更多的研究成果奉献给读者。值该书出版之际,特为之作序。

2013 年 6 月 1 日

目　　录

引　言

追求民主与法治是时代的主题。民主与法治的价值理念受到当今世界各国的推崇,实现民主与法治也是当今世界各国追求的目标。

亚里士多德曾言:人是政治的动物。只要有人类社会的存在,政治就与人类如影随形。人类的政治以何种形态存在? 历史上曾经出现过许多政治形态,但从专制到民主却是一个不可逆转的进程。当今时代已是一个民主的时代,①民主已经成为当今时代政治合法性的基本标准。② 民主是文明社会的基本价值,是近代政治文明的伟大成果,是不同国家、不同意识形态的具有共识的政治哲学。③ 在一定意义上可以说,民主已成为整个世界头等重要的政治目标。④ 更有学者认为,民主政治的兴起并成为"常规"政体是 20 世纪最为重大的事件。随着民主制度在世界范围内的推行,民主已成为一股不可逆转的世界潮流,以至于没有任何一个国家在致力于国家发展的进程中,把本国政治置身于民主大潮之外,拒绝民主化的进步。

亚里士多德曾经力倡法治。他曾放言:"法律是最优良的统治者"⑤,"法治应当优于一人之治"。⑥ 亚里士多德首次提出法治的概念:"法治应包含两重意义:已成立的法律获得普遍的服从,而大家所服从的法律又应该

---

① 参见[美]理查德·H.皮德斯:《民主政治的宪法化》,田雷译,载张千帆主编:《哈佛法律评论》(宪法学卷),法律出版社 2005 年版,第 151 页。

② 参见[英]戴维·赫尔德:《民主的模式》,燕继荣等译,中央编译出版社 2004 年版,"序言"第 4 页。

③ 参见蔡定剑:《重论民主或为民主辩护》,《中外法学》2007 年第 3 期,第 257 页。

④ 参见[美]卡尔·科恩:《论民主》,聂崇信、朱秀贤译,商务印书馆 2005 年版,序言第 1 页。

⑤ [古希腊]亚里士多德:《政治学》,吴寿彭译,商务印书馆 1965 年版,第 171 页。

⑥ [古希腊]亚里士多德:《政治学》,吴寿彭译,商务印书馆 1983 年版,第 167—168 页。

本身是制定得良好的法律。"①自近代资产阶级革命建立宪法制度以来,法治的传统一直处于发展之中,在这个过程中,无论是政府官员还是一般民众,都开始接受法治的价值和正当性,并且逐渐视其为理所当然之事。当今世界,法治发达国家是这样,就连那些缺乏法治传统的社会里,也有迹象表明这种情况正在开始实现。② 而且,法治观念也逐步漫出一国治理之范围,出现全球化的趋势,1995 年诞生的 WTO 体制在一定程序上意味着法治秩序的全球化。③

随着民主政治与法治的发展,民主政治法治化露出端倪。近代以来,资产阶级民主革命的直接结果是推翻封建专制统治,建立起资产阶级的宪法制度。资产阶级领导民主革命是以推翻专制统治为号召,如果说专制统治作为"人治"的典型形态的话,民主革命胜利后所建立的新制度只能实行与之截然相对的"法治"。所以,新兴的资产阶级革命家在领导民主革命胜利后,颁布了《宪法》,确立了人民主权原则,规定了公民的基本权利,建立了代议制度,推行三权分立、相互制衡、司法独立等宪法原则,从制度形式上告别了封建专制制度。在宪法制度基础上,用法治取代人治,以法律保障公民的权利,以法律约束政府的权力。随着民主的发展及法治的进步,以选举为核心的民主政治行为被逐步纳入法律的系统之中,由此开始了民主政治法治化的进程。

民主政治法治化的进程同公民选举权的普及与选举法律制度的完善密切相关,在资本主义社会的早期相对比较缓慢,但最近数十年来却得到提速。在英、美、法、德等世界上最早建立资产阶级民主制度的国家里,虽然根据人民主权原则,普遍建立了资产阶级的民主选举制度,国家立法机构成员、行政机构领导人由民主选举产生,但是当时选举权并未普及,能够享有选举权的公民占全体人口的份额并不大。在美国立国之初,只有白人男子享有选举权,并要求其必须拥有规定数量的财产及与纳税相关联,而广大的白人妇女、印第安人、黑人奴隶都没有选举权。其他各资本主义国家的情形

---

① [古希腊]亚里士多德:《政治学》,吴寿彭译,商务印书馆 1965 年版,第 199 页。

② 参见[美]布雷恩·塔玛纳哈:《论法治——历史、政治和理论》,李桂林译,武汉大学出版社 2012 年版,第 178 页。

③ 参见季卫东:《宪政新论——全球化时代的法与社会变迁》,北京大学出版社 2002 年版,第 148—149 页。

大抵如此。这种情形在长达一百多年的时间内并无多大改变。直到第二次世界大战后,人权运动风起云涌,要求普选权的斗争波及世界所有民主国家,各民主国家才普遍推行普选制度。如美国黑人民众直到 20 世纪 60 年代才实际上使用了选举权,瑞士妇女直到 20 世纪 70 年代才拥有法定的选举权。选举权的普及推动了民主政治的大力发展,同时各国为了保障、落实普选权而颁布或修改了选举法及相关的法律,形成了以选举法为核心的政治法律体系。这样,民主政治活动被纳入法治体系之中,民主政治法治化的趋势加快。

21 世纪前后,西方各国开始出现"民主政治宪法化"的现象,引起了学术界的关注。民主政治宪法化实际上就是民主政治法治化的重要体现。这说明民主政治法治化的进程加速,并成为一种全球发展趋势。西方国家的民主政治法治化大多是基于代议制民主基础之上,以研究选举制度法治化为中心,围绕着司法审判对民主选举事务的裁决展开。这些现象及相关研究为我国的民主政治法治化研究提供了理论借鉴。

民主政治制度是由内涵一系列制度、机构、程序和功能的政治运行法治化来体现和保障的。① 当代民主政治的运作基本上是采取代议制形式。这是一种间接民主、一种程序民主,是一种自由的、平等的、参与的、整合的政治。所以,这种民主政治只能是法治的政治,因此,民主政治必须法治化。② 民主政治法治化的意蕴在于:通过对民主政治关系的法律化、民主政治运行的程序化,将民主政治纳入法治的系统中,将法治的理念与精神渗透进民主政治之中,确立民主政治行为主体之间的权利义务关系,为政治行为确立规范,用法律来约束政治行为,并以法律争端解决机制解决政治争端,从而推动民主政治在法治的轨道上稳步发展。

相较于资产阶级民主政治与法治思想,社会主义思想以其彻底的革命性、人民性显耀其光辉。马克思主义者肯定了资产阶级民主革命的进步意义,同时也指出了资产阶级民主与法律制度的阶级本质。马克思在《共产党宣言》一文中就指出,资产阶级所制定的法律只不过是资产阶级利益的

———————————

① 参见冯向辉:《政治运行法治化在政治现代化中的地位和作用》,《文史哲》2002 年第 2 期,第 158—159 页。

② 参见季卫东:《秩序的正统性问题——再论法治与民主的关系》,《浙江学刊》2002 年第 5 期。

反映而已,在无产阶级看来,资产阶级的法律、道德和宗教都是"掩盖资产阶级利益的资产阶级偏见"。① 无产阶级革命所要追求的是彻底的民主。马克思主义民主政治与法治思想在1870年的"巴黎公社"革命期间有过短暂的实践。但因无产阶级革命条件的不成熟而旋即陷入失败。1917年列宁所领导的俄国"十月革命"成功地推翻了资产阶级统治,建立了无产阶级政权,颁布了社会主义性质的苏俄宪法,确立了社会主义的民主政治制度。苏俄社会主义革命的胜利鼓舞了世界各国无产阶级和革命群众。自此,社会主义革命风起云涌。恰如毛泽东所言:十月革命一声炮响,给我们送来了马克思主义。第二次世界大战之后,在中国、波兰、匈牙利、捷克斯洛伐克、南斯拉夫、东德及蒙古、朝鲜、越南、老挝等东欧和亚洲国家建立了社会主义国家政权,甚至在亚洲、非洲、拉丁美洲的部分民族独立国家,也打出了建立社会主义的旗号。当然,这一进程中,最具典型意义的、能够改变世界政治格局的应当是中华人民共和国的成立。新中国的成立,在占世界人口五分之一的国家建立社会主义制度,是世界民主政治的重大进步。社会主义国家阵营的扩大,社会主义思潮影响的深化,也直接或间接地促使资本主义国家采取部分进步主张,对资本主义制度进行改造,如加速推进普选权,提高工人政治和经济待遇,提高社会保障能力等。由此人类的命运得以改变。然而,社会主义的发展道路充满了曲折。苏联等社会主义国家所坚持的政治上高度集权、经济上高度集中的计划经济模式未能有效地推进社会主义事业的持续前进,在各种内外因素的压力下,最终陷入失败。世界社会主义事业也曾一度陷入低潮。中国作为社会主义的大国,在社会主义事业发展进程中,起到了中流砥柱的作用。以邓小平为核心的中国共产党第二代领导集体继续高举社会主义旗帜,坚持改革开放,发扬社会主义民主、健全社会主义法制,使得中国的社会主义事业不仅在世界社会主义运动低潮时期站稳了脚跟,而且还从政治、经济、社会、文化等各个方面发展了社会主义事业。除了中国的经济建设取得重大建设成就之外,特别值得称赞的是,中国的社会主义民主政治与法治建设也取得了重大进步。

　　中国社会主义民主政治法治化有其独特的发展历程。中国社会主义宪法制度的建立是从师法苏俄开始。在中国社会主义民主政治与法制发展过

程中,中国共产党领导中国人民开始了艰难的中国化探索,虽然经历了一段时间的曲折,但最终找到了中国特色社会主义发展道路,实现党的领导、人民当家做主、依法治国三者有机统一的民主政治法治化路径,使中国社会主义民主政治法治化取得长足的发展。

　　新中国成立之初,以苏联社会主义宪法制度为蓝本建构了中华人民共和国的宪制框架。1954 年中华人民共和国第一部宪法颁布,确立了社会主义宪法制度,为中国社会主义民主政治与法制建设奠定了宪制基础,并指明了发展方向。国家民主、法制建设也取得了重大进步。但在 1957 年以后,特别是"文化大革命"期间,由于党的指导思想一度产生重大错误,大搞阶级斗争,提出要在"无产阶级专政条件下继续革命",结果社会主义民主政治遭受重大挫折,社会主义法制也遭到毁灭性的破坏。历史的经验教训充分证明,"为了保障人民民主,必须加强法制。必须使民主制度化、法律化,使这种制度和法律不因领导人的改变而改变,不因领导人的看法和注意力的改变而改变"①。1978 年年底,中共中央第十一届三中全会召开,决定以经济建设为中心,加强社会主义民主与法制建设。由此,中国的民主政治与法制建设取得了长足发展。

　　正确认识民主与法制的关系是理解民主与法制发展的关键。"民主是法制的基础,法制是民主的保障"成为人们的共识。在改革开放初期,民主与法制相互促进,共同发展,取得了显著的成效。随着民主与法制实践的发展及人们对民主政治建设与法制建设的认识的深入,人们认识到,民主政治的发展需要同法治相结合,相对中国社会主义民主政治发展的历史文化条件、现实条件及国际政治环境而言,从人治转向法治仍然是大多数人的诉求,通过法治迈向民主是中国民主政治建设的一项可行之路。② 经过讨论与深入研究,依法治国理念得以提出并被确立为国家的宪法原则。1999 年正式将"实行依法治国,建设社会主义法治国家"写入《宪法》,为我国社会主义建设确立了法治目标。由此,中国社会主义民主政治也明确了法治化的发展路径。

　　中国社会主义民主政治法治化有其独特的前提与基础。社会主义民主是最广泛的民主,是真正意义上的民主。社会主义民主在中国被称之为人

---

　　① 《邓小平文选》第二卷,人民出版社 1994 年版,第 146 页。

　　② 参见季卫东:《宪政新论——全球化时代的法与社会变迁》,北京大学出版社 2002 年版,第 141—174 页。

民民主,它的实质就是要实现人民当家做主。中国共产党一直在探索如何更好地实现人民当家做主。1997年党的十五大报告指出:"把坚持党的领导、发扬人民民主和严格依法办事统一起来,从制度和法律上保证党的基本路线和基本方针的贯彻实施,保证党始终发挥总揽全局、协调各方的领导核心作用。"2002年党的十六大报告重申:"共产党执政就是领导和支持人民当家作主,最广泛地动员和组织人民群众依法管理国家和社会事务,管理经济和文化事业,维护和实现人民群众的根本利益。宪法和法律是党的主张和人民意志相统一的体现。必须严格依法办事,任何组织和个人都不允许有超越宪法和法律的特权。"2007年党的十七大报告明确指出:人民民主是社会主义的生命,人民当家作主是社会主义民主政治的本质和核心,依法治国是社会主义民主政治的基本要求,我们必须要坚持中国特色社会主义政治发展道路,坚持党的领导、人民当家作主、依法治国有机统一。可以说,三者的有机统一是中国社会主义民主政治的基本特征,也是中国社会主义民主政治法治化的基本特征,因此,在中国社会主义民主政治法治化的过程中,我们应该认识到,实现党的领导方式的法律化是中国民主政治法治化的前提,坚持和完善人民代表大会制度、共产党领导的多党合作与政治协商制度、自治民主制度和参与民主制度是民主政治法治化的制度基础。2012年11月召开的中国共产党第十八届全国人民代表大会总结了改革开放三十余年的理论与实践,全面阐释了中国特色社会主义道路,为中国社会主义民主政治与法治建设指明了发展的道路。报告指出:"中国特色社会主义道路,就是在中国共产党领导下,立足基本国情,以经济建设为中心,坚持四项基本原则,坚持改革开放,解放和发展社会生产力,建设社会主义市场经济、社会主义民主政治、社会主义先进文化、社会主义和谐社会、社会主义生态文明,促进人的全面发展,逐步实现全体人民共同富裕,建设富强民主文明和谐的社会主义现代化国家。"报告指出,社会主义民主政治建设应当继续坚持中国特色社会主义理论的指导,坚持中国特色社会主义制度,包括人民代表大会制度的根本政治制度,中国共产党领导的多党合作和政治协商制度、民族区域自治制度以及基层群众自治制度等基本政治制度。坚持中国特色社会主义法律体系,公有制为主体、多种所有制经济共同发展的基本经济制度,以及建立在这些制度基础上的经济体制、政治体制、文化体制、社会体制等各项具体制度。党的十八大报告进一步强调和发展了我国民主政治与法治建设的具体目标,强调要做到"人民民主不断扩大。民主制度更加完善,民主形式更加丰富,依法治国基本方略全面落实,法治政府基本建成,司法公信力不断提高,人权得到切实尊重和保障"。对于我国政治体制改革议题,报告也强调:"必须继续积极稳妥推进政治体制改革,发展更加广泛、更加充分、更加健全的人民民主。必须坚持党的领导、人民当家作主、依法治国有机统一,以保证人民当家作主为根本,以增强党和国家活力、调动人民积极性为目标,扩大社会主义民主,加快建设社会主义法治国家,发展社会主义政治文明。要更加注重改进党的领导方式和执政方式,保证党领导人民有效治理国家;更加注重健全民主制度、丰富民主形式,保证人民依法实行民主选举、民主决策、民主管理、民主监督;更加注重发挥法治在国家治理和社会管理中的重要作用,维护国家法制统一、尊严、权威,保证人民依法享有广泛权利和自由。要把制度建设摆在突出位置,充分发挥我国社会主义政治制度优越性,积极借鉴人类政治文明有益成果,绝不照搬西方政治制度模式。"党的十八大报告明确告诉世人,中国社会主义民主政治将继续沿着社会主义的道路前进。在依法治国方略的指引下,我国的民主政治法治化进程将会进一步加快。

中国社会主义民主政治法治化有其自身独特的内容与形式。其主要内容包括:民主政治关系的法律化;民主政治运行过程的法律化和程序化;以法律争端解决机制解决政治的冲突与争端。在民主政治法治化过程中,应当通过《宪法》与法律规范实现由政治意义上的"人民"到法律意义上的"公民"的身份转换,将公民的政治利益要求转换为法律意义上的权利与义务,将国家机构的权力与职能转化为法律意义上的权力与责任,要将民主政治行为转化为法律行为,把对政治利益的追求行为转化为立法行为,使民主政治行为能够在法定程序中展开,用法律争端解决机制解决政治冲突与争端。中国社会主义民主的实现形式主要是票决民主、协商民主、谈判民主,因此,必须要加强和完善票决民主、协商民主、谈判民主的制度建构,以充分实现票决民主的法治化、协商民主的法治化、谈判民主的法治化。

应当指出的是,中国社会主义民主政治的法治化应当把马克思主义民主法治思想与中国特色社会主义民主法治实践结合起来,中国的民主政治建设应该同社会主义法治建设相互辉映,以法治推进社会主义民主政治的稳步、有序、健康的发展。

第一章　民主政治法治化的内在机理

要弄清民主政治法治化的内在的机理,首先应当弄清民主与法治之间的内在关系。在中国改革开放之初,人们在论述两者关系时常常使用一句简洁的话来表述:"民主是法制的基础,法制是民主的保障。"这句话反映了民主与法制之间基础性的关系,对于我们理解民主与法治的关系有着重要的引导意义。李林曾用"位阶"的概念描述两者之间的复杂关系:"一是上下位阶中的决定关系,二是并列位阶中的互动关系,三是下上位阶中的从属关系。"[①]在李林的论述中,上下位阶的决定关系可以表述为:国体和政体产生宪法——宪法产生立法制度、行政制度、司法制度、法律监督制度等国家政治制度——立法制度产生法律,行政制度产生法规和政府规章,司法制度、法律监督制度产生司法解释——法律、法规、政府规章、司法解释产生各种各种具体制度。在国家实行法治之后,民主与法治发生了转变,形成一种并列互动的关系,这种互动关系可以表述为:宪法规定了国家的国体、政体、基本政治制度、经济制度和社会制度等内容,具有最高的法律效力和法律地位;另外,人民有权通过法定方式,遵照法定程序修改宪法、解释宪法、监督宪法实施。当一个国家的法律制度比较完备之后,民主政治活动应当按照法律制度进行,民主与法治之间形成"下上位阶"关系,这种下上位阶的从属关系可以表述为:政治制度来自于法律,法律是政治制度产生的前提和依据,政治行为则依据法律规定的政治制度作出,法律是政治制度的保障,法律和政治制度则是政治行为的依据和保障。以民主社会最重要的政治活动——选举——为例,选举制度来自于选举法,选举法是选举制度产生的前提和依据,选举行为则依据选举法规定的选举制度作出。选举法是选

---

① 李林:《当代中国语境下的民主与法治》,《法学研究》2007 年第 5 期,第 14 页。

举制度的保障,选举法和选举制度则是选举行为的依据和保障。① 从上述的三种位阶关系可以看出,民主与法治两者之间紧密相连,互为支撑,难以分割。

在国外,也有不少学者对此展开研究,有着各种不同的论述。有的认为民主与法治是相互冲突的,有的认为是可以相融的,有的认为法治是当代民主的一个重要部分,有的认为法治是民主的基础性条件。如约瑟夫·夏辛在《法治》一书中就谈道:"法治是支撑民主国家的原理之一","法律思想是设计民主政治体制的原则之一","民主需要社会市场经济、社会公正以及法治"。② 总体来说,中外学者都认为民主与法治的关系相当密切,不可侵害,且互为条件,互相促进。

总体来看,在宪法制度下,人民主权得以确立,人民享有《宪法》规定的自由与政治权利,构成了民主与法治共同的权利基础;《宪法》规定了国家的性质和结构形式,规定了国家的政治原则和权力结构,确立了民主政治的基本制度,从而促使民主政治行为与法律行为日趋同一,民主政治逐渐演变成法律行为;民主政治与法治两者在其发展过程中,所追求的价值日趋一致,理念交融,法治所追求的平等、公平、正义等理念也成为民主政治的价值追求。由此,民主政治法治化才有可能,并成为必然的发展趋势。

第一节　政治与法律的关系的历史演进

政治与法律的关系自古以来就密不可分,并且在持续的演进之中,联系越来越紧密。从政治与法律的历史关联特征来分析,政治与法律关系之发展大致可分为两个时期:第一个时期是专制统治时期,大致等同于人类社会的奴隶制和封建社会时期,其基本特点是专制统治,国家权力的掌控者多是独裁者或寡头集团,统治者利用其掌控国家的权力颁布法律,以法律作为实现政治的手段,在这一时期,政治决定了法律;第二个时期是民主政治时期,经过资产阶级民主革命所建立起来的民主政体,颁布《宪法》,实施《宪法》。这一时期可以说自英国资产阶级革命以降,不过三百余年的历史,政治与法

---

① 参见李林:《当代中国语境下的民主与法治》,《法学研究》2007 年第 5 期,第 14 页。
② ［德］约瑟夫·夏辛、容敏德编著:《法治》,法律出版社 2005 年版,第 6 页。

律的关系发生深刻的变化。虽然政治对法律仍有决定性的影响,但同时法律也能起到约束政治的作用,而且民主政治法治化趋势逐步增强。拉米斯曾描述这一变化过程为"民主运动推翻了专制君主;建立了宪法;建立了选举体制;通过了限制国家权力、保证人民权力的法律",进而建立一系列的制度,这些制度对于民主的发展有着极端重要的作用。①

一、专制社会中政治决定法律

自国家产生以来,人类社会的早期基本上处于专制统治状态。在专制的结构中,统治者依靠强力维系着自身的统治,并开始利用法律作为政治的统治工具。总体上来看,政治决定了法律。

法律的发展有其自身的轨迹,从最初的自然演进状态,逐渐受到统治者颁布的成文法律的充实而成为政治统治的重要工具。当然,法律在其发展过程中,并不完全受制于政治,也不是亦步亦趋地与政治变化同步,且表现出了与政治不同的性质与功能。在古代社会的早期,或者说在规模较大的王国出现以前,社会在空间上被分割成许多小单位,社会成员流动性低,传播局限于一定地域内,社会秩序建构在不容置疑的真理或者说神谕的基础之上,政治统治并未强大到足以左右整个社会,政治统治者往往是土地所有者或者宗教机构的领袖,政治只是这些世俗人士或宗教人士的某种附属的职能,或是社会地位的表现。这些现象在古代社会的一些宗教国家或是教会统治的国家和地区中表现最为明显,其法律与宗教教义有着天然的、紧密的联系。在他们的眼里,法律就是神谕的产物,应当得到信仰并不折不扣地实施。在高度世俗化的中国,宗教势力虽未控制古代某个时期的整个社会,但那些"自古以来的传统"却有着明显的支配作用,有些类似于西方历史上曾经出现过的宗教统治一样,远古传统起着相当于宗教教义的作用。这些教义与传统对于维系当时的人类社会有着不可或缺的作用,由于社会条件的稳定不变,这些教义与传统被视为千古不易的圣条,被认为是法律的准则。它只能被发现,不能被修改。② 无论是统治集团还是普通民众,都不得

---

① [美]道格拉斯·拉米斯:《激进民主》,刘元琪译,中国人民大学出版社 2008 年版,第 144 页。

② 参见[德]迪特·格林:《政治与法》,杨登杰译,《法哲学与法社会学论刊》第 6 辑,2005 年卷,第 120—134 页。

不认可和遵守这种教条与传统的权威。此时的法律无论是从其内涵还是从其效力来看，都表现出强大的力量，并不完全受政治所左右，政治与法律的关系呈现一定程序的分离状态。然而，伴随着传统的小规模社会的崩解或社会条件的重大变迁，特别是世俗国家的稳固及其规模的扩大，政治势力越来越取得对社会的支配地位，人们所信奉的远古传统无法适应社会变迁，因而不再具有先验的效力；再加上某些宗教势力的分裂，先前人们对神谕的坚定信仰也因宗教分裂而出现不同的理解，绝对的"真理"已不复存在。法律不再因其符合远古传统或符合神谕而无条件取得效力。随着较大王国的出现，专制统治越来越强，世俗的政治势力，以君主为代表的统治势力取得了对内统治的支配权，由此确立了专制者统治的主权。主权代表着对内的最高统治权力，它表明国王或君主拥有对内统治的至高无上的权力，包括立法权和司法权，可以制定和发布法律，完成了政治对法律的完全控制。由此法与政治的关系彻底改变，法从传统的或超验的形态转变为决定主义的形态，它是经由人有意识的制定行为而产生，且基于人的决定而生效，而且这个决定是在政治系统内作出的，法的效力由政治决定，政治开始凌驾于法之上。法律由神谕变成实证的法。法律不是先验的，而是被制定的，君主或国王成为制定法律的人，法是主权者的命令，法律因其背后的强制力而取得效力。此时，法与政治的关系彻底改变了，"法成为可由人制定的，并可以作为政治目的的工具来使用"。① 政治已超越法律之上，不仅决定了法的内涵，也决定了法的效力，法律被当做政治的附属物，成为政治统治的工具。

制定法律取代神谕或先验的准则是法律发展的一种进步，客观上促进了社会的发展，也促进了法律自身的发展。专制统治者或者说国王利用自身的权力，颁布了适合自身统治需要的法律，客观上促进了人类社会政治、经济、社会和文化事业的发展。然而，这种进步是在国王专制统治下取得的，它是以剥夺被统治者的政治自由为代价的。当社会发展到一定程度后，特别带有资本主义性质的工商业开始兴起后，国王专制统治的反动性或落后性表现得更为明显。于是，一些反对专制统治的理念开始出现。政治上，曾经在古希腊城邦国家出现过的"民主"制度被重新发现并得到发扬光大，

---

① ［德］迪特·格林：《政治与法》，杨登杰译，《法哲学与法社会学论刊》第 6 辑，2005 年卷，第 120—134 页。

资产阶级早期思想的先驱者们开始推崇民主制度,并把它作为反对封建专制的政治口号。在法律上,这些先驱者们提出"自然权利"或"权利"概念,以此作为对抗封建王权的理论工具。民主与权利的概念从根本上改变了政治与法律的性质,并逐步改变政治与法律的关系。

二、民主社会中法律规制政治

当资本主义兴起的力量势不可当之时,专制统治作为反动势力的总代表被推翻是必然的事情。资产阶级及其同盟者以自由、民主、人权、法治为号召,通过资产阶级民主革命、独立战争或者立宪变法等革命战争或改良行为,推翻了国王的专制统治,建立了民主国家,颁布了《宪法》。政治上,资产阶级革命者及其同盟者在政治上是以民主取代了专制,把主权从君主手中转移到人民手中;法律上,把"权利"交到人民的手中,使之用于对抗统治权力。这两者又统合于《宪法》,《宪法》规定了国体和政体,即规定了国家的性质及国家机构的组成,建构了一套国家机器结构,将政治与法律纳入这个结构之中,使之不再以革命或毁灭性力量出现。同时,《宪法》也规定了公民的基本权利,特别是政治自由与政治权利,又为人民对抗专制统治或暴政增添了有力的法律武器。

民主革命把国家的主权从君主手中转移到人民的手中,这使得政治发生根本性的变革,过去的专制政治转变成民主政治。民主政治的立足点是人民当家做主,人民决定政治事务,包括决定国家权力的掌控者、国家事务的决策等。民主制最早出现在古希腊的城邦。但是那种发生在人口极少的古代城邦的直接民主制,显然不适合于疆域和人口极大扩张的古代国家的治理,于是,在现代人看来值得赞美的直接民主制无情地为其他统治方式所取代。古希腊之后的欧洲在其后一千余年里实行的是贵族制或寡头统治、教会统治、国王统治,无论哪种形式,显然与民主制相差甚距。直到英国光荣革命后,才真正出现了资产阶级的民主制度——君主立宪制。此时的民主形式已不是古希腊曾经出现过的直接民主制,而代之以间接民主制,也就是说,人民享受民主的权利,但人民并不直接行使管理权力,而是通过选举自己的代表来行使权利,所以这种代表制又称之为代议制。选择代议制民主形式,使民主完成了蜕变,其能够成功解决较大区域内的国家治理与社会治理,从而为资产阶级革命后的国家纷纷仿效而作为国家的治理制度。

代议制民主的出现,又引起了民主政治行动方式的根本性转变。民主选举成为最为基础性的、常见的政治方式。《宪法》规定了国家机构的组成与产生方式,确立了人民选举产生国家立法机关成员、行政机构首脑的方式,并确立了权力分立、相互制衡的准则,这就为政治构建了框架和出路,政治活动围绕着通过选举活动取得行政权或立法机构代表资格、以立法活动为中心展开利益争夺这两个结构性的内容展开。争夺国家行政权及立法权、从事立法活动与执政活动等事务成为民主政治的主要方式。由此,政治与法律的关系发生质变,法律与政治密不可分。恰如韦伯所说的那样,自法国大革命后"现代法律人与现代民主绝对捆绑在了一起"①,法律人在政府中日渐扩大的影响与政党政治的民主化、制度化同时出现,现代的法律与法律人在政治行为中越来越发挥着举足轻重的作用。②

第二节　民主政治与法治的共同宪制基础

当今世界,除了英国等极少数几个国家外,大部分国家都制定了成文宪法。宪法作为一国法律体系的"母法",是一国的立国基础。当代世界各国,无论是实行资本主义民主政治的国家,还是实行社会主义民主政治的国家,都在宪法中确立了其国家的性质,确立了国家的结构形式,确立了国家基本制度,包括政治、经济、文化、军事等主要方面的制度。宪法还规定了国家机构的权力及其组成方式、运作程序,规定了公民的权利,确立了国家政治运行的基础性原则,在宪法基础上构建以选举法为重心的民主政治法律体系,将国家民主政治置于宪法制度之下开展。任何政治活动或法律活动均应遵循其宪法所确立的社会性质、国家结构形式、国家基本制度开展。恰如强世功所言,政治家"以政治为业"的政治伦理,法律职业阶层所维持的法律传统,只有在"宪法政治"的法治传统之中才能得到理解。政治可以凌

---

① Max Weber, "Politics as A Vocation" [1921] in *H. H. Gerth & C. Wright Mills (eds)*, From Max Weber: *Essays in Sociology*, London: Routledge & Kagan Paul, 1948, pp.77, 94. 转引自[英]马丁·洛克林:《剑与天平——法律与政治关系的省察》,高秦伟译,北京大学出版社2001年版,第251页。

② 参见[英]马丁·洛克林:《剑与天平——法律与政治关系的省察》,高秦伟译,北京大学出版社2001年版,第251页。

驾于具体的法律之上,但是,政治必须在宪法之内,宪法只能解释和修正,但是不能被废止,也不能被虚置。政治通过宪法的解释和修正深刻地改变了国家的法律秩序,而反过来宪法不仅为政治活动提供了合法性,而且保证了政治活动的稳定和安全。美国的政治家在国际上捍卫美国的利益,在国内政治中捍卫党派利益,但他们总是要在《美国宪法》、《独立宣言》这样的法律文件中找到合法性依据。他们总是把自己的政治利益包装在自由、人权这样一些宪法原则和法治原则之中,把利益均衡、分配和交易这样的日常政治,包装在诉诸政治原则的宪法政治之中,从而提升政治的品质。[①] 在宪法实施比较彻底的国家里,由于政治领域纳入法治机制,民主政治行为的开展均是依据这些政治法律规定进行,民主政治行为与法律行为越来越同一化,基本上很难将两者明确分开。当出现政治冲突与政治争端时,司法机构作为成熟的争端解决机制,为和平解决政治冲突与争端提供了良好机制。

一、宪法确立了国家的性质和国家结构形式

根据马克思主义理论,社会的性质是由其占统治地位的阶级的属性所决定的。当资产阶级掌握了国家政权,必定以宪法的形式确立资本主义制度,以保障资产阶级的利益;当无产阶级掌握了政权,必然走向社会主义,以宪法的形式确立社会主义制度。

宪法对社会性质的规定可能是直接的表述,也可能是间接的表述。在资本主义性质的宪法里,国家性质的表述往往是间接的,宪法文本上大都是以平等的、无阶级差别的形式显现出来。如美国宪法即规定人人平等,没有阶级的差别,德国、法国等均是如此,相反,宪法还规定了广泛的、平等的民主权利和政治自由。但是,它们的阶级性隐藏在文字表述的背后,深藏在社会的不平等里。比如,资本主义宪法中有私有财产神圣不可侵犯的原则,但是在现实的社会里,财产的占有是绝对的不平等,资产阶级掌握了大部分的生产资料,事实上取得对于无产阶级的支配地位。为了保障资产阶级的整体利益,国家实施自由民主制度,在形式上达到了平等,并以法治的形式予以保障。而在社会主义国家的宪法里,往往以明确的形式宣告出来。如苏联的宪法(1977 年宪法)即明确规定了社会主义的国家性质。中国的宪法

---

① 参见强世功:《超越法律的视界》,北京大学出版社 2006 年版,第 36—37 页。

也明确规定:中华人民共和国是工人阶级领导的、以工农联盟为基础的人民民主专政的社会主义国家,社会主义制度是国家的根本制度,禁止任何组织或者个人破坏社会主义制度。中国的宪法还规定了社会主义的政治制度、经济制度、社会制度和文化制度。理解宪法对社会性质的规定是理解民主政治法治化的基础。如果不谈社会的性质,往往会把形式上类似的东西当成一回事去理解,但实质上可能相差甚巨。

社会性质的不同决定了政治制度的选择。从目前世界各国政治实践来看,资本主义宪治国家往往实行"三权分立、相互制衡"的政治制度,实行政党竞争、自由选举制度;而社会主义国家,大多采取人民代表大会制度,由人民选举自己的代表行使主权,政党制度上往往会确立共产党的领导地位,而不是多党竞争制度。

社会性质的不同制约着民主政治的目的选择。资本主义国家里,政治行为的目的指向必定会维护资产阶级的财产占有、资产阶级的政治自由与政治权利。社会主义国家里,政治行为的目的应当是维护和发展社会主义事业,应当有利于建设社会主义国家而不是相反。

同理,社会性质的不同制约着民主政治的行为选择。在资本主义宪治国家,任何违背资产阶级宪法和法律的政治行为,如企图颠覆政府、侵犯公民自由权利和政治权利、侵犯私有财产等行为,都会受到相应法律的制裁。同理,我国《刑法》也规定了危害国家安全罪的刑罚种类,企图颠覆政府、严重破坏社会主义社会制度的行为均会受到法律的制裁。

理解宪法确立的社会性质,是理解民主政治法治化的基础。离开社会性质谈民主政治法治化,往往容易导入认识的误区,将西方资本主义性质的宪政当成民主政治法治化的唯一目标,这样容易陷入西方自由民主理论所设计的政治陷阱。

国家的结构形式对民主政治行为的影响也至关重要。就目前而论,国家结构形式主要包括两种:一种是中央集权的单一制国家结构形式;另一种是中央与地方分权的联邦制。单一制国家里,国家只有一部宪法,只有一个政府;联邦制国家里,除了中央有一部联邦宪法和中央政府之外,各邦或各州还有自己的宪法和自己的邦或州政府。因此,在不同结构形式的国家里,民主政治的行为及其结果可能会大不相同。当然,还有不同的特例。如中国为单一制国家,但在中央政府之下,存在着特别行政区制度,香港、澳门为中华人民共和国特别行政区,享有高度的自治权,特别行政区的权力甚至比起联邦制的邦或州政府的权力还要大得多。如此,香港、澳门特别行政区的地方政治行为所产生的效果又可能大不相同。

二、宪法规定了民主政治必须遵循的基本原则

在实施民主宪制的国家里,民主政治必须遵循宪法所确立的原则,主要包括人民主权原则、分权制衡原则、保障人权原则、法治原则。

(一)人民主权原则

当今世界各国宪法均确立了人民主权原则。美国早在《独立宣言》中就宣示:"政府的正当权力来自被统治者的同意。"《美国宪法》序言进一步规定:"我们美利坚合众国人民,为建立更完善的联邦,树立正义,保障国内安宁,提供共同防务,促进公共福利,并使我们的后代得享自由的幸福,特为美利坚合众国制定本宪法。"这段即表明:人民主权原则是宪法的依据。

英国没有成文宪法,在建立资产阶级民主制度后的很长一段时间里,一直强调议会主权。但是随着民主政治与法治的发展,尤其是通过逐步演变的选举及公民参政权的改革,越来越多的人获得了选举权,以至于在议会选举中,是否获得人民的赞同成为议员当选的基本条件。从当代的思想发展态势来看,英国的议会至上原则已经逐渐为人民主权原则所替代,因为议会至上的原则扎根于这样的政治哲学基础:承认政治的合法性在于人民的批准。[①]

此外,如日本1947年宪法,则在序言中明确规定了人民主权原则,宣布主权属于人民并制定宪法。意大利1947年宪法里直接规定:主权属于人民,由人民在宪法规定的方式及其范围内行使。斯里兰卡宪法规定,主权属于人民并不可剥夺。当然,也有部分国家宪法并未明确提出主权属于人民的原则,但在其代议制度中规定了人民的选举权利,通过规定人民行使权力的方式来体现人民主权原则。

人民主权原则是宪法制度的基本原则,是民主国家的根本之所在。主权是国家的最高的权力,与民主革命前的专制政权有着根本不同的是,法治国家明确规定了国家的主权属于人民,人民拥有和行使国家的最高权力。政府

---

① 参见何华勤、张海斌主编:《西方宪法史》,北京大学出版社2006年版,第481—482页。

的权力来自人民,政府的建立需经人民的同意,政府的权力受人民的监督。

为了彻实贯彻人民主权原则,各民主国家均在其宪法或宪法性文件中明确规定了人民主权原则,人民自己或通过自己的代表来行使国家主权。日本宪法规定:"主权属于国民。"斯里兰卡宪法规定:"主权属于人民,并不可剥夺。"俄罗斯宪法规定:"俄罗斯联邦的多民族人民是俄罗斯联邦主权的拥有者和权力的唯一源泉。"中国宪法规定:"中华人民共和国的一切权力属于人民。"各国宪法通过规定人民行使国家权力的形式来保障人民主权。除了宪法的原则规定外,人民行使权力的形式还必须要以法律的形式作出具体的规定。

为了确保人民主权的实现,必须以法律来规定人民行使国家权力的形式,这些形式包括直接形式的权力和间接形式的权力。直接形式的权利有创制权、复决权等,如俄罗斯宪法规定:"人民行使权力的最高的直接形式是全民公决和直接选举"。瑞士宪法也有全民公决的规定。间接形式的权利包括选举人民代表或国会议员代行自己的权力。为此,应当以法律形式规定公民如何行使选举权和被选举权,规定国家的选举制度与选举规范,规定公民如何行使监督权、决策权,保障公民广泛参与国家政治事务。这些事务都是民主政治的重要内容,在宪法制度下,这些内容都应当使之法律化。

(二)权力制约原则

权力制约原则是指国家权力的各部分之间相互监督、彼此牵制,以保障公民权利的原则。① 早在古希腊时期,亚里士多德从人性恶的认识出发,提出如果任由人们任性行事,难免不施展人的恶性,只有相互制约才是防止人们恶性膨胀的根本途径。古罗马的执政官、元老院、平民会议三者的权力相互配合与制衡的政治体制安排,也为权力制约原则提供了古代样本。近代以来,洛克、孟德斯鸠、汉密尔顿等资产阶级思想家对立法权、行政权、司法权的权力分立与相互制衡提出了诸多论述,为建立资产阶级民主政治体制提供了理论基础。马克思主义经典作家对权力制约问题进行了深刻研究,指出了资产阶级民主宪法的局限性,并提出了社会主义国家的权力制约思想。

权力制约原则在各国宪法中均有明确体现。美国宪法规定了三权分立、相互制衡的权力构架:立法权属于由参议院和众议院组成的国会所有;

---

① 参见周叶中主编:《宪法》,高等教育出版社 2011 年版,第 98 页。

行政权属于总统;司法权属于联邦法院及其下级法院。同时,宪法规定了立法、行政、司法三者之间的相互制衡的关系。英国的宪制特点与美国略有不同,英国议会拥有立法权,与行政权相对具有优势地位;行政权属于由议会下议院的多数党领袖所组成的内阁掌握,实行责任内阁制;司法权属于法院,但上议院具有终审权。最近一段时期以来,英国实行司法体制改革,法院的司法权力将会得到加强。法国实行半总统制,总统权力加强,议会权力被削弱,总统以仲裁人和保证人的地位行使国家权力,总理由总统任命,行使行政权,司法权属于法院,并成立宪法法院负责宪法事务的裁决。社会主义主义国家宪法也确立了权力制约原则,但各国对权力制约的具体规定各有不同。如苏联确立了苏维埃人民代表大会制度,中国确立了人民代表大会制度,并规定了立法、行政、司法的权力分工与相互配合的准则。

(三)保障人权原则

人权是指作为一个人所应该享有的权利,是一个人为满足其生存和发展需要而应当享有的权利。人权作为一种主张,早在古希腊和古罗马时期即有萌芽,如斯多噶学派即主张人人具有理性因而人人应当拥有平等权利的观点。在经历了漫长的西欧中西纪的黑暗时期后,十四五世纪的文艺复兴时期大力提介人文主义,霍布斯、洛克等提出了"自然权利说"、"社会契约论",卢梭等提出"天赋人权说"、"人民主权论",逐步丰富和发展了人权理论,也为资产阶级民主宪法提供了理论依据。马克思、恩格斯等马克思主义经典作家从辩证唯物主义和历史唯物主义立场出发重新诠释了人权理论,指出了人权的阶级本质和历史局限性,从社会性、阶级性等不同层面丰富和发展了人权理论。

人权理论在各国宪法中都有明确的体现。保障人权成为各国宪法的共同原则,也是联合国人权公约的基本精神。美国《独立宣言》即宣称:人人生而平等,都有着某些不可转让的权利,包括生命权、自由权和追求幸福的权利。《美国宪法》修正案也对公民权利作了具体规定,并在《宪法》第十四条修正案中确立了平等对待的原则,为进一步发展公民权利提供了依据。法国1789年发表的《人权宣言》也宣称:在权利方面,人们生来是并且始终是自由平等的,任何政治结合的目的都在于保存人的自然的和不可动摇的权利,包括自由、财产、安全和反抗压迫等,凡权利没有保障的地方就没有宪法。社会主义国家的宪法也确立了保障人权原则,如中国宪法第三十三条即规定:国家尊重和保障人权。同时规定了中国公民应当享有的基本权利。

（四）法治原则

法治意味着严格依照法律治理国家,强调国家受宪法和法律的限制,政府权力来源于宪法和法律的授予,并依照宪法和法律办事。在宪法体制下,法治原则要求国家按照民主原则把国家事务法律化、制度化,并严格依法进行管理。① 这些国家事务当然包括民主政治事务,将民主政治事务法治化是法治原则的基本要求。

各国宪法也对法治原则作出了原则规定。其主要内容包括:宪法是国家的最高法律,其他任何法律、法令不得与之相抵触,一切机关、组织和个人都必须以宪法为根本的活动准则;法律面前人人平等;未经正当法律程序,不得剥夺任何人的权利和自由;国家机关的职权由宪法和法律授予,其权力必须依法行使;司法独立。如《美国宪法》规定了宪法的最高权威,法国人权宣言声称,在法律面前,所有的公民都是平等的。葡萄牙宪法在序言中规定了法治原则:捍卫公民基本权利,确立民主制度的根本原则,确保法治在民主国家中的最高地位。中国宪法则规定了"依法治国"方略。

根据法治原则,法律作为一种非人格化的普遍规则具有支配公民和政府政治行为的至上权威,法律既引导公民和政府的政治行为,又禁止公民滥用政治权利和政治自由,防止政府滥用权力。在法治原则下,民主政治活动均应依照法律的规定开展,不得与宪法和法律相抵触,既不能违背实体性法律的规定,也不能违背程序性法律的规定。在当今世界各民主国家,基本上建立了比较完备的政治法律体系,包括确立公民的政治权利、政党与社团组成规则、国家机构组成规则及众多的有关政治活动的规则。可以说,民主政治法治化已成为民主政治发展的基本趋势。

三、宪法确立了以选举制度为核心的政治制度

当今世界各国宪法基本上明确了民主与法治相结合的发展方向。英国、美国、印度、俄罗斯、智利、捷克、波兰等概莫能外。② 如捷克宪法即规

---

① 参见周叶中主编:《宪法》（第二版）,高等教育出版社、北京大学出版社2000年版,第110页。

② 参见[英]马丁·洛克林:《剑与天平——法律与政治关系的省察》,高秦伟译,北京大学出版社2011年版,第4页。

定:"捷克共和国是一个主权、联合、民主的法治国家,尊重每个公民的权利与自由。"(《捷克共和国宪法》第一章第一条,1992 年 12 月 16 日)波兰宪法也作了相似规定:"波兰共和国是一个依法治理的民主国家,并将实行社会正义的原则。"(《波兰共和国宪法》第二条,1997 年 4 月 2 日)在一个宪法规范里包含了主权、民主、社会正义、法治,以及公民的权利与自由,这也会成为司法机关解释与适用的内容,显然,政治与法律已在同一界面之上展开运作。① 就连采用不成文宪法的英国,也出现了将"政治宪法"转变为基于法治宪法的趋势,这表现在对欧洲事务的参与、1998 年《人权法案》的颁行、对政府司法审查角色的扩展与强化等。②

选举制度无疑是当代民主政治制度的核心。美、英、法、德、印等奉行自由民主制度的国家,民主政治活动主要是围绕着如何通过选举获取国家政治权力而展开。因此,各民主国家宪法均规定了选举制度。一般规定立法机关的成员、行政机关领导人由公民直接或间接选举产生。而且,宪法一般还规定了选举制度的基本原则,包括普选权原则、秘密投票原则、自由选举原则、程序公正原则等。

与选举制度相关,部分国家的宪法对政党制度等重要的政治制度作出了原则规定。在德国,通过《基本法》及《政党法》对政党活动作出了明确的法律规定。如《基本法》第二十一条对政党民主、政党财务、党禁等问题作了规定,为德国各政党的活动,尤其是执政党治国理政奠定了规范的法律基础。

宪法规定了选举制度及政党制度,这就为政党或政治团体的政治活动确立了基础性规范,也为各国制定相关政治法律提供了宪法依据和准则。如德国《政党法》即规定:德国各政党必须公开自己的纲领,必须承认《基本法》,维护现行的国家制度,接受国家有关法律法规的监督和约束。如果违反了《基本法》,将被宣布为非法或被取缔。《政党法》还规定了政治献金、国家经费补助、财务报告等相关内容。③ 根据《政党法》的相关规定,各政党

---

① 参见[英]马丁·洛克林:《剑与天平——法律与政治关系的省察》,高秦伟译,北京大学出版社 2011 年版,第 4—7 页。

② Cf. J. A. G. Griffith, "The Political Constitution" (1979) 42 Modern Law Review 1; T. R. S. Allan, *Law*, *Liberty*, *and the Justice*: *The Legal Foundations of British Constitutionalism*, Oxford: Clarendon Press, 1993.

③ 参见张文红:《德国政党执政与宪政建设》,载俞可平主编:《依法治国与依法治党》,中央编译出版社 2007 年版,第 222—223 页。

通过参加州议会和联邦议会选举,使其政策主张影响到联邦议会、政府和其他社会团体,执政党的领袖出任联邦总理,根据《基本法》和政府工作条例代表政府行使职能。

在美国,宪法规定了选举制度,但并未规定政党制度,政党制度是在选举制度的发展过程中逐步确立起来的。美国国会并未制定专门的政党法,但它根据民主政治的发展需要适时地制定了相应的法律规则。如在2002年,国会通过了两党选举改革法案,规定在初选前和大选前规定时间内,不得利用媒体发表诋毁候选人的言论。美会法律还就政党在选举过程中的竞选资金来源进行了立法。美国联邦最高法院利用其判例,确立了若干竞选活动应遵循的规则。美国政党的产生是与总统的竞选相联系的,也是为总统竞选服务的,同时,它的发展也是同选举权的扩大紧密相连的。可以说,总统竞选造就了美国的政党,选举权的扩大,则推动了美国政党的发展。选举和争取选民是美国主要政党基层活动的主要内容,它也直接影响到美国政党的执政方式。[①]

四、宪法确立了司法审查制度

司法权是政府权力的重要一极,司法制度的设置直接影响到民主政治的行为选择,特别是如何解决政治纠纷与政治冲突的行为选择。

西方民主国家的宪法大都确立了司法审查制度,司法机构取得了通过司法审查影响本国的政治事务的权力,法院通过司法诉讼裁决政治纠纷或政治争端。司法审查制度为和平解决政治争端提供了合法的途径。

现行司法审查模式大致有两种。一种是国家设立专门的宪法法院,如德国、南非、俄罗斯、智利等国,如果产生宪法争端,这种争端往往跟民主政治相关,政治争端的行为主体即可依照相关法律,诉请宪法法院裁决纠纷。如德国《基本法》第四十一条规定:"联邦众议院负责选举资格审查,并决定议员资格是否无效。联邦议员如反对联邦众议院的决定,允许向联邦宪法法院提起诉讼。"据此,德国宪法法院取得了裁判联邦议员选举是否有效、议员资格是否丧失的权力,如果发生此类纠纷与争端,宪法法院可以依《基

---

① 参见高新军:《美国政党政治与宪政建设》,载俞可平主编:《依法治国与依法治党》,中央编译出版社2007年版,第159—183页。

本法》这一条规定进行裁判。俄罗斯宪法法院对政治争端的审理和判决也很有影响力。宪法法院是苏联解体后由俄罗斯联邦新宪法确立的一个新的机构，专门负责宪法诉讼。1991 年 12 月，该法院刚刚成立，便受理了一个具有重大历史意义的案件。其时有一批人民代表向宪法法院提出申诉，要求审议时任俄罗斯联邦总统的叶利钦在 1991 年"8·19 事件"后下令禁止苏共和俄共活动并没收其财产的三项命令是否符合宪法。虽然该案后因苏共、俄共解体而不再继续受理而结案，但宪法法院在解决政治争端方面的功能显露出来。1998 年年底，宪法法院对叶利钦是否有资格在 2000 年争取连任俄罗斯联邦总统作出了否定的裁决。① 俄罗斯宪法法院的设立为"通过法律途径裁决国家权力之间的政治性纠纷"提供了可能。俄罗斯联邦总统普京认为，俄罗斯联邦宪法法院"促进了民主法治的加强"，奠定了俄罗斯"宪法司法制度的基础"，它不只是建立了宪法保障的有效机制，实际上是在俄罗斯第一次出现了能够制约立法权和执法权的国家机构，特别是能够果断地通过法律手段解决以往只能通过政治手段达到目的的政治性争端。"宪法法院是为了解决各种纠纷，其中包括权力机构之间的纠纷，即本身具有政治性的纠纷，而这些纠纷只能通过法律形式用法律手段解决。"②

另一种是由普通法院审理，如美国、印度等国。美国的司法体制中没有宪法法院的设置，但是美国联邦最高法院具有司法审查权。联邦最高法院依照诉讼程序裁决宪法诉讼，其情形与功能类似于宪法法院，也可以起到裁决宪法纠纷的作用。美国历史上以法院裁决解决政治争端的案例比比皆是。如前所述，20 世纪 60 年代，在美国黑人民权运动风起云涌之时，美国联邦最高法院关于民权的一系列判决起到了巨大的促进作用。联邦最高法院通过对布朗诉教育委员会案的判决，明确宣布学校教育的种族隔离政策违宪，从而改变过去长时期里所坚守的"隔离但平等"的信条，确立了黑人与白人孩子在学校教育方面的平等权利。法院的判决解决了长期以来美国各方政治势力围绕着受教育权方面的种族隔离是否合法、正当的争议，用司法判决书的方式终结了这一问题的政治争端。与此类似，美国联邦法院曾在判例中，把特定情形下焚烧国旗的行为理解为言论自由问题，认定焚烧国

---

① 参见任允正、于洪君：《俄罗斯联邦的宪法审查制度》，《外国法译评》1999 年第 3 期，第 51 页。

② 转引自王亚琴：《俄罗斯联邦宪法法院的作用》，《法律适用》2003 年第 7 期，第 79 页。

旗是一种表达形式,应该根据言论自由原则予以保护。印度的最高法院和高等法院都拥有司法审查权。法院拥有对在议和已实施的法律,以及对所有政府和公共行政部门的行为进行审查的权力。实践当中,印度最高法院倾向于主张,任何影响公民基本权利的法律、法规,包括宪法修正案在内都要经受司法审查。① 按照印度宪法的规定,联邦议会和邦立法会议有权在各自的职权范围内制定法律。但是,如果议会或者邦立法会议制定的法律违反了宪法的任何条款,最高法院有权宣布该法律无效或越权。甚至,印度最高法院在实践中可以抑制议会修改宪法的绝对权力。最高法院通过具体的案例确定:议会不能以修改的名义歪曲、损害或者改变宪法的基本特征。印度宪法文本是世界上字数最多的宪法,也是修改最多的宪法之一,迄今为止,印度宪法已经修订了 92 次,其宪法基本原则仍然保留着不精确、弹性的特征。可见,印度最高法院是所有宪法修正案的最终裁决者和解释者,它可以不予适用那些违背宪法基本原则的法律和宪法修正案。有学者由此认为,凭借对宪法修正案的司法审查,印度最高法院已经成为世界上最有权力的最高法院。② 印度法院凭借司法审查权,还对选举等政治活动进行干预,如印度最高法院支持选举委员会取消一位获胜的印度政治家的资格,理由是他在竞选期间煽动种族仇恨。③

第三节　民主政治与法治的共同权利基础

当今的时代是权利的时代。④ 人权观念是已经得到普遍接受的政治与道德观念。1948 年联合国大会通过的《世界人权宣言》得到了几乎所有政府的批准,当今世界各国的宪法,无论社会性质、宗教信仰、政治制度、发展状况如何,均将人权视为神圣的理念,均规定了公民权利与政治权利,公民的经济、社会和文化权利也为大部分国家所接受,成为人权的重要组成部

---

① 参见王云霞:《印度社会的法律改革》,《比较法研究》2000 年第 2 期,第 167 页。

② 参见吴展:《印度宪法基本原则的理论研究》,《南亚研究季刊》2006 年第 1 期,第 100—104 页。

③ 参见[美]理查德·H.皮德斯:《民主政治的宪法化》,田雷译,载张千帆:《哈佛法律评论》,法律出版社 2005 年版,第 152 页。

④ [美]L.亨金:《权利的时代》,信春鹰等译,知识出版社 1997 年版,"前言"第 1 页。

分。在民主政治法治化的过程中,权利是一个至关重要的概念,正是因为公民权利与政治权利的确立,才使得公民能够自由、平等地参与各类民主政治事务;同时,权利与义务是一对孪生兄弟,享受权利必定承担义务,宪法在设定公民各项基本权利的同时,也设定了公民必须遵守法律的义务。由此,民主政治法治化才成为可能。

一、权利概念的演进

权利话语的力量得到了宪法的承认与保障,可以说,宪法从根本上改变了政治与法律的关系。首先,宪法规定了公民的基本权利,公民以权利为工具,行使着国家主权,并从事政治活动。在宪法制度的结构之下,基于公民权利基础之上的政治活动必然地成为法律活动,民主政治法治化过程亦随之而来。

基本权利概念的引入,对政治与法律的关系产生了重大影响。[①] 从民主革命到实行宪法法治的历程及语言变化可以看出,权利概念的确立实现了民主革命到宪法法治的范式转换,实现了从民主政治的话语体系到法治话语体系的对接。民主革命以轰轰烈烈的战斗精神,以追求自由、民主、人权、博爱为号召,推翻了少数人的专制统治,建立了由多数人说了算的民主体制,以宪法为载体,构建了国家权力结构,确立了宪法制度,明确了公民的政治权利,自此以后,民主政治活动依法定程序在宪法所确立的政治构架中和平地、有序地展开。

理查德·塔克认为,格劳秀斯在《战争与和平法》中事实上是第一次以权利的话语而不是以法律来重新构造真实的法律体系,是所有的现代法典的真正鼻祖,现代法典以各种各样的权利为中心。[②] 由于法律的这一概念,在现代思维当中,法律显示出了其优于政治的特征。康德更是明确地指出:"政治必须服从于权利。"[③]

---

① [德]迪特·格林:《政治与法》,杨登杰译,《法哲学与法社会学论刊》第6辑,2005年卷,第120—134页。

② Richard Tuck, *Natural Rights and Theories: Their Origin and Development*, Cambridge: Cambridge U.P. , 1979, p. 66.

③ Immanuel Kant, "Perpetual Peace: A Philosophical Sketch" [1795] in his *Political Writings*, Hans Reiss ed. Cambridge: Cambridge U.P. , 1991, 93, p.125.

　　洛克提出自然权利的主张,对后世产生了重要的影响。杰弗逊等民主主义者第一次明确将自然权利的修辞从哲学式的论争转向政治行为,并把这种思想写进了 1776 年的独立宣言之中:人人生而平等,造物主赋予他们若干不可让与的权利,其中包括生存权、自由权和追求幸福的权利。这种思想在 1789 年法国《人权与公民权宣言》中表达得更为明确:政治团体的目标在于"保障人民天赋的与不可剥夺的权利"。美国独立战争与法国的革命开辟了政治历史的新时代,权利角色就是其中确定性的特征。在革命之前,人们总是认为权利与自由来源于主权并须得到政府核准,英国《自由大宪章》《权利请愿书》《权利法案》之中的权利表述体现了这种状况。但在新的革命话语体系之中,人们认为权利先于主权而存在。权力并非来源于政治宪法,而是先于宪法秩序存在,并为建构所有的宪法提供了基础。① 这一创新导致新的政治规则形式的生成,其核心包括了维持与保障个人"自然权利的必要性"。潘恩在《人权论》中认为自然权利为所有的公民权提供了基础。康德则诉诸于理性的概念,认为权利存在于理性并存在于道德法之中。但是边沁却对自然权利观念进行了批判,认为它只不过是一种想象中的东西而已。自然权利的主要问题在于它是天生唯心主义的结果。杰斐逊诉诸宗教权力的方式,提出这是神圣造物主的意图,但在世俗时代,这种主张的真实性显得并不可靠。麦金太尔则明确指出:根本没有自然或者人的权利。② 其实问题争论的要点并不是自然权利的真实性,要点在于自然权利的主张是否被人们普遍接受。"基本权利之所以有力量是因为得益于一致同意的结果。"③主张存在特定基本人权的观点,要求所有的国家必须尊重那些权利并加以实施,这显示,权利话语的力量来源于经过政治同意建立的复杂而不确定的过程之中。

　　民主政体作为专制政体的对应物,其基本内涵就是用宪法这一根本大法的形式把已经取得的民主事实确认下来,用法治的精神发展和完善这种

---

　　① 参见[德]迪特·格林:《政治与法》,杨登杰译,《法哲学与法社会学论刊》第 6 辑,2005 年卷,第 120—134 页。

　　② Alisdair MacIntyre, *After Virtue: A Study in Moral Theory*, London: Duchworth, 2nd edn. 1985, p.69.

　　③ [英]马丁·洛克林:《剑与天平——法律与政治关系的省察》,高秦伟译,北京大学出版社 2011 年版,第 220 页。

民主事实,以此保障公民权利。① 当今世界各民主国家均采用宪法体制,在宪法体制下,贯彻落实人民主权原则、基本人权原则、权力制约原则、法治原则。所以这些原则,都在权利的概念上得以确立其内在的规范和要求,并成为民主政治法治化的基础。

范进学在《权利政治论》一书中表示,近现代构建起来的民主与法治的基本理念就是尊重社会多数人的意志和自由选择,社会的公共事务由多数人说了算,而不再由少数人说了算,管理社会国家事务的人不再是世袭的和永恒的,也不再被认为是天赋神授的,而是由多数人委托或授权的,其目的是为了更好地实现多数人的意志和愿望,确保多数人正当权利的实现与获得。归根结底,近现代政府政治遵循着两条基本的原理,就是代议的民主制和权力受制于法治。② 代议民主制解决了政治权力合法性问题,回答了占多数的人民如何行使权力的问题。在代议制度下,人民通过选举自己的代表,并把管理社会国家公共事务的权力授予由自己选举出来的、代表自己意志和利益的政府,并委托他们行使自己的权力。③ 因而在现代民主政治中,人民并不直接行使政治管理权力,而是通过选举或罢免自己的代表或委托人来行使各项权利,即"全体人民或一部分人民通过由他们定期选出的代表行使最后的控制权"④。所以,根据托克维尔的论述,在民主国家里,人们可以通过选举从他们以前委托的人们手里收回权力,从而他们绝不害怕那些人滥用职权。权力的最后目的是围绕着多数人的权利来运转的,权力也不再是某个人的私有物,国家政府权力来源于人民之权,政治权力的目的由此发生了倒置:权利为目的,权力则为手段;权利决定权力,权力则服从于权利。法治的本质在于对权力的限制,在制度设计与安排上体现的就是分权与制衡体制的确立,以此彻底打破专制权力的集权性与专断性。所以法治是借助于对权力的限定而对权利实施制度上的保障,换句话说,只有把权力束缚住了,权利的实现才有可能。总之,近现代政治是在理论思想与制度体

① 参见周叶中主编:《宪法》(第二版),高等教育出版社、北京大学出版社 2000 年版,第183 页。
② 参见范进学:《权利政治论———一种宪政民主理论的阐释》,山东人民出版社 2003 年版,第46 页。
③ 参见范进学:《法的观念与现代化》,山东大学出版社 2002 年版,第 78—90 页。
④ [英]密尔:《代议制政府》,汪宣译,商务印书馆 1997 年版,第 43 页。

制上彻底否定了专制权力的无限性、集权性、专断性和任意性背景下建构起来的新型的国家制度和政府体制,它从根本上颠覆了传统社会的权利与权力的关系模型,从根本上否定了对传统权力至上理念,确立了权利至上的理念。①

二、公民政治权利的主要规范

英国公民的政治权利也是由法律规定。如《人身保护法》规定了公民的人身自由权。该法规定,如果没有正当的法律程序,任何人不受非法拘禁或逮捕。《权利法案》确立了议会的最高法律权威,限制了王权的行使。在政治选举方面,早先多在有关议会的法律中作出规定,并依照相关法律惯例进行。随着人民群众要求普选权运动的开展,议会最终以专门的法律予以规范。1918年英国议会通过《人民代表法》,确立了英国的选举制度。人民代表法规定了选举权、选举方式、选举费用及选民登记等内容。1928年英国修改《人民代表法》,实行了男女选举权平等的选举制度,基本上实现了人民普选权。1969年、1981年、1983年英国多次修改了《人民代表法》,通过该法的修改,确立了平等、民主、秘密投票等选举原则,进一步推进了民主选举的发展。

总的来看,英国的民主政治活动基本上依照相关法律展开,其政治斗争也多体现在法律的制定与修改方面。如1837年英国工人掀起了规模巨大的要普选权的宪章运动,迫使议会于1867年、1884年两次修改议会法,部分满足工人普选权要求,并于1918年通过明确的《人民代表法》。其后多次修改《人民代表法》,都是因应国内人民群众要求彻底普选权的政治斗争的结果。② 普选权的扩展,又进一步深化了英国民主政治的发展。

政治权利一般被认为是公民参与政治活动的一切权利和自由的总称。《联合国宪章》、《世界人权宣言》、《联合国公民权利和政治权利国际公约》对公民政治权利有着一般性的规定。世界各民主国家均在其宪法中对政治

---

① 参见范进学:《权利政治论——一种宪政民主理论的阐释》,山东人民出版社2003年版,第46—47页。

② 参见何勤华、张海斌主编:《西方宪法史》,北京大学出版社2006年版,第320—321页。

权利作了明确的规定。如《美国宪法》也以修正案的形式确立了权利法案，其中包括：宗教自由、言论自由，和平集会自由及向政府申诉的权利（修正案第一条）；公民的人身、住宅和财产受到法律保护（修正案第四条、第五条、第十四条）；公民有选举权和被选举权（宪法第一条、第二条及修正案第十五条等）。德国宪法和法国宪法等也对公民政治权利有着专门的规定。《中华人民共和国宪法》也对政治权利有着明确规定：公民有选举权和被选举权；公民有言论、出版、集会、结社、游行、示威的自由；公民有宗教信仰自由；公民的人身自由不受侵犯；公民的人格尊严不受侵犯；公民对国家机关和国家机关工作人员的批评建议权及申诉、控告和检举权。尽管内容表述各有不同，但从总体上看，公民的政治权利大体上包括四个部分：一是平等权；二是选举权和被选举权；三是政治自由；四是监督权。

（一）平等权

平等权是"公民在法律面前人人平等"原则的体现。追求平等、自由是资产阶级民主革命时期的目标和口号。1789年法国大革命时颁布的《人权宣言》即宣示："在法律面前，所有的公民都是平等的。"《美国宪法》修正案第十四条也明确规定了平等保护的原则。中国《宪法》也明确规定了公民在法律面前一律平等的原则。可以说，平等权是世界人权公约和各国宪法明确宣示的政治权利。

平等权意味着公民在立法上、适用法律上及守法上，均一律平等。具体来说，主要有如下内涵：（1）公民不分民族、种族、性别、职业、家庭出身、宗教信仰、教育程序、财产状况、居住期限，都一律平等地享有宪法和法律规定的权利，平等地发生宪法和法律规定的义务；（2）任何人的合法权益都一律平等地受法律保护，对于一切违法行为均应依法予以追究；（3）在法律面前，不允许任何公民享有法律以外的特权，不得强制任何公民承担法律以外的义务，不得使公民受到法律以外的处罚。①

（二）选举权和被选举权

选举权和被选举权是各民主国家宪法规定的基本政治权利，也是人民主权原则的重要体现。选举权是指公民依法享有选举代议机关代表和国家公职人员的权利，被选举权是指公民依法享有被选举为代议机关代表和国

_____

① 参见周叶中主编：《宪法》，中国高等教育出版社2011年版，第254—255页。

家公职人员的权利。当代世界各民主国家基本上实行代议制民主。在代议制民主制度下,选举被视为最为重要的人民实现其主权的方式。

中国《宪法》第三十四条规定:中华人民共和国年满十八周岁的公民,不分民族、种族、性别、职业、家庭出身、宗教信仰、教育程度、财产状况、居住期限,都有选举权和被选举权;但是依照法律被剥夺政治权利的人除外。

在特定的法律体系下,选举权和被选举权又会附带一种新的展开形态:罢免权。① 罢免主要是指选举人或选举母体对代表实行监督的最为严厉的一种手段。如中国法律体系中,在直接选举中(一般是县级以下人民代表大会代表选举),选民有权罢免所选人大代表;在间接选举中,一般是指由下级人民代表大会选举上级人民代表大会代表的选举,原选举单位有权罢免本身所选出的代表。

(三)政治自由

政治自由亦被称为表达自由、表现自由。自由在法律意义上来讲,就是可以做法律所许可的一切事情的权利,换句话说,可以做法律所不禁止的事情的权利。在政治权利的视阈内,自由也是权利的另一种表达形式。

政治自由主要有四种:

第一,言论自由。它是公民对于政治和社会生活中的各种问题,有通过语言方式表达其思想和见解的自由。言论自由是各项自由中最为重要的自由,在某种程序上说,它是反映一个国家民主化程序的重要指标。但是,言论自由也不是绝对的,它必须在法律的范围内行使,接受法律的限制。如美国有关表达自由的违宪审查标准包含了四个原则:禁止事前抑制原则,显然且现存的危险的标准原则,明确性原则,较低限制性手段标准原则。中国法律也有类似规定,主要有:不得利用言论自由煽动群众反对政府,危害国家和社会安定;不得利用言论自由对他人的人格尊严进行侮辱诽谤。

第二,出版自由。出版自由是公民以出版物的形式表达其思想和见解的自由,它是言论自由的一个重要部分。公民有权利用出版物表达自己的思想和见解。同言论自由一样,出版自由也要依法享有和依法行使。

第三,结社自由。公民为了一定宗旨,有权依照法定程序组织或参加具

---

① 参见林来梵:《从宪法规范和规范宪法——规范宪法学的一种前方》,法律出版社2001年版,第135页。

有持续性的社会团体。结社的种类很多,大体上可以分为赢利的结社(如组织公司、集团、中心等)和非赢利的结社(包括政党、政治团体等政治性结社)。结社自由一般受到法律的明确规制,特别是组织政党、政治团体,一般会通过法律给予严格的限制。

第四,集会、游行、示威的自由。集会自由是指公民有权聚集于公共场所发表意见、表达意愿的自由。游行自由是公民有在公共道路、露天公共场所列队行进、表达共同意愿的自由。示威自由是公民在露天公共场所或者公共道路上以集会、游行、静坐等方式,表达要求、抗议或者支持、声援等共同意愿的自由。集会、游行、示威的自由也应遵守法律的规定行使。

(四)监督权

监督权是一种内容广泛的权利,在不同的法律体系中,其内容可能会有所不同。在中国法律体系中,监督权大体上包括批评权、建议权、申诉权、控告权、检举权、国家赔偿请求权等六项具体权利。如我国《宪法》第四十一条即规定:中华人民共和国公民对于任何国家机关和国家工作人员,有提出批评和建议的权利;对于任何国家机关和国家工作人员的违法失职行为,有向有关国家机关提出申诉、控告或者检举的权利,但是不得捏造或者歪曲事实进行诬告陷害。对于公民的申诉、控告或者检举,有关国家机关必须查清事实,负责处理。任何人不得压制和打击报复。由于国家机关和国家工作人员侵犯公民权利而受到损失的人,有依照法律规定取得赔偿的权利。

三、人身自由、信仰自由、经济和社会权等权利

宪法基本权利内容广泛、深刻,除了政治权利以外,还规定了人身自由、信仰自由及经济、社会、文化权利,以及请求权利救济的权利等。这些权利的确立,对民主政治的开展有着一定的规范作用。

(一)人身自由不受侵犯

人身自由是指公民的人身,无论是肉体还是精神,均不受非法限制、搜查、拘留和逮捕。人身自由不受侵犯是国际公认的准则。联合国《公民权利和政治权利国际公约》第九条第一款就明确规定:"人人有权享有人身自由和安全。任何人不得加以任意逮捕或拘禁。除非依照法律所确定的根据和程序,任何人不得被剥夺自由。"世界各国宪法也都确立了这一原则。《美国宪法》第十四条修正案即规定:"无论何州均不得制定或实施任何剥

夺合众国公民的特权或豁免的法律;无论何州未经正当法律程序均不得剥夺任何人的生命、自由或财产;亦不得拒绝给予在其管辖下的任何人以同等的法律保护。"中国《宪法》第三十七条即规定:"中华人民共和国公民的人身自由不受侵犯","禁止非法拘禁和以其他方法非法剥夺或者限制公民的人身自由,禁止非法搜查公民的身体"。为落实联合国公约的相关条款及宪法规定的人身自由条款,各国在其刑法、刑事诉讼法等相关法律中对保障人身自由作了具体的规定。如中国《刑法》第二百四十五条规定:"非法搜查他人身体、住宅,或者非法侵入他人住宅的,处三年以下有期徒刑或者拘役。司法工作人员滥用职权,犯前款罪的,从重处罚。"这些法律规范的制定目的就在于保障公民的人身自由。

(二)人格尊严不受侵犯

人格尊严是公民人身权利的重要组成部分。人格是公民作为人所必须具备的资格,在法律上,公民拥有姓名权、名誉权、肖像权和人身权利等人格权。中国《宪法》第三十八条规定:"中华人民共和国公民的人格尊严不受侵犯。禁止用任何方法对公民进行侮辱、诽谤和诬告陷害。"为了贯彻落实这一宪法规范,中国《刑法》第二百四十六条规定:"以暴力或者其他方法公然侮辱他人或者捏造事实诽谤他人,情形严重的,处三年以下有期徒刑、拘役、管制或者剥夺政治权利。"

(三)住宅不受侵犯

公民的住宅不受侵犯是同公民的人身自由密切相连的一项基本权利。因为公民的住宅是公民日常生活、工作和休息的地方,保护住宅不受侵犯实质上也是保护公民的人身自由与正常的生活、工作不受侵犯。中国《宪法》第三十九条规定:"中华人民共和国公民的住宅不受侵犯。禁止非法搜查或者非法侵入公民的住宅。"中国《刑法》第二百四十五条规定:"非法搜查他人身体、住宅,或者非法侵入他人住宅的,处三年以下有期徒刑或者拘役。"根据中国有关法律规定,如依法需要进行搜查,必须向被搜查人出示搜查证,并遵守相关规定。

(四)通信自由和通信秘密受法律保护

保护公民的通信自由和通信秘密实际上就是为了保障公民能够进行正常的社会交往活动。任何人或机构不得隐匿、毁弃、拆阅公民的信件或者窃听公民的通讯内容。中国《宪法》第四十条规定:"中华人民共和国公民的通信自由和通信秘密受法律的保护。"

（五）宗教信仰自由

宗教是一种社会意识形态，且信仰宗教是公民个人的私事。中国《宪法》第三十六条规定："中华人民共和国公民有宗教信仰的自由；任何国家机关、社会团体和个人不能强制公民信仰宗教或者不信仰宗教，不得歧视信仰宗教的公民和不信仰宗教的公民。国家保护正常的宗教活动。"

（六）公民的私有财产权

公民对其拥有的合法财产有占有、使用、收益和处分的权利，是维持人的生存所不可缺少的、不可剥夺的基本权利。宪法保护公民的合法的私有财产不受侵犯，依照法律规定保护公民的私有财产权和继承权；国家为了公共利益的需要，可以依照法律规定对公民的财产实行征收或者征用并给予补偿。

（七）社会权利

社会权利由多项权利组成，且随着社会、经济的发展及人们对社会权认知的深化，社会权利的内容也在不断地扩展之中。就目前的国际经济、社会和文化权利公约及各国宪法、法律规定的内容来看，社会权主要包括劳动权、休息权、生存权、受教育权、环境权等。

劳动权是人们赖以生存的基本权利，它是有劳动能力的公民获得劳动并按照劳动的数量和质量取得报酬的权利。与劳动权密切相关的是，劳动者有休息的权利。

生存权通常是指人在一个社会和国家中享有的维持自己的生命的最起码的权利。在现阶段，它通常包括生活扶助、社会保险、社会福利等内容。就生存权所涵盖的内容而论，中国《宪法》有如下明确规定：退休人员的生活受到国家和社会的保障；公民在年老、疾病或者丧失劳动能力的情况下，有从国家和社会获得物质帮助的权利。

受教育权亦是社会权的重要组成部分。中国《宪法》规定：公民有受教育的权利和义务。在当前情形下，青少年、适龄儿童均应享有学习的权利；实行义务教育；接受教育的平等。

环境权是一项新兴的权利，它是指公民享受和支配良好的环境或者要求恢复和保全健康并且舒适的环境的权利。

（八）获得权利救济的权利

正如法谚所说的：无救济即无权利。各国宪法对权利救济的表述虽然不尽一致，但均有相应的精神体现或内容表述。如日本宪法规定了请愿权、诉愿权、行政裁判请求权、接受司法裁判的权利，中国宪法规定了公民有提起申诉、控告的权利和取得国家赔偿的权利。

公民拥有人身自由、信仰自由及经济、社会和文化权利，以及请求权利救济的权利，虽然与政治权利在内容上有着重要的区别，但是这些权利的确立及其保障，对政治活动有着重要的规制作用，即任何个人、政党、政治组织或团体均不得侵犯公民的人身自由、信仰自由及经济、社会、文化权利，不得剥夺公民请求权利救济的权利。从法理上对政治活动的内容及其影响进行了约束，或者施加了压务。

四、公民法律义务的内在规定性

在宪法制度下，公民享有法定的基本权利，自然亦应承担相应的法律义务。权利与义务是一对孪生子，是事物的一体两面，世上没有无权利的义务，亦没有无义务的权利。

法律义务是指法律关系主体在法律上必须作出某种作为或作出某种不作为的拘束。从宪法意义上来看，宪法确立的义务即为公民的基本义务，这些义务包括遵守法律的义务、依法纳税的义务、服从兵役的义务等。其中遵守法律的义务是一种原则性的规定，不同的法律设定不同的义务。从法治的意义上来讲，当公民享有政治权利，合法地从事民主政治活动时，自然应当承担法律规定的义务，服从法律的统治。

在宪法文本里，一些特定的主体需承担特定的义务。中国《宪法》第五条即规定：“一切国家机关和武装力量、各政党和各社会团体、各企业事业组织都必须遵守宪法和法律。”这一原则规定对于民主政治的发展有着特殊的规范性意义。民主政治的实际状态里，公民为了实现自己的政治目的，往往会组成一定的政治团体或政党，以组织的形式开展各项政治活动。那么，这些团体和政党同样地应当遵守宪法和法律，不得有超越宪法和法律的特权。具体地说，公民或团体、政党竞选人大代表或政府公职时，应当依照选举法开展选举活动；在从事行政管理活动时，应当依照行政法等法律进行；在诉讼事务中，应当服从法院的判决。

公民应当承担法定义务原则内在地规定了民主政治应当服从法治原则。根据少数服从多数原则,多数似乎拥有决定一切的权力,但是在法治化背景下,即使是多数,也不能侵犯少数的合法权利,这样,多数暴政就不会肆虐;在法治背景下,政治行为应当依法进行,不仅要遵守实体法规范,也应遵守程序法规范,使民主政治能够有序开展;在法治背景下,如果出现政治冲突与争端,应当依照法定的程序予以决定,或者协商,或者根据宪法和相关法律、法规,直接诉讼至法院,请求法院裁决,以法院裁决来和平地解决政治冲突与争端。

第四节　民主政治与法治的共同权力结构

当代民主国家里,国家权力大致分为立法权、行政权、司法权,这些权力一般由立法机关、行政机关、司法机关分别执掌。在西方资本主义民主宪治国家里,一般实行"三权分立、权力制衡"的原则;在社会主义国家里,大多是实行"议行合一"的人民代表大会制度,在人民代表大会这一政治构架之下,立法、行政、司法机关"各司其职、分工合作"。民主政治法治化的行为就围绕着这一权力构架运作。

宪法确立的权力结构对于民主政治的重要意义在于:当代的民主政治活动主要围绕着立法、行政、司法三大权力机关而展开。公民或政党为了实现或满足自己的政治主张或利益要求,就必须使之成为国家法律,为此要么赢得立法机关选举,要么使得立法机关在立法中满足自己的政治要求;同时,在选举中赢得行政权,成为总统或政府首脑,或者通过各项政治活动或政治压力迫使行政机关满足或实现自己的政治要求;或者,通过法律许可的方式得到司法的权利救济。这一权力结构基本上决定了当代民主社会的政治运作方式与行为模式,同时,这也意味着当代民主政治行为与法律行为已经趋同,在很多场合下已经无法分清彼此的差别,因为他们本身就是同一行为。

一、立法机关

立法机关又被称为代议机关、代表机关,它是国家机构的重要组成部分,它拥有制定、修改和废除法律的权力。立法机关是民主国家里的权力机关,由人民通过选举自己的代表或议员组成,代表人民行使主权。议会制的确立是资产阶级民主革命的胜利成果,也是人民主权的一种表现形式,是现代民主政治中代议制的主要载体。世界上最早的议会民主制度出现在英国,是 1689 年英国"光荣革命"的胜利成果。英国议会民主制的建立,破除了"君权神授"的封建统治理念,确立了议会的最高主权地位,实质上确立了国民的地位高于君主的原则,巩固了资产阶级民主革命的成果。其后,为了进一步完善和巩固议会权力,特别是下议院的权力,英国议会分别于 1911 年制定了《议会法》、1949 年通过新的《议会法》,加强了下议院的权力,确立了下议院的优先地位,这就使得由人民选举产生的下议院取得了相对于上议院的优势,议会民主制进一步得到稳固。继英国之后,美国、法国也确立了议会制度,随后又传播到欧洲大陆各国,德国、意大利、比利时等国也建立了议会民主制。到 20 世纪中叶,一批民族国家摆脱了殖民统治,建立了议会制度。如印度、菲律宾等。

立法机关的主要职能是制定、修改和废除法律,即通常意义上的立法职能,这也是其最重要、最基本的权力。同时,立法机关还掌握着财政大权,即对国家财政的决定权和对政府财政的监督权,包括决定国家财政以及预算、税收、关税、借贷权,还包括审查决算和公共资金审计等,批准国家预算案是立法机关最为重要的财政决定权的方式。立法机关还对行政机关拥有一定的监督权,如通过质询、调查、听证会等形式对行政机关进行监督。在内阁制国家,议会如果通过不信任案投票,政府一般要提出辞职。在总统制国家,议会对行政机关的监督力度比较弱,但在政党制背景下,通过党团运作仍旧能对行政权力进行强有力的监督,其监督的最重要的手段就是对行政机关高级官员行使弹劾权。

立法机关通常还承担着许多其他的职能。比如美国国会,除了立法权外,还拥有部分同意权,美国总统对联邦最高法院法官的提名、外交使节的提名均需经参议院同意。《美国宪法》第一条第三款即规定:参议院享有审理一切弹劾案的全权。如此等等,说明立法机关在国家政治体制内有着重要的地位,也是政治团体或政党争夺主导权的焦点与核心之一。

社会主义国家则普遍采用人民代表大会制。1917 年,俄国二月革命后即召开了全俄苏维埃代表大会。1918 年,俄国第一部宪法产生,规定全俄苏维埃代表大会为最高国家权力机关,它有修改宪法、制定法律,决定国家内政外交等重大政策的权力。1922年苏联成立,1924年颁布了苏联宪法,确认了苏维埃代表大会为苏联最高国家权力机关。苏联的这一制度为世界其他社会主义国家的人民代表大会制度或议会制度提供了样板。1954年中华人民共和国第一次全国代表大会召开,通过了1954年宪法,确立人民代表大会制度为国家的根本政治制度。根据中国《宪法》规定,全国人民代表大会是最高国家权力机关,有权制定和修改宪法和法律,监督宪法实施,选举、决定和罢免国家机关领导人,决定国家重大问题,行使监督权,等等。在全国人民代表大会闭会期间,全国人大常务委员会作为其常设机构,依法行使相应权力,包括制定和修改法律等。

立法机关作为人民代表或民意代表机关,其成员的产生一般是通过民主选举。立法机关成员或者说议会议员的产生可以通过直接选举,也可以通过间接选举。在西方民主国家,直接选举成为常态,通过普选产生国会议员是国家重要的选举活动。在西方国家现行的体制下,争取立法机关多数是政党或政治团体追求的目标。立法机关的多数意味着有能力将本党或本团体的政治主张转化为国家法律,即通过立法实现自己的政治目标。特别是在实行内阁制的国家,议会的多数党领袖一般出任政府首脑,即拥有行政权或者说组阁权。占据议会多数的意义更是非同小可。因此,政党活动在很大程度上会围绕着怎样争取选民认同开展,在立法机关成员选举过程中赢得多数,成为议员,是许多政治人物活动的重要目标。由此而展开的政治争夺或政治游说成为其重要的活动内容。

当然,在立法机关中进行攻防,推行本党或本组织的政治主张,争取通过本党支持的法案,无疑对国家的立法走向有着重要的意义。所以,立法机关通常意义上有着高度制度化的议事规则。恪守议事程序和议事规则,对立法机关的正常运转有着重要的意义。

二、行政机关

行政机关亦称为行政机构、国家管理机关,通常意义下,也可称之为政府,它是行使国家行政权力的机关,是国家机构的重要组成部分。行政机关负有广泛的国家公共事务管理职能。具体而论,它负有执行法律的职能,拥有管理国家内政、外交、军事等方面的行政事务的权力,同时,它还可以依照宪法和法律,具有制定行政法规、发布决定和命令的权力。

至于行政机关的组成,各国制度颇为不同。西方民主国家大致有总统制、半总统制、内阁制、委员会制等模式。美国实行总统制,宪法规定总统经由选举产生,行使行政权。《美国宪法》第二条第一款规定:"行政权属于美利坚合众国总统。总统任期为4年。"英国则是内阁制,由议会多数党领袖担任内阁首相,掌握行政权。法国则是半总统制,总统任命总理行使行政权。瑞士则是委员会制,由委员轮流担任委员会主席,委员会集体行使行政权。

与西方资本主义民主国家不同的是,大多数社会主义国家政府首脑实行总理负责制。就中国政治体制而论,国务院为国家最高行政机关,实行总理负责制。总理人选由国家主席提名,经人大投票决定产生。国务院必须向全国人大及其常委会报告工作,接受其监督。

在实行民主政治的国家里,行政机关负责人,不管是总统还是政府总理,均需经过法定选举程序或投票决定程序产生,代表国家行使行政权。一般而言,政府首脑的任期有严格的任期限制。行政权的行使需严格依照法律与规则办事,且接受立法机关的监督。

由于行政机关掌握着国家庞大的行政资源,因此成为各国政党或政治势力竭力争取的目标。在实行民主政治的国家里,政党或政治团体的主要活动在很大程序上是围绕着争夺国家行政权而展开。在实行总统制的国家,获得总统选举胜利可谓是政党政治的最高目标之一。在实行内阁制的国家,政党或政治势力往往把获得议会多数而成为执政党作为自身政治活动头等重要的工作。

三、司法机关

司法机关是行使司法权的国家机关,通常情况下是指国家的审判机关,即法院。但是部分国家宪法也将检察机关列入司法机关之列。在西方民主国家里,实行三权分立,司法权是与立法权、行政权并立的三大权力之一,是国家机关体系中的重要组成部分。原则上,司法机关独立行使司法权,不受行政机关和立法机关干涉。

在民主国家里,司法机关的主要职能在于对国家法律的适用,即运用国家法律处理各类诉讼案件和非诉讼案件,解决纠纷与冲突,维护社会秩序。但是由于各国宪法体制各不相同,司法机关的权能也各不一样,特别是法院是否具有司法审查权方面做法不一。在美国,联邦最高法院可以通过司法审判活动宣布国会制定的法律因为违宪而无效,从而形成对国会立法权的强力监督。日本各级法院均可审查议会立法是否违宪。而德国、俄罗斯等国则成立专门的宪法法院来承担违宪审查职能,法国则成立宪法委员会来承担相关职能。

司法机关成员的产生必须遵循严格的法定程序,但方式各不一样。美国联邦最高法院法官的产生程序比较复杂,法官由总统提名、经参议院同意批准才能产生。但法官就任后为终生任职,不受总统、国会及政党等的制约,从而为司法独立提供制度性保障。因此,在美国,提名法官人选、批准法官任职是重要的政治活动,美国共和党、民主党常因法官人选而角力。而美国各州法院法官的产生方式也各不相同,有些州的法官由选民直接选举产生,直接选举法官则会使法官的产生更富有政治色彩,其斗争情形类似于州长、州议员的竞选。日本的最高法院院长由内阁提名,天皇任命。德国联邦法官由要管的联邦部长和法官委员会共同决定后任命。当然,法官因其工作的专业性通常规定需具有一定的资格条件。总体来看,西方民主国家关于法官的产生与任命虽有相对的独立性,但同民主选举及政治势力有直接或间接的联系,因此,争夺司法机构的主导权通常也是各政党或政治势力的政治目标之一。

中国法院法官的产生与西方国家的方式有很大不同。在人民代表大会制度下,法院院长由同级人民代表大会选举产生,法官人选由同级人民代表大会常务委员会决定。人民法院独立行使审判权,不受任何行政机关和政治团体的干预,但需接受人民代表大会及其常委会的监督。

第五节　民主政治与法治的价值相互交融

民主本质就是指"人民的统治",就是由"人民当家做主"。各国宪法都确立了人民主权原则,都规定主权在民,国家的一切权力属于人民。人民通过直接民主形式或间接民主形式行使自己的主权。法律是全体人民共同意志或者说公意的体现,法治所依之法是人民制定之法。从法律的基础来看,正是多数人的统治和多数人的意志才构成立法的基础。亚里士多德在论述法治理论时就提出,法治之所以优于人治,是因为众人之治优于一人之治。

亚里士多德法治理论的立论基础就内涵了民主的思想。信春鹰认为,在当代法治状态下,法律是通过立法程序制定出来的,在这个程序中,不同的利益主体都可以参与表达自己的意愿和要求,不同的利益诉求都可以通过法律达到一个平衡。任何个人、群体、单位由于所处地位不同,看问题的角度不同,都有自己的局限性。而立法能够最大限度地综合各方面的意见,平衡各种不同的观点,达成基本一致的意见。[①] 由此可见,法治的基础在于人民制定法律,人民遵守法律,法治的目的是为了保障人民群众行使民主权利。正是有了人民性这一共同的政治基础,民主与法治具备了本质上的一致性,才会有了共同的价值追求。

随着民主与法治事业的发展,民主与法治的内涵及其价值观念也在进步、变化。其中一个重要的变化特征就是:当代民主观已将部分法治的价值观纳入其中,当代的法治观也将部分民主价值纳入其中,都以追求平等、自由、公平、正义为目标。两者的主要价值追求日益交融,为民主政治的法治化奠定了价值基础。

一、平等、自由的价值追求

在封建专制社会里,封建统治者掌握国家的权力,控制着国家机器,推行等级制度,维护少数特权,压制人民的自由,实行政治压迫。民主是专制的对立物,是以反对专制为己任的。民主革命所追求的自由、平等是从反对封建专制、封建压迫开始的。它主要是指实现人身自由、政治自由,反对奴役、反对压迫,实现政治地位的平等。资产阶级民主革命思想家以"自由、平等"为号召,鼓舞广大的被压迫者起来推翻封建专制统治,建立自由、平等的民主政权。

法治强调法律至上,主张法律面前人人平等,反对法律之外和法律之上的特权。[②] 每个公民都拥有人身自由、政治自由,平等享有各项政治自由与政治权利。民主与法治在反对专制、滥权上,有着共同的旨趣。法治为社会

---

① 参见信春鹰:《中国国情与社会主义法治建设》,载中共中央政法委员会编:《全国政法系统学习贯彻十七大精神和胡锦涛总书记重要讲话辅导读本》,中国长安出版社 2008 年版,第 183—184 页。

② 参见周叶中、潘洪祥:《论民主政治的法治化》,《郑州大学学报》(哲学社会科学版) 1999 年第 5 期,第 13 页。

成员确立统一的社会行为标准并要求所有的人都必须严格遵守法律,有利于实现社会公平。不同的社会群体对社会资源的占有不同,社会行动的能力也因此而有所不同。不管个人之间在身份、能力、财富占有等方面有多么大的差异,在法律面前他们是平等的。① 世界人权宣言及联合国政治与公民权利宣言都强调:所有的人在法律面前平等,并有权受法律的平等保护,无所歧视。在这方面,法律应禁止任何歧视并保证所有的人得到平等的和有效的保护,以免受基于种族、肤色、性别、语言、宗教、政治,或其他见解、国籍,或社会出身、财产,出生或其他身份等任何理由的歧视。各国的宪法也都确立了平等原则。

民主追求由人民自己来决定政治事务,实现人民当家做主的愿望。民主原则强调少数服从多数,反对少数强权。而法治的意义在于规范与制约公权力,防止权力滥用。② 通过宪法和法律构建以权利制约权力和以权力制约权力的机制,确定国家权力的内容、范围、形式原则与方式,规范国家权力,以法律的方式防止和避免国家机关及其工作人员利用国家权力危害社会、贪污腐化,或是侵害个人权利。

在宪法制度下,民主所追求的政治自由与政治平等已然转化为法治所追求的"法律面前人人平等",不分民族、肤色、年龄、性别、信仰、教育程度等的差别,平等享有各项政治自由与政治权利。两者的价值追求高度重合。

二、公平、正义的价值追求

公平正义是人类社会所追求的重要价值之一,是社会制度构建的首要价值。③ 从一般意义上来讲,公平、正义是指按照一定的社会标准、正当的秩序合理地对待人或事物,它是一个社会、一种制度体系最为重要的道德品质之一。在不同的时期,公平正义有不同的内涵。当代民主社会里,政治上的公平与正义包含公民在政治事务与政治生活中所享受的机会公平、过程公平和结果公平。公平、正义是一种政治理想与社会理想,它包含着人类社

---

① 参见信春鹰:《中国国情与社会主义法治建设》,载中共中央政法委员会编:《全国政法系统学习贯彻十七大精神和胡锦涛总书记重要讲话辅导读本》,中国长安出版社2008年版,第183—184页。
② 参见李林:《当代中国语境下的民主与法治》,《法学研究》2007年第5期,第10页。
③ 参见[美]罗尔斯:《正义论》,何怀宏等译,中国社会科学出版社1988年版,第1页。

会的平等、自由、尊严、权利保障等一切良善和美好的价值与理想。

法律意义上的公平与正义既包含有实体意义上的正义,也包含着程序上的正义。实体意义上的正义同样包括平等、自由、人的尊严、权利保障等一切美好的价值,这一切同民主政治所追求的价值有着共同一致的内容。民主政治也强调民主政治过程的公平、公正,法治更是视程序正义为其基石。日本学者谷口安平认为,当今世界已经变得越来越错综复杂,价值体系五花八门,人们常常很难就实体上某一点达成一致。同样一个问题,不同的人有不同的答案。在这种情况下,"程序是他们唯一能达成一致的地方。而且他们能达成一致的唯一程序是能保证程序公正的程序,因为他们一旦同意了程序,则无论是何结果,都必须接受所同意的程序所带来的结果"①。因此,在推进民主政治发展的过程中,"在一定条件下,把价值问题转换为程序问题来处理,也是打破政治僵局的一个明智的选择"②。"一种成熟的民主制度,其预定的程序必须法律化,并在全社会树立其权威,独立发挥其作用与价值。程序正义是民主政治的基础。"③由此,民主政治所追求的公平正义与法律上所追求的公平正义内容高度重合,其价值理念也逐渐趋向高度一致。

---

① ［日］谷口安平:《程序公正》,载宋冰:《程序、正义与现代化》,中国政法大学出版社1998年版,第376页。

② 季卫东:《法律程序的意义》,《中国社会科学》1993年第1期,第85页。

③ 任俊伟:《党内民主差异性研究》,中共中央党校2007年博士学位论文,第16页。

第二章　民主政治法治化的功能

　　总体说来,民主与法治就像是一枚硬币的两面,两者互为条件,不可分离,它们共同构成现代政治文明的基础。民主与法治的功能虽然各不相同,但是存在着功能的互补性。"法治是支撑民主国家的原理之一。民主需要社会市场经济、社会公正以及法治。反之,法治也不仅仅只是由法律和规章组成的法律秩序;它包括管理每个人生活的体制,因为法律同样是一个文化因素。"①民主制度的发展不能没有法治的保障。这是因为:第一,宪法和法律对人民民主权利的保障,是民主政治的基本前提,没有这个前提,就谈不上民主。若没有法治,公民的民主权利就有可能随时被剥夺,公民的政治参与就有可能破坏社会稳定,民主进程就有可能导致秩序的失控。公民依法享有的政治自由如言论自由和结社自由本身即是实行民主制度的基础;第二,在现代社会,包括民主制度在内的所有重要的政治和社会实践均不可避免地借助于法律的形式来表达,并因此而获得制度上的保障;第三,没有法治的民主不仅缺乏制度保障,不能够持久,而且容易被滥用而变得畸形,甚至产生灾难性的后果。如果没有法治的保障和规制,民主可以被滥用。②无法治的民主实质上是无政府主义,无民主的法治实质只是人治。③ 民主政治的特征在于多数统治、多数参与、多数裁决,并需要必要的程序以保障其运行。民主的缺陷在于多数参与时受内在或外在的诸多非理性因素的支配,容易造成对少数人权利的侵害。而法律具有理性化、稳定性、规范化的

---

　　① 〔德〕约瑟夫·夏辛、容敏德:《法治》,法律出版社 2005 年版,第 6 页。
　　② 参见梁治平:《法治:社会转型时期的制度建构》,载《法治在中国:制度、话语与实践》,中国政治大学出版社 2002 年版,第 146 页。
　　③ 参见周叶中、潘洪祥:《论民主政治的法治化》,《郑州大学学报》(社会科学版)1999年第 5 期,第 13 页。

特征,对人们的行为起着独特的指引、评价、预测、教育和惩戒的作用,这些作用有利于保证国家和社会民主生活的一致性和稳定性。民主在行使公民权利和国家权力的过程中需要动员公民积极参与,而法治则可以约束权利或权力的滥用。① 法治通过对一切私人的、公共的权力施以必要的法律限制,从而保障基本人权以支撑民主秩序。法治则通过对平等的保障以消除对部分公民的歧视。法治也有助于提高民主政府的公开性与透明性,促使政府在法律范围内活动,以法律的稳定性来维持政府施政的连续性,从而增加公民对民主政府的支持与参与程度。② "人类的经验告诉我们,一味追求民主而不努力奠定法治基础,会造成人民的自由权利实际上的丧失。"③所以,保障权利必须以法治作为基础。

同时,法治必须以民主为基础。因为"法律系统不是独自获得其自主性的。它的自主的程度,仅仅取决于为立法和司法的目的而建制化的那些程序,在多大程度上保障公平的意见形成和意志形成过程,并且以这种方式使道德的程序合理性有可能同时进入法律和政治之中。民主不实现,法律就没有自主性可言"④。民主政治对法治的贡献在于,民主制度具有普遍的参与性和广泛的代表性,可以提高法律的质量;民众对立法与执法的监督,又是维护法治的根本途径。近现代历史上,一些国家的历史经验已经说明民主是法治的最好保障。⑤ 法治的目标必须在广泛政治参与的情况下才可能实现。

正是因为民主与法治存在着功能的互补性,才使得民主政治法治化有其独特的功能和作用。概括起来看,民主政治法治化的功能主要体现在两个方面:一是法治化有助于增强民主政治的合法性,增强民主政治的权威

---

① 参见周叶中、潘洪祥:《论民主政治的法治化》,《郑州大学学报》(社会科学版)1999年第5期,第13页。

② 参见麻宝斌:《论民主的法治前提》,《吉林大学社会科学学报》2001年第5期,第19—20页。

③ 周天玮:《法治理想国——苏格拉底与孟子的虚拟对话》,商务印书馆2004年版,第99页。

④ [德]哈贝马斯:《在事实与规范之间——关于法律和民主法治国的商谈理论》,童世骏译,生活·读书·新知三联书店2003年版,第615—616页。

⑤ 参见麻宝斌:《论民主的法治前提》,《吉林大学学报》(社会科学版)2001年第5期,第19—20页。

性;二是法治化有助于民主政治良性、健康、稳定发展。基于中国形式法治缺失的社会条件,民主政治法治化有助于增强民主政治的合法律性,提升民主政治的形式合法性。法治化对于民主政治的保障功能、促进功能、规范功能、和平解决政治争端的功能,受到学者们的重视。

第一节　增强民主政治的合法性

自韦伯提出合法性概念以来,合法性问题受到政治学界及法学界的广泛关注。合法性概念内容丰富、复杂,且长期存在争议,西方学者及中国学者对政治合法性的论述已发生多种变化。韦伯提出合法性概念时,提出了三种合法性统治类型并倡导政治统治的法理型模式,韦伯所指的法理型统治在很大程度上指的是合法律性,或者说形式上符合法律规定的形式。也有部分学者在积极寻求政治统治的正当性和合理性内涵,特别是在第二次世界大战以后,西方学者开始反思形式上的合法律性论述的弊端,对政治合法性的论述重点转向政治统治的正当性与合理性。但是,西方学者对政治性和合理性的强调并不意味着其对合法律性的轻视,相反,当代西方学者立论的起点是西方社会法治条件已相当完备,政治统治的合法律性已经确立且不可逆转,无须再论。在他们看来,政治的合法律性只是其论述的背景,可以存而不论。但是,西方政治统治的正当性与合理性却受到质疑,按哈贝马斯的话来说,存在着"合法性危机"。所以,西方学者对合法性探讨的重点在于正当性与合理性。现今中国学者对合法性的探讨与现今西方学者的研究旨趣与路径有着较大的差别。近期以来,中国学者在译介西方学者政治合法性成果的同时,基于中国的政治与法律发展现状及发展路径,指出在法治尚未健全的现状下,重视政治的合法性,强调政治统治的合法律性有着重要的意义,提出了法治民主等概念,重视法治在推进民主政治发展中的特殊作用,对民主政治法治化多数持肯定的态度,认为民主政治法治化有助于增强中国民主政治的合法性。

一、民主政治的合法律性与合理性

在政治学界与法学界,合法性一词常用于政治合法性、政治权威的合法性、权力合法性、政府合法性、政治系统合法性、政党执政合法性等语词之中。它主要是指政府与法律的权威为民众所认可的程度。从政治哲学来看,主要是指统治者何以获得合法性的来源,即政治统治与服从何以可能?统治者如何赢得民众的自愿服从,即获得与维系合法性的手段?以及合法性与民主制度设计之间的关系,即在民主体制下统治权力的论证怎样进行?① 缺乏合法性,政治权威即受到质疑,政治权力亦会迅速消失,执政者的统治即会遭到削弱,政府的正当性即不存在,政治系统即会崩溃。合法性包括两个方面的内容:其一,合法律性,亦可称之为法定性,意指符合法律的,与法律规范、原则、精神相一致的;其二,正当性,或者说合理性,意指政治统治能够得到人民的认可或认同,并且符合社会价值观念,具有美德的,与正义、真理相关联。相比较而言,政治的合法律性更倾向于它的形式要求,而正当性更倾向于其实质要求。

关于政治的合法律性,最早可以溯及古希腊时期。柏拉图在《政治家》中按"政治活动是否符合法律"作为标准,将政体划分为"依法治理的政体"和"不依法治理的政体"两大类。亚里士多德认为法律的统治应该是一切良好政体的基本条件,他认为"适应于一切政体的公理(是):一邦之内,愿意维持其政体的部分必须强于反对这一政体的部分"②。在古罗马和中世纪时,合法性理论开始转而成为解释政治统治是否有效、如何持久的工具。③ 托马斯·阿奎那在论证君主制国家的合法性时认为,任何共同体的统治者最重要的任务就是确立一种和平的一致性(共同的认可)……统治者所依据的乃是对于君主和所有平民都有约束力的自然法。他所指的"法",实际上是指"人们据以从事某一活动以及避免从事另一活动的某种规则或者说尺度"④。

到了近代,马克斯·韦伯提出了法理型合法性的概念,揭示了政治的合法律性的内涵。韦伯通过对社会史的研究发现,由命令和服从构成的每一个社会活动系统的存在,都取决于它是否有能力建立和培养对其存在意义

① 参见郭晓东:《重塑价值之给——西方政治合法性理论研究》,华东师范大学出版社2007年版,第3页。
② 亚里士多德:《政治学》,商务印书馆1965年版,第210页。
③ 参见杨文革:《马克斯·韦伯政治合法性理论评析》,《北方论丛》2006年第1期,第156页。
④ St.Thomas Aquinas. *Selected Political Writings*, Oxford:Basil Blackwell,1959,p.109。转引自杨文革:《马克斯·韦伯政治合法性理论评析》,《北方论丛》2006年第1期,第156页。

的普遍信念,即促使人们服从某种命令的动机,表现为人们对享有权威者地位的确认和对其命令的服从,这就是合法性。韦伯认为,统治的合法性仅仅与统治的正当性和对统治的认同有关,而与正义、真理等价值问题无关。可以说,韦伯的合法性理论是一种经验主义的合法性理论。凡是为大众所相信的、赞同的,能保持大众对其忠诚和支持的统治,就是合法的统治。历史上的政治统治类型大致可划分为三种:传统权威型、个人魅力型和法理型。传统权威型的政治合法性建立在长期形成的传统风俗和习惯的基础上。因为历史沿袭,或是先辈定下的规矩,早先形成一种稳定的秩序,理应得到遵守。如部落统治、古代的世袭君主制等,可算做这一类型。个人魅力型的政治合法性建立在领导人的非凡个性和超凡感召力(个人魅力)的基础上。政治领袖作为英雄和圣人具有引导和召唤追随者的能力,拥有强大的个人权威。而法理型合法性建立在一系列清晰而明确的规则和制度的基础上,政治领导及政府机关的权威最终都由正式的宪法的规则所赋予,其权力是根据法定程序而产生。法理型权威最好的例子是现代官僚制,在这种制度下,人们服从法律不是出于恐惧,不是因为传统风俗,也不是由于对某一个人的忠诚,而是因为觉得法律和秩序是一个理性的社会所必要的。人们承认的是法律的权威,而不仅仅是执法者的权力。韦伯认为只有法理型统治才是历史发展的必然结果。在论及法理型统治的合法性时,韦伯强调了形式上的合法性要求,认为"今天,流传最广的合法性形式是对'合法律性'的信仰,换句话说,接受那些形式上正确的、按照与法律的一致性所建立的规则"①。现代国家谋求合法性的路径即是追求法律的形式要求,如果统治权利的获得符合公认的法律程序,比如普选,则具备了相应的合法性。总体来看,韦伯构建的现代合法性模式有着明显的形式主义的特征,受法律实证主义影响甚深,采取一种价值中立主义的标准,将合法性等同于法定性。现代国家的决议只要符合法律的程序,就足以体现政治的合法性。

韦伯的侧重于合法律性的合法性论述得到许多的支持和赞同。在西方民主正当发展的过程中,始终都会注重用法律的形式来确认、规范和保障民主政治的行为与方式,由此,民主政治随着法治的发展而有了新的发展。以致在西方发达国家,民主政治的行为在很大程度上成为了法律行为,比如根

---

① 马克斯·韦伯:《经济与社会》,商务印书馆1997年版,第37页。

据选举法用投票方式选举政府领导人、根据立法程序用立法方式确认和保障自身利益、根据诉讼法用司法手段保障政治权利,等等。法治已成为民主政治的底色或背景,很难想象在西方民主政治发达国家还能离开法治来谈政治。

但是,随着人们对合法性的理解的深化,韦伯所主张的合法性就是法定性的理解显然不能被完全接受,因为法律程序如果不考虑公正问题显然与合法性的内容不符合,而且,如果法定的就是合法的,那么人们在权力面前将是被动的,而这显然也违背了合法性的实质。① 西方国家民主政治在其发展过程中,或多或少地存在着政治的正当性与合理性不足的问题,出现了合法性的危机。对此,当代西方学者着力探讨合法性危机问题,提出了如何增强民主政治的合理性(或正当性)等问题,提出了新的看法与理论,丰富和发展了民主政治的合法性理论。

对民主政治合理性内涵的探讨由来已久,最早可以追溯至"社会契约论"的提出。由此衍生出三个方面的理论:第一,契约型合法性理论。这种理论以洛克、霍布斯、卢梭、康德及当代的罗尔斯为代表,以"社会契约"为理论基础,认为政治合法性实质在于民众基于相互之间社会约定而确立的态度,只有在符合人们的意志时才具有合法性。卢梭认为,"即使是最强者也决不会强得永远做主人,除非他把自己的强力转化为权力,把服从转化为义务","强力并不构成权力,而人们只是对合法的权力才有服从的义务"。② 为了阐述如何将统治转化为权力,卢梭提出了人民主权学说,认为人民拥有"公意"(即全体人民的意志)是当权者应该忠于的最终价值,政府的行为必须与公意符合才是合法的。第二,政绩合法性理论。这一理论以李普塞特为代表,实际上它也带有工具型合法性的特征。李普塞特则认为,"合法性是指政治系统使人们产生和坚持现存政治制度是社会的最适宜制度之信仰的能力"③。另外,合法性还与统治的有效性和政绩相关,"长期持续的有效性,也可以给予一个政治系统合法性"④。有效性基础或者说政绩

---

① 参见于延晓:《中国共产党执政的合法性研究——以权力与权利的关系为进路》,吉林大学 2007 年博士学位论文,第 20 页。

② [法]卢梭:《社会契约论》,何兆武译,商务印书馆 1982 年版,第 12、14 页。

③ [美]李普塞特:《政治人:政治的社会基础》,张绍宗译,上海人民出版社 1997 年版,第 55 页。

④ [美]李普塞特:《政治人:政治的社会基础》,张绍宗译,上海人民出版社 1997 年版,第 59 页。

基础是指政治系统的产出,也就是公共政策的成效,主要包括政治的和经济的两个方面。一般而言,有效性和政绩在一定条件下和一定限度内可以增强合法性。享廷顿则把有效性称为"政绩合法性"。① 对此,有中国学者对此表示赞同,认为如果一个政党长期执政而始终不能满足民众的需要,其执政难以产生可靠的合法性。② 第三,批判型合法性理论。这一理论以哈贝马斯为代表,对工具性合法性理论进行了批判与反思,重视合法性理论中的内在价值。哈贝马斯指出,是否具有合法性,需要考虑其是否具备合法性所必需的要件。"合法性意味着,对于某种要求作为正确的和公正的存在物而被认可的政治秩序来说,有着一些好的根据。一个合法的秩序应该得到承认。合法性意味着某种政治秩序被认可的价值——这个定义强调了合法性乃是某种可争论的有效性要求,统治秩序的稳定性也依赖于自身(至少)在事实上被承认。"③哈贝马斯把原有的合法性理论概括为经验主义和规范主义两大类。经验主义的合法性概念是依据被统治阶级是否相信、是否赞同某种统治来确认统治的合法性,凡是为大众所相信的或赞同的、能保持大众对他的忠诚和支持的就是合法性统治。规范主义的合法性概念,则把某种永恒的美德、正义作为合法性的基础。这种规范主义的合法性概念表明,一种统治是否合法,不依赖于大众对它的相信、赞同或忠诚,只要它符合永恒的美德、正义,即使它得不到大众的赞同和支持,也是合法的。④ 但是哈贝马斯认为这两种合法性概念都有片面性。哈贝马斯在反思法西斯德国历史后,强调合法性应当与真理有着内在的联系。因为在法西斯主义上台的初期,德国人民对国家政权的忠诚度是很高的,但显然这不能表示法西斯在德国的统治具有合法性。哈贝马斯强调,如果将合法性信念视为一种同真理没有内在联系的经验现象的话,合法性的外在基础只具有心理学意义。⑤

---

① [美]亨廷顿:《第三波:20世纪后期民主化浪潮》,刘军宁译,上海三联书店1998年版,第54页。

② 参见朱昔群:《执政党执政方式转变与宪政建设的内在关系》,载俞可平:《依法治国与依法治党》,中央编译出版社2007年版,第60—61页。

③ [德]哈贝马斯:《交往与社会进化》,张博树译,重庆出版社1993年版,第184页。

④ 参见[德]哈贝马斯:《交往与社会进化》,张博树译,重庆出版社1989年版,第211页。

⑤ 参见[德]哈贝马斯:《合法化危机》,刘北诚、曹卫东译,上海人民出版社2000年版,第127页。

由此可以看出,哈贝马斯的合法性论述里也包含三个部分的内容:一是政治权力是否得到被统治者的承认或认可;二是具有永恒的美德、正义的基础;三是与真理相关联。

在对政治合法性的探讨中,无论是韦伯倡导的合法律性,还是罗尔斯、哈贝马斯等人倡导的合理性,均在某个方面发展了合法性理论。法国学者让·马克·夸克则对上述三种合法性理论进行了分析与综合,提出了综合型合法性的理论见解。他对合法性理论进行了相对全面的界定:"合法性是对被统治者与统治者关系的评价。它是政治权力和其遵从者证明自身合法的过程。它是对统治权力的认可。"①被统治者的首肯,是合法性的第一个要求;得到社会价值观念和社会的认同,是合法性的第二个要求;法律对统治权力和价值观的认可,是合法性的第三个要求。② 简单地说,合法性至少必须满足与现实不可分割的三个附加条件,即承诺、法律、规范。这三个概念是合法性的基本组成部分。③ 首先,在政治法律的相互关系中,承诺在建立合法性中有着最基础性的作用。在社会政治领导尊重社会成员的权利和完成他们的特殊责任的情况下,社会成员同意为了政治体制的利益而放弃自身的一些行为资格,表明他们认可这种体制的治理权利。只要存在承诺,就存在权力和法律的认同。承诺一旦消失,政治的合法性就随之失去了它的可靠性。其次,必须考虑那些起基本规范作用的价值。这些价值通过确立权利和责任的内容,以政治合法性为手段促使社会成员正确理解法律在建立治权过程中所起的作用。最后,法律是合法性的一个条件。但是,法律不是合法性的独立形式,它的公正性必须得到证明。为了使法定性在合法性的发展中起作用,使遵守法律成为合法政府的标志,法律与被统治者的价值观必须要相一致。政治的合法性是确认政府通过法律反复灌输给人们的价值观是正确的。因此,合法性形成了治权的基础,也是法治体制中开展政治活动的基础。合法性作为政治利益的表述,它标志着它所证明的政治

---

① ［法］让·马克·夸克:《合法性与政治》,佟心平、王远飞译,中央编译出版社 2002 年版,"中译本序"第 1—7 页。

② 参见［法］让·马克·夸克:《合法性与政治》,佟心平、王远飞译,中央编译出版社 2002 年版,"中译本序"第 1—7 页。

③ 参见［法］让·马克·夸克:《什么是政治的合法性》,《外国法译评》1997 年第 2 期,第 11 页。

体制必须尽可能是正义的。①

综合上述学者的论述,民主政治合法性应当满足如下几个条件:一是要得到人民的认可,或者说是被统治者的认可;二是要得到社会价值观念的认可,且这种观念是具有美德的,是正义的,要与真理相关联;三是得到法律的认可,或者说是具有法律的形式。

二、民主政治合法化与法治化的关联与契合

尽管历史上出现过的合法性类型多种多样,但在宪法制度下,建立在法理型合法性基础上的政治统治是最佳形式。② 当今世界,除了少数几个君主制或酋长制国家仍旧实施权力世袭制度外,绝大多数国家都选择了民主制度,即依靠民主选举选择国家领导。根据韦伯对于合法性类型的划分标准,显然,民主制度下的"合法性统治已经日益变为韦伯所言的法理型统治"。③ 在现代立宪主义发展的背景下,统治者的"统治权利"不断趋向于理性化,它们在合法化的过程中有助于增强"人为法"的作用及合法律性标准的重要性,以致法律实证主义趋向于将"合法统治"归结为"合乎法律的统治"。④

民主政治要取得合法性,就必须努力合法化。哈贝马斯曾区分过"合法性"和"合法化"两个概念。他指出,合法性意味着某种政治秩序被认可的价值。合法性是一种要求、一个目标,是静态的;而合法化则强调过程,是合法性的实现过程,突出动态特征。两者密不可分,但是,如果没有合法化过程,合法性很难得到保证。"在不求助于合法化的情况下,没有一种政治系统能成功地保证大众的持久性忠诚,即保证其成员意志服从。"⑤所谓合法化,就是追求民主政治合法性的过程。

民主政治合法化的途径多种多样。其中包括:通过法治化而实现合法

① 参见[法]让·马克·夸克:《什么是政治的合法性》,《外国法译评》1997 年第 2 期,第 11—18 页。

② 参见朱昔群:《执政党执政方式转变与宪政建设的内在关系》,载俞可平:《依法治国与依法治党》,中央编译出版社 2007 年版,第 60—61 页。

③ 沈岿:《公法变迁与合法性》,法律出版社 2010 年版,第 14 页。

④ 郭晓东:《重塑价值之给——西方政治合法性理论研究》,华东师范大学出版社 2007 年版,第 15 页。

⑤ [德]哈贝马斯:《交往与社会进化》,张博树译,重庆出版社 1989 年版,第 186 页。

律性,以法律的权威来增强合法性;通过灌输统治者的价值观,而使民众自愿接受和认同此种价值观,而取得价值观上的一致;统治者通过追求公平、正义及社会美德,使之符合民众的期待而得到民众的信服;统治者通过提高政绩而取得政绩合法性,让民众从其政绩中得到实惠而愿意服从其统治;如此等等。这其中,最为主要的或者说最根本的途径就是通过法治化而实现其合法律性,从而增强政治的合法性。其原因在于在宪法制度下,特别是当代法治国家,法治与民主政治有着基本一致的价值追求,两者从内容到形式有着一致的关联度,甚至出现重叠,由此决定了民主政治合法化与法治化构成一道"旋转门",形成了联结与契合,或者说,民主政治的合法化,在一定程度上,就是民主政治的法治化。

(一)政治权力获得认可的方式与依法选举的同一

政治权力必须获得民众的认可,或者说必须得到被统治者的同意,是合法性的基础。在历史上,曾经出现过以"君权神授"自封的王权、以军事强力为后盾的军事强权等都可建立自己的统治,以自身的魅力维系领袖权威的统治者也不乏其人,但是这些方式都被当代民主社会抛弃。环顾当今世界各宪法国家,都是以人民通过选举方式产生国家领导人或者说统治者为正当方式,除此之外别无他途。可见,政治权力获得认可的形式与法治化所追求的依法选举方式已经成为同一项事务。选举必须依据选举法而展开,否则选举结果无效或者说缺乏权威性。

(二)政治价值观与法治价值观的契合

真理与正义价值问题本是哲学上的追问,但是在当代社会现实中,同样也是法学的追问。政治权力追求价值认可或追求真理、正义的最佳途径或方式就是法治的方式,可以说,法律正义是社会正义中的主要内容。事实上,在正义价值追求上,人们已经很难将法律的正义价值观同政治的正义价值观真正分别开来。

法律的价值追求可以分为形式正义和实质正义。形式正义又叫程序正义。如任何人都不能充当自己的法官、当事人有权为自己辩护等。同时,政治事务或法律事务必须依先定程序展开,这本身就构成一项程序正义原则,政治决定或法律判决活动如若违背程序,必然损其权威性,甚至可能导致无效。

实质正义是法律价值的重要组成部分,包括保障人权、平等、自由等内容。当代法学已经克服了只认规则、不讲价值的法条主义的弊端,秉承着亚里士多德以来的"良法"理念,追求良法之治,保障人权,追求正义。德沃金曾明确表示,"法治是一种特殊的政治美德,它与正义有关,但并不等同于正义,它也不等同于平等、自由和博爱",但是法治会导向这些观念。①

事实上,公平、公正、自由、平等、人权等价值观既是民主政治理想所追求的价值观,同时也是法治追求的法律正义。从这个意义上来说,民主政治的合法化就是要追求法律正义。政治权力寻求符合社会共同价值观的过程同时也是追求法律正义的过程。

(三)政治权力运作的制度化、程序化、法制化

政治权力运作的程序可以说是政治权力展开的方式,如动员、组织、宣传、行政等,在当代社会均与法律相关联。政治动员必须遵守宪法与法律所规定的集会、游行、示威等规定,政治组织跟政党法、社会团体法等相关联,行政活动更是受到无数的行政法规制,如此等等。政治权力的运作已经呈现出制度化、程序化、法制化的趋势。在这种背景下,政治权力运作的正当性必定体现在符合法律规定这一原则基础上。

三、法治在合法化过程中的作用与功能

在民主政治合法化的过程中,法治有着独特的作用与功能。具体表现在如下三个方面:

(一)政治权力通过依法选举取得授权

法理型合法性之所以能够稳固政治统治,维持其长久的合法性,关键在于政治统治的权力来源于民众的承认与认可,其承认与认可的形式就是通过依法选举而产生立法机构成员、政府首长等官员,换句话说,依法选举执政党或执政者。

选举活动是一种典型的政治活动,但是在宪法制度下,执政者或领导人的选举必须依选举法规定而进行。选举的意义不仅是产生新的统治者或执政党,其重要的价值与作用就是民众通过投票选择而表达其对统治者或执政者的认同。众所周知,民主政治的基础就在于民主选举。在选举过程中,

---

① 〔美〕罗纳德·德沃金:《论合法性与政治》,郭琛译,《清华法学》第 1 卷第 1 期,2002 年,第 2 页。

不同的候选人通过各种渠道发表自己的治国意见,阐述自己的治国政策,以此来吸引民众的赞同而得到他们的选票支持。无论是多党制还是两党制,选举总是带有竞争性的。竞争性选举的意义在于,候选人只能通过民众的选举才能取得执政权,并由此获得执政的合法性。没有经过选举程序而产生统治者,在当今民主社会里是没有说服力的,也不可能产生权威力量。正是在这个意义上,有学者提出,政治权力的唯一合法性来源是国家的法律,而不是其他东西。① 在代议制度下,民主政治的核心是依法获得政治权力,选举"已被公认为权力移交的唯一合法手段"。② 通过普选获得权力是最具权威的、最普遍的认可方式。恰如哈贝马斯及让·马克·夸克所讲的权力应该得到被统治者的承认,而获得承认的方式就是通过选民的选举获得授权,且这种民主授权是建立在自由、公正、定期举行的选举的基础之上的。民主合法性的基本观点是行使国家权力的授权必须来自受这种权力支配的社会成员的集体决策。③ 没有经过选举的授权,权力只能算是自封的,不能取得合法性。在世界民主大潮中,一些专制独裁者依靠军事强力取得权力,或者某些统治者依靠世袭制度而取得权力,已不再具有足够的合法性。

获得人民授权的统治者,在行使政治权力时不能凭个人的意愿,而必须依照经过社会成员同意的、事先设定的规则。因此,选举法就成为必不可少的基础性规范。选举法对于授权的意义在于:一是规定了选民的权利;二是规定了选举的程序。确保选民的权利,保障每一个合法选民有权参加投票选举,有利于全体选民参与选择执政党或被选举人。法定的选举程序能够有效规范选举过程中的各种操纵现象,使选举能够公开、公平进行。从而使全体选民接受与信服选举结果。只有经过依法选举产生的结果才会具有权威性,才会增强政治权力的合法性。

（二）通过立法与司法活动整合民意及追求正义价值

民主政治法治化的重要价值和作用在于通过立法、决议等手段和方式,整合民意及不同的利益表达,最终以法律的形式认可或承认民众的政治诉求或利益要求。同时,立法的过程也是追求法律正义的过程,这个过程实际上也是追求民主政治价值与正义的过程,其中包括人权、公平、公正、平等、

---

① 参见俞可平:《政治学的公理》,《江苏社会科学》2003 年第 5 期,第 61 页。
② ［法］让·马里·科特雷:《选举制度》,张新木译,商务印书馆 1996 年版,第 1 页。
③ I.Michael Walzer, *Spheres of Justice*, New York：Basic Books, 1983.

民主等价值观和政治、社会美德。

立法活动并不仅仅是立法机关成员举手表决这么简单。一般而言,法案的形成需要经过法定程序,包括法案的起草、讨论、一读、二读、三读、表决通过、签署同意、公告生效等众多程序。在这一系列的程序中,法律草案面临立法机关成员和社会公众的质疑与讨论,社会公众和各种政治势力均可以通过各种渠道表达自己的意见,不同利益主张者也可以在立法过程中主张自己的利益,最后达至妥协或一致,并以法律的形式确定下来。虽然有理论分析家告诉人们说,法律只可能是统治者的意志的体现,但在民主政治与法治的背景下,任何统治者不管其如何强势,均已无法罔顾民意而一意孤行,法律的通过与遵守必须要与社会的多数意见相一致。否则这种法律本身就有可能被随时修正。

与此同时,立法的过程也是追求法律正义价值的过程,通过对法律正义的追求,而实现民主政治所应当有的正义与美德,其中包括公平、公正、自由、平等、人权等价值。我们可以说,法律正义是社会价值观的集中体现。对社会价值观与法律之间相互关系的理解相对比较复杂。一方面,法律应当体现社会价值观以获得其自身的合法性和正当性。"价值观是法律的实质。"①法律是人民代表或者说立法机关制定或确认的,因此,必须体现绝大多数人民认可或信奉的价值观念,必须保障社会的基本价值。否则,这些法律因其违背社会普遍认可的价值观而成为"恶法",失去其自身的合法性或正当性。从主与从的位阶来分析,应当说,社会价值观为主,法律为从。但是,另一方面,在宪法制度下,立法过程就是社会价值观的整合过程,法律是体现社会价值观的最为规范和有效的形式。何者为社会价值观念?这是一个容易引起争议的问题。它与社会全体人员的基本伦理道德及社会理念相关,从本质来看,社会价值观往往是人们根本利益的反映,因此,有着不同利益的群体必然会有不同的社会价值观。仁者见仁,智者见智,甚至完全相反的两种社会价值观都可能会被各自的信奉者称之为社会共同的价值观。既然社会价值观在具体内容上可能存在冲突,容易引起争议,那么通过一定的法律程序(特别是立法程序)整合各种不同的社会价值观,并最终达成基本

①　[法]让·马克·夸克:《合法性与政治》,佟心平、王远飞译,中央编译出版社2002年版,"中译本序"第1—3页。

共识是十分必要的,也是可行的。在立法程序中,各种不同的价值观或争议都公开表达出来,由社会全体成员及其代表者进行公开的讨论、批判、协商、妥协,并在立法程序中整合成社会共识。可以说,立法的过程就是各种利益与观念交锋、妥协的交往过程,也是达成认知一致的整理个人偏好的过程。通过整合社会价值观,形成法律所确认和保护的权利和义务。这些权利与义务规范中所体现的价值,就是通常意义上所讲的法律价值。所谓"政治秩序被认为可的价值",或者说"真理"、"永恒的美德、正义"的观念,可以在法律正义观中得到较为充分的表达。法律正是那些社会公认的、正义的、具有美德的、与真理相关联的价值观念的载体,而且是最重要的、最具权威意义的载体。

司法对政治与社会价值理念与观念的整合作用也是十分明显的。有关自由、平等、民主等明显的政治概念的含义之争由来已久,但现在发生于更为确定性的法律—宪法的框架之内。这也意味着,在现代社会里,法院的机制将发挥更为重要的作用,法院以其诉讼程序及适用法律的判例为社会给出有关自由、平等、民主等社会核心价值的准确含义。美国法院,特别是联邦最高法院的判例在这方面的作用十分的明显。如政治参与过程中的权利保障、平等关怀与尊重权利的实现、尊重弱势群体的权利及其保障、审议民主条件的实现等,这些主张都通过参照某种平等的理念而得以正当化,每一种主张均可在宪法文本中找到明确的支持性论据。① 法院的判决无疑确认了这种认知,从而将这些传统的政治理念的概念在法律上予以确认并予以界定。

(三)通过依法执政增强执政的合法律性

法律是公民和政府的最高行为准则,在法治昌明的今天,任何民主国家都强调法治的重要性,都强调依法行政或依法办事。政治权力的运行或执政活动必须依照法律。换句话说,民主政治还必须要满足合法律性要求,或者说具备法治的形式。在代议制下,行使公共权力不仅要有目的合理性,而且,在形式上必须符合法律规范,符合法定的程序。目的合理是形式合法的基础,形式合法是实现目的合理的程序保障。② 从这个意义上来说,政治权

---

① 参见[英]马丁·洛克林:《剑与天平——法律与政治关系的省察》,高秦伟译,北京大学出版社2001年版,第254页。

② 参见周光辉:《论公共权力的合法性》,吉林出版集团有限责任公司2007年版,第118—119页。

力必须依法行使,不得违背法律的授权及法律规范和程序的要求。"政治系统的合法性或可接受性,就建立在其是否通过颁布法律并依照法律来办事这一基础之上。所以,一个看起来成立的结论是:至少在现代的公法论域中,政府行为的合法性或可接受性就是合法律性。"①

政治与法律既相互区别,又相互联系。政治在某些方面对法律具有决定性的影响,但法律在一定程度上也能规范和制约政治行为,两者交互作用。在历史上,法律与政治之间的关系有一个发展变化的进化过程。② 法律对于政治的规范与制约作用越来越明显,以至于政治自身成为法律约束的对象,必须符合法律的要求。③ 美国学者诺内特、塞尔兹尼克在《转变中的法律与社会》一书中,根据法律的发展历程将法律分为三种类型:压制型法,此时法律是作为压制性权力的工具,从属于政治权力;自治型法,此时法律是一种能够控制压制并维护自己的完整性的一种特别制度,它注重规则的权威与自治,与法治国家相联系,与政治秩序保持距离;回应型法,此时法律是回应各种社会需要和愿望的一种便利工具,侧重于对规则和政策的内在价值和政治活动的正义要素的探寻,旨在实现某种崇高的政治影响,它的愿望与政治愿望一体化,并与权力混合相联系。④ 当今世界各国法治的发展越来越表现出回应型法的特征,即侧重于对规则和政策的内在价值及正义要素的探寻,日益表现出与政治愿望的一致性,对法律正义的追求即是对政治正义的追求。

合法性是法治和政治权威相契合及互动的一个基本关节点。近代以来政治权威的合法性主要是以政治权威出自于民主程序、服从法律和公众对法律的普遍信仰为基础。⑤ 法律有其内在的价值,也有其外在的规制力量。民主政治的法治化,可以促使政治获得法律的价值与力量:或因民众信仰法律价值而使民众自愿服从政治统治;或因法律的权威而使政治统治获得更大的权威;或因法律具有国家强制力而使政治统治获得国家强制力的支持。

---

① 沈岿:《公法变迁与合法性》,法律出版社 2010 年版,第 14 页。

② 参见胡水君:《法律的政治分析》,北京大学出版社 2005 年版,第 74 页。

③ 参见[德]迪特·格林:《政治与法》,杨登杰译,《法哲学与法社会学论刊》第 6 辑,2005 年卷,第 120—134 页。

④ 参见[美]诺内特、塞尔兹尼克:《转变中的法律与社会》,张志铭译,中国政法大学出版社 1994 年版,第 16—18、21、27、63、87、104、130、132 页。

⑤ 参见程燎原、江山:《法治与政治权威》,清华大学出版社 2001 年版,第 305—316 页。

民主政治法治化有助于增强民主政治的合法性,从而使之得到民众的认可、服从与信仰,增强政治的权威,稳固自身的统治。

第二节　法治化对民主失范的防治

民主政治并不是完美无缺的,民主政治在其运行过程中,可能会出现诸多问题。就连西方学者引以为自豪的自由民主也出现了严重的"质量危机"。[①] 第一,当代自由民主政治被结构性地限制在一个秘密且疏离的空间当中,它成为一个由职业政治家占据的、单独的领域,它由政党精英组织、由技术性话语和行政官僚实施,在相当大的程度上与广大民众绝缘,政党不再是代表社会中不同声音与利益的政治组织,而退缩为官僚机构范畴,仅在选举时期才会出现,而公民们则退却至私人领域,只在选举时才成为选民,也就是说,现代民主的实质性内容已被掏空。第二,由于消费主义的泛滥,以及社会公众"躲进小楼成一统"的生活方式的扩散,民主政治越来越依赖于媒体所扮演的角色,媒体成为最为重要的政治动员工具,公民成为媒体消费市场的市场成员,民主政治的空间日益缩小,政治成为一种"被人围观"的东西。第三,政治与财阀联手,民主选举越来越依赖于大量的金钱游戏,选举经费的增长已经失去了控制,现代选战并不是在公平的竞技场上进行,而是金钱的较量。[②] 这一切,都是现代自由民主面临的迷失的原因。综合分析来看,民主政治存在着如下问题:"多数暴政"是绕不开的梦魇;民主失范在现实政治生活中时常发生;因为权力拥有者压制民主而导致民主停滞不前的状况并不少见;因为追求民主而演变成街头暴力、演变成武力冲突的破坏性时常显现。要解决这些问题,必须要利用法治化的独特功能,这些功能包括:法治化具有保障功能,可以保障公民的政治权利和政治自由,以免少数人的权利遭到"多数暴政"的侵犯,防止民主失败;法治化具有促进民主政治发展的功能,可以通过完善民主程序、规划民主进程等方式推动民主政治的有序开展;法治化具有规范功能,可以防止民主失范;法治化具有和平解决矛盾冲突的功能,有助于和平解决民主政治争端。总之,法治化的这些

　　[①]　[英]保罗·金斯伯格:《民主:危机与新生》,中国法制出版社 2012 年版,第 28 页。

　　[②]　参见[英]保罗·金斯伯格:《民主:危机与新生》,中国法制出版社 2012 年版,第 29—32 页。

功能对发展民主政治来说是至关重要的,也是十分必需的。这也是民主政治需要法治化的另一个重要原因。

一、防止多数暴政

保障公民的政治权利和政治自由是民主政治法治化的一项至关重要的功能。政治权利表现在选举权与被选举权,表现在公民有言论、出版、结社、游行、示威等自由权方面。这是公民从事民主政治活动的权利基础。在代议民主体制下,公民的政治权利,特别是选举权与被选举权、政治自由是实现人民主权的基础。如果公民的基本权利和政治自由得不到保障,必然会出现"多数暴政"等反民主的现象,最终导致民主的失败。"纯粹的民主既可能放纵国家权力,又容易侵犯个人权利,这不但是思想史发展的结论,同时也为历史上曾经出现的民主失败,如法国大革命,所印证。"[1]

民主政治是人类的社会理想与追求,但同时,人们也对之存在着深深的恐惧,那就是对"多数暴政"的恐惧。政治学、法学、历史学对历史上曾经出现的"多数暴政"往往心存疑虑。虽然中国人普遍确信"民主是个好东西",但是西方学者对"多数暴政"、"民主的失败"、"民主的合法性危机"等命题念念不忘。因为民主有其内在的缺陷,有时甚至遭遇失败。当代西方的民主理论家几乎无一例外地以各种各样的方式承认了民主失败的客观存在。[2] 美国法学家孙斯坦承认:"民主遭遇失败是非常普遍的事情。"[3]哈耶克也认为民主政治有四大罪状:"腐败、无法律、软弱和不民主。"[4]由此看来,民主并不总是能够带来乐观的理由,它有自身的内在局限并受到诸多外在条件的限制,存在着发展中的困境及问题。

"多数人的暴政"主要是指民主制度下缺乏对少数人基本权利保护而产生的多数人对少数人的专断和任意妄为。[5] 民主的基本原则是少数服从

---

① Gustave Le Bon, *The Psychology of Revolution*, G. P. Putnam's & Sons, New York, 1913, p.326。转引自佟德志:《在民主与法治之间》,人民出版社 2006 年版,第 127 页。

② 参见佟德志:《现代西方民主的困境与趋势》,人民出版社 2008 年版,第 31 页。

③ [美]孙斯坦:《自由市场与社会正义》,金朝武等译,中国政法大学出版社 2001 年版,第 439 页。

④ 转引自[美]霍伊:《自由主义政治哲学:哈耶克的政治思想》,刘锋译,生活·读书·新知三联书店 1992 年版,第 172 页。

⑤ 李林:《当代中国语境下的民主与法治》,《法学研究》2007 年第 5 期,第 11 页。

多数,而且,国家机构与国家制度都是按照少数服从多数原则组建起来,国家的法律、政策都是按照少数服从多数原则通过的,所以,多数的权利无处不在。从理论上说,只要多数同意,一切皆有可能。这就为多数暴政埋下了隐患。在世界历史上常为人们引以为戒的事例有三个:一是古希腊的雅典对先哲苏格拉底的审判。公元前399年苏格拉底被雅典公民大会以"不虔诚和腐化年轻人的罪名"进行审判并最终被判处死刑。这被认为是多数暴政的证据。二是法国大革命时期的雅各宾派专政。在法国大革命中,面对革命过程中形成的短期混乱与动荡,以罗伯斯庇尔为代表的雅各宾派利用革命群众的革命热情,以"红色恐怖"应对"白色恐怖",对于他们认为的反革命分子,不经过严格的审判程序即可杀头,以至于革命者自己也人人自危。毫无疑问,这种红色恐怖难以为继,反革命势力集结起来,疯狂地向革命者反扑,最后导致法国大革命失败。三是希特勒法西斯在德国的统治。1932年,希特勒利用蛊惑宣传赢得了选举胜利,又在德国民众的狂热拥戴下,推行法西斯政策,对内解散其他政党、大批监禁和屠杀犹太人,对外发动第二次世界大战,在全世界制造人权灾难。这不仅给别国人民带来了沉重的灾难,同时也给德国人民带来了毁灭性的灾难。多数暴政在人们的日常生活中也会存在。比如,在一些不能适用民主手段的事情上使用所谓"民主"的方式来作出决定。当然,多数暴政还有其他表现形式,历史上许多暴政都是以人民的名义进行的。当多数暴政无法得到有效控制的时候,民主失败不可避免。

多数暴政概念的出现最早要追溯到亚里士多德关于极端民主的论述。他在《政治学》一书中就提到过一种极高的民主政体,在这种政体中,一切政事由公民大会裁决,群众的临时决议与命令代替了法律的权威,往往会在平民领袖的煽动下,"对国内较高尚的公民横施专暴"。[①] 亚里士多德的论述及观念对后世的思想家有着重要的影响。克服多数暴政,防止民主失败一直是民主政治理论发展的动因。民主政治的第一次转型就是从直接民主制到间接民主制的转型。这次转型的理论假设是以克服"多数暴政"为目标的,它的理论意义在于解决可能会出现的"多数暴政"问题。

---

① 亚里士多德:《政治学》,商务印书馆1965年版,第191页。

麦迪逊对"多数暴政"问题有较多论述。他认为,多数暴政的根源在于民主社会的党争。公民中的多数人或少数人由于有着共同的利益或感情,因而团结在一起组成党派,以反对其他公民或整个社会的利益,党争产生的原因在于财产分配的不同或不平等。当一个党派构成政府中的多数时,大众政府就会为了多数的情感或利益而牺牲公共利益或其他公民的权利,由此便形成了多数的暴政。因此,麦迪逊提出用共和政体,采用代议制、多元化、分权与联邦制等以防止暴政。杰斐逊也曾表示过对多数暴政的担心,他说:"我国政府的行政权,并非我担心的唯一问题,也许可以说不是我担心的主要问题。立法机构的暴政才真正是最可怕的危险。"①

柏克在对法国大革命的反思中也阐述了反对多数暴政的思想。在法国大革命过程中,以罗伯斯庇尔为代表的激进派革命党人,利用群众的革命激情,滥用过激手段,形成所谓的革命的"恐怖"。柏克认为,民主在某种形势下可能是必要的,甚至是可取的,但他认为,如果人民的权威不受任何限制,对舆论也不负任何责任,"每当一个民主制的政体出现像它所往往必定要出现的严重的分歧时,公民中的多数便能够对少数施加最残酷的压迫"②。

托克维尔第一次明确提出了"防止多数暴政"的概念。一方面,他承认,一切权力的根源存在于多数的意志之中,"一项通行的法律,在一个国家,要由人民的多数来制定和最后采纳……这样的法律才是公道的法律"③。另一方面,他又明确提出了反对"多数的暴政"。他说,当任何一个权威被授以决定一切的权利和能力时,不管它叫什么名字,就已经埋下了暴政的种子,"我最担心于美国的,并不在于它推行极端的民主,而在于它反对暴政的措施太少",因为多数掌握了一切,包括立法机构、行政当局、陪审团、法官等都是由多数决定的。他指出:"民主政府的最终目的应当是对少数和个人利益的保护。"④

密尔也提出了防止多数暴政的思想,主张应防止阶级立法与社会专制。在民主制度中,立法机关"作为多数人的统治,统治的权力受到地方或阶级

① [美]杰斐逊:《1789年3月15日杰斐逊致麦迪逊的信》,载《杰斐逊文集》第7卷,转引自托克维尔:《论美国的民主》(上卷),商务印书馆2008年版,第300页。

② [英]柏克:《法国革命论》,商务印书馆1998年版,第165页。

③ [美]托克维尔:《论美国的民主》(上卷),商务印书馆2008年版,第287—288页。

④ [法]托克维尔:《论美国的民主》,商务印书馆1996年版,第290页。

利益的支配,不按照对全体人民利益的无私关怀所要求的原则行事"。① 社会专制表现为一个社会中占优势地位的阶级的利益与感情,即社会中盛行的观点、道德与情感"非常深刻地渗入到人的生活的各个方面,……奴役了灵魂本身"。② 所以,密尔提出要在个人独立与社会或国家控制之间作出适当的调整。

为了反对"多数暴政",在实行多数原则的前提下,还必须坚持"保护少数原则",或者说必须保护少数人的正当权益。如果不能保护少数,民主就可能会走向"民主暴政",即多数人剥夺或压迫少数人。同时,从民主过程来看,多数与少数是一个动态变化的群体,任何一个人都可能在此问题上属于多数,而在另一个问题上属于少数,因此,如果不能保护少数,任何人都可能会成为"多数暴政"的受害者。麦迪逊曾指出,"在共和国里极其重要的是,不仅要保护社会防止统治者的压迫",而且要保护一个人或少数人的权利免于"由于多数人的利益结合而形成的威胁"。③ 因此,在保证民主采取多数原则的情况下,必须确立保护少数的原则。民主制度必须界定和保护少数权利,并将它作为自身制度的一部分而纳入到民主体系中来,从而构成对多数行动范围的约束与限制,使多数不能享有无限的、绝对的权力,在某种情况下,多数必须受到少数权利的制约。

在实行多数规则的前提下,保护少数尤其显得重要。某种意义上可以说,少数派的自由与权利是民主质量的重要指标,"民主基本特征应该是允许少数派有政治表达权"。④ 阿克顿也曾说过:"我们判断某个国家是否真是个自由国家,最可靠的办法就是检验一下少数派享有安全的程序。"⑤因为,保护少数个人利益是保护每个人的法理精神的体现,少数人具有同等于每个人的权利,不管他们的人多么少,不管他们的观点是多么不被多数接受,少数除了没有决定选举结果的权利外,应该享有多数享有的其他所有权利。⑥

---

① [英]约翰·密尔:《代议制政府》,商务印书馆1982年版,第93页。

② 参见[英]约翰·密尔:《论自由》,程崇华译,商务印书馆1996年版,第5页。

③ [美]汉密尔顿、杰伊、麦迪逊:《联邦党人文集》,商务印书馆2004年版,第266页。

④ J.Bumham, *The Managerial Revolution*, New York: John Day, 1941, p.162.

⑤ Lord Acton, *Essays on Freedom and Power*, New York: Meridian Books, 1955, p.56.

⑥ 参见林红:《试析资本主义民主政治的多数规则及其困境》,《政治学研究》2006年第4期,第22页。

民主政治法治化可以有效地保护被忽视的少数人利益的需要。瑟欧多尔·J.洛伊在《自由主义的终结》中提出，"依法办事的原理是无权无势者抗衡有权有势者的唯一可以信赖的防御手段"①。通过保护公民的基本权利，包括财产权、自由权等，使处于少数地位的公民即使在面对多数时也能以法律手段保护自己的权益。纯粹的民主主义是多数人说了算，在激情状况下或是被有心人操纵下，往往会因维护多数人的利益而忽视或损害少数人的利益。只有通过法治化，运用法律来平等地保护每一个公民的权利，才能有效地防止"多数暴政"，保护好少数人的利益。

二、防止非正义的规则肆虐

对民主的理性认识使人们走出民主的乌托邦，寻求以法治的方式限制民主，从而补救民主制度的种种弊端，这一思路不但成为美国"复合共和制"理论的指向标，同时亦为其民主制的形成奠定了理论基础。② 19世纪末20世纪初，西方各国纷纷实行普选制，从而形成了所谓的"大众民主"。但是大众民主也有其破坏性，西班牙政治思想家奥尔特加认为，只有在法律的约束下，民主与法治才会取得一致的含义。"传统的民主政治由于自由主义和对法律的习惯性遵从这两味药剂的作用而得到缓解，由于这些原则的存在，个人把自己限制在严格的纪律范围之内。少数人能够在自由主义原则与法治的庇护之下行动自如，民主与法律——法律之下的共同生活——的含义是一致的。"③潘恩曾说："对于一项坏的法律，我一贯主张（也是我身体力行的）遵守，同时使用一切论据证明其错误，力求把它废除，这样做比强行违反这条法律来得好；因为违反坏的法律此风一开，也许会削弱法律的力量，并导致对那些好的法律的肆意违犯。"④民主政治法治化的

---

① 转引自季卫东：《宪政新论——全球化时代的法与社会变迁》，北京大学出版社2002年版，第141页。

② 佟德志：《民主失败与法治规制——西方宪政民主理论的内在逻辑》，载佟德志编：《宪政与民主》，凤凰出版集团江苏人民出版社2007年版，第259页。

③ Jose Ortega Gasset, *The Revolt of Masses*, Notre Dame, University of Notre Press, 1985, p.9,转引自佟德志：《民主失败与法治规制——西方宪政民主理论的内在逻辑》，载佟德志编：《宪政与民主》，凤凰出版集团江苏人民出版社2007年版，第259页。

④ 转引自[美]伯尔曼：《法律与宗教》，梁治平译，生活·读书·新知三联书店1991年版，第38页。

目的之一就是要运用法治的手段防范非正义的法律的出台,防范非正义的政治行为的泛滥。

代议制民主本身的缺陷却是客观存在的。公民选举出的少数代表,根据多数决原则通过的法律,并不必然代表大多数公民的意志。无论是理论分析还是已有的历史都已经证明,无论民主制度设计得多么完善,都可能会存在不足,甚至无法避免以合法的形式出现的不正义,最为典型的事例就是以民主投票的方式通过实质非正义的法律。在法西斯统治下的德国,法西斯暴行所依据的法律有很多是德国议会以多数原则通过的正式法律。民主原则也可能产生非正义的法律,历代学者对此均有论述。如古罗马的西塞罗就曾说过:"如果法是由人民的法令、统治者的决定、法官们的判决确立的,那么便会存在抢劫法、通奸法、提供伪遗嘱法,只要这些法能由人民的投票或决议获得通过。"①托克维尔在论述美国民主时,也对多数原则的过度使用表示过担忧。因此,民主政治法治化有其功能性的作用,它可以为此设置一道屏障,对拟出台的法律是否符合宪法及法律正义诸要素的要求进行审视,尽可能地避免非正义的法律出台。

同时,法治也可以防范非正义政治行为的泛滥。

三、防止"民粹主义"的泛滥

民主可能会因为过度操作导致"民粹主义"的出笼,这可以说是民主失范的一种重要的表现。20世纪70年代,亨廷顿、克罗齐等学者在其撰写的《民主危机》报告中指出,由于民主被过度操作,已陷入了危机,其最大原因是平等因素扩张过速,各种强势或弱势利益团体都成为"要糖的孩子",公权机关为了选票扮演圣诞老公公,形成不堪负荷的"民主超载"。同时朝野势力、各政党和政治团体为了取得政治权力,彼此威胁,竞相加码,把民主推进到极限,民粹的弊病随之浮现。解决之道恰是矫正平等主义泛滥,恢复知识、讲理、专业的权威,避免泛政治化,对无谓的争议或斗争保持适度冷漠,让政治降温,也就是由民粹情绪动员回到讲理及节制的民主。

民粹主义把民主的理想绝对化,把民主主义推向极端,最终的结果不但

---

① [古罗马]西塞罗:《论共和国论法律》,王焕生译,中国政法大学出版社1997年版,第201页。

可能背离了民主政治的初衷,而且可能走到民主主义的对立面,成为一种反民主主义,而与权威主义的独裁政治相联系。

民粹主义在民主社会里能够大行其道,是因为它往往打着平民的旗号行事,看起来似乎更为彻底的、更纯粹的、更大众化的民主,在形式上似乎更接近于直接民主。但民粹民主的实质是对民主的绑架和操纵。民粹主义者极端强调平民大众的价值和理想,往往以直接诉诸民意为借口推进激进的社会改革,动辄以全民公决、人民的创制权为手段,达到控制和操纵民主的目的。在全面实施普选权的当今世界里,一些别有用心的政治人物为达到自己个人的政治目的,经过精心预谋,运用诉诸民众利益或偏见的政治策略,运用这种鼓励民粹的方式达到自己的目的。这些鼓吹民粹主义的政治人物为了在选举中赢得占人口多数的平民大众的选票,严重脱离国家经济、社会的发展阶段,常常提出一些煽动性的口号和目标,特别是在某些发展中国家,社会、经济总体发展水平不高,贫富分化严重,民主政治发展不太成熟,民粹主义者更容易以照顾穷人、劫富济贫为号召,煽动普通民众的激情,制造社会分裂,从而达到赢得选票、取得执政权的目的。如世人熟知的拉美国家的某些领导人的行为。① 但是,民粹操纵必然走向民主的反面,进而破坏民主事业本身,民粹主义所造成的后果与余毒却需要全社会付出惨重的代价,民粹主义所制造的社会分裂长期难以弥和。

防止民粹主义泛滥,除了大力提高国家政治、经济、社会总体发展水平,铲除民粹主义生存土壤外,通过法治手段予以治理和规制是切实可行的办法。在民主政治活动中,应严格依照宪法原则和宪法精神,保障公民的基本权利,谨守程序正义,防止别有用心的人操纵多数民意,达到其非法的政治目的。

四、防止民主被金钱、暴力、舆论和知识等所操纵

民主有可能被金钱、暴力、舆论和知识等所操纵而发生变异。② 这是民主失范的一个重要的表现。资本主义国家的民主往往被金钱、媒体、黑势力、财团等所影响和操纵,变成"富人的游戏"和"钱袋的民主",民主往往被

---

① 参见林红:《民粹主义——概念、理论与实证》,中央编译出版社 2007 年版,第 1 页。
② 参见李林:《当代中国语境下的民主与法治》,《法学研究》2007 年第 5 期,第 11 页。

操纵在少数人手里。这种操纵的结合,实质上是以合法的形式掩盖少数统治的实质。美国被认为是最典型的所谓民主国家,美国的选举常被视为民主选举的典范与教材。但是只要对美国的选举与金钱开支联系起来分析,就完全可以得出结论:金钱是美国选举中获得胜选的最重要的因素。美国总统大选的开支每届比前一届多,最近两届总统选举开支竟多达数三十余亿美元。由此可见,总统选举不是穷人的游戏。而这种游戏只是得到了某种程序的掩盖而已。如2008年美国总统选举中获胜的奥巴马被视为穷人出身,本人又是黑人后裔,他的胜出被认为是"美国梦"的实现。但是,奥巴马胜出的背后实际上也是由金钱堆积起来的,奥巴马的选举开支也多达二十余亿美元,这些钱既来自普通支持者的捐助,也有相当大部分来自于大企业的赞助。奥巴马以远高于其竞争对手的竞选开支赢得了选举的胜利。据美国的报纸所披露的数据分析,1999年美国参、众两院的议员选举中,花钱多的竞选人胜出率竟高达81%和96%。以致美国专家惊呼,"只要在联邦大选委员会那里查一下筹集资金的账户,就可以在大选之前知道大选的最终结果"①。在过去,美国联邦法院一直对资本介入选举抱着警惕的态度,但近年来,美国联邦法院逐渐放松对资本介入的管制,解除了大选筹资的限制。这一现象受到法学界的关注,并受到政治家们的强烈批评。

美国是共和制国家,其民主政治与法治的发展程序相对来说比较完善,选举情形尚且如此,在其他国家,这种情况则更为明显。特别是一些发展中国家,在民主政治发展进程中,由于未能建立起与民主政治相适应的法治体制,一些政党和政治势力往往为取得竞选胜利而采用不正当的手段,与利益集团相勾结,由利益集团提供竞选资金或活动经费,取得公职后利用职权向利益集团输送利益。这种政治与金钱的勾结必然导致民主的失范,从而导致民主政治走向邪路。

暴力也会对民主政治产生极坏的影响。选举离不开选票,为了获得选票,各种政治势力展开争夺。依照选举法及相关法律的规定展开争取选票的活动,无疑是法治所希望达到的目的,也是民主政治的常态。但是,现实政治生活中,总会有一些黑、恶势力采取暴力手段,采取胁迫、打击、收买、绑架甚至暗杀等手段,无所不用其极地打击竞争者及其支持者。众所周知,在

---

① 《2000年美国的人权纪录》,《人民日报》2001年2月28日。

意大利南部的西西里岛,黑手党势力猖獗,黑手党势力不仅贩卖毒品、抢占地盘,还把黑手伸向了政府,利用金钱和暴力,收买政府官员和司法人员,通过资助特定候选人参加选举等手段培育自己的政治势力,甚至暗杀反对黑手党或对黑手党不利的政治人物。黑手党的不法行径一度让人谈"黑"色变。

民主可能被操纵的另一明显的例证就是新闻媒体在选举中的作用可以左右选举的结果。在西方各国,新闻从表面上看是完全自由的,但由于新闻媒体被出资方所操纵,出资方的政治立场决定了媒体的政治立场,这就使得媒体成为某些政党或利益集团的工具。根据美国媒介的报道,美国的主流媒体如《纽约时报》、《华盛顿邮报》、CNN 等都有明显的政治倾向,每逢美国大选,这些所谓的主流媒体的政治动向往往会直接影响选举的结果。长期以来,美国有影响力的媒体如何选边站是美国大选胜负的风向标,谁获得的媒体支持力度大,谁就可能是最终的获胜者。所以,在美国历届大选中,民主党、共和党丝毫不敢怠慢这些影响力极强的媒体,也千方百计地讨好媒体以争取其支持,说到底,就是提出符合媒体背后的资本集团利益要求的政策主张,承诺当选后给予利益输送。说到底,控制媒体的资本集团通过媒体影响和操纵了所谓的"民主选举",通过扶持政治代理人而维护自身的利益。

同时,舆论操纵也可能会导致民主失范。以民主决策为例,2003 年,美国政府为了实现控制中东战略利益的目标,决定推翻与美国屡唱对台戏的萨达姆。为此,美国政府发动舆论机器,大力宣传伊拉克萨达姆政府与"基地组织"有密切往来,是恐怖组织的背后支持者。同时,美国政府还大力宣扬伊拉克违背联合国有关决议,拥有大量的大规模杀伤性武器,给世界和平带来严重威胁。实际上,美国的这些指控均为"莫须有"的罪名。经过长时期的舆论宣传,美国政府成功地使美国民众相信,萨拉姆不除,基地组织及伊拉克专制独裁政府造成的恐怖威胁无法消除,世界和平将会受到威胁。最终,美国布什政府不顾联合国大多数国家的反对,甚至不顾其许多同盟国的反对,悍然发起对伊拉克的战争,用武力推翻了伊拉克萨达姆政权。可是,直到萨达姆被推翻并被处以绞刑以后的数年里,美国仍无法找到舆论宣传中所讲的伊拉克拥有的"大规模杀伤性武器",也无法提供可信的有关萨达姆支持"基地组织"发动恐怖袭击的证据。由此看来,美国自称为民主世界的典范,美国总统及国会参、众两院的议员都是由美国民众按照民主程序选举出来的,其决策也是依照民主程序作出的,而美国民众也表达了高度的支持,所有这一切,都表明打击伊拉克的决定是正确的、合法的。但后来的事实却证明,美国政府提出的理由是伪造的,政府的决策是错误的。显然,这只是美国政府通过舆论工具而操纵民意的一个成功范例而已。

另外一种情形更值得人们警惕:民主政治可能因知识操纵而失范。这是一种极为隐秘的失范形式。由于社会实际上的不平等而导致的社会成员对知识的掌握不平等,会导致民主的失范。那些充分掌握政治、法律、经济、社会等知识的知识精英无疑会占据优势地位,通过自身的知识优势对各种信息进行"过滤",有意识地引导那些知识不足的人群拥护或支持自己的主张,增强自身的政治权威。而知识缺乏者则因其自身的知识劣势而无法在当代社会中发声进而失去其政治影响力。众所周知,美国民主是一种典型的"精英民主",美国政治实际上掌握在少数的所谓"社会精英"手中。这些精英往往处于国家政治、经济、文化、科技及社会的最顶端,享受着优厚的家世,受过良好的教育,拥有丰富的知识,还可能拥有开阔的国际视野及迷人的风度,总之,他们能够让人们相信,他们所主张的一切都是真理,他们的主张符合大众的利益,符合国家的利益,符合普世的价值。经过知识的论证及精细的舆论包装和宣传,这些精英们成功地使普通大众相信他们所说的一切,而成为他们的信徒。

面对金钱、暴力、舆论和知识操控等造成的民主失范情形,最有效的整治手段就是实行法治,用法律的力量控制金钱对选举的操纵,打击黑、恶势力对政府的操纵及对选举的破坏,依法处理媒体的虚假报道及欺骗行为,依法促进不同意见表达,避免某些精英集团利用知识操控民主。为了规范民主政治的发展,各国政府都在积极寻求法治解决之道,采取各种法治措施。比如美国国会曾专门通过两党选举改革法,对选举经费的限度及募集办法作出法律规定,力求避免利益集团对选举事务的过度干预。意大利政府积极打击西西里岛的黑手党势力,经过几十年的努力,基本上控制了西西里岛的局面,黑手党的嚣张气焰再也难以左右当地政局的走向。面对媒体的片面报道及负面影响,各国政府也力求用法律的手段解决舆论控制难题。各国政府还大力普及法治教育,加大对民主政治的宣传力度,避免社会精英对政治话语的垄断权,推进民主政治的健康发展。

五、防止因民主技术不当而失范

民主行为可能会因民主技术的不当而失范,如投票程序设计不当、选票设计容易混淆竞选者的信息等技术问题,可能导致民主不能充分实现,背离民主的初衷,或是增加民主成本,导致效率低下。

实施民主是需要相当大的社会成本的,因为,实施民主需要社会资讯的广泛传播,需要人们充分发表意见和听取各方面的意见,需要经过各种程序的反复协商和讨论,而这一切,都需要大量的经济、文化和社会资源,需要投入大量的人力、物力和财力。因此,实施民主也应关注民主的效率问题,如果效率低下,亦会损害民主的正当性。而效率往往同民主的程序设计相关。如果程序设计不合理,就可能会更加加重这种民主成本,造成效率低下。比如,各国议会讨论问题、作出决策、通过法案等,均采用会议制度。但如果会议程序设计不当,可能会削弱议会的议决功能,导致议会难以针对会议主题展开充分讨论,无法形成共识以作出决定。为解决此类会议程序设计中可能存在的问题,有专家提出了会议的程序规则。该程序规则有效地解决了会议程序的效率问题,提高了议会的议决能力,提高了民主决策的效率,克服了议会会议制度。各国议会或民意机关都订立了议会的议事规则,规制议会的会议程序和决策程序,以提高议会的效率。

民主可能因其技术设计的不足而陷入困境。如2000年美国总统大选所暴露出来的问题显示,美国总统选举的选举人制度设计就存在着严重的缺陷。由于美国人口的大规模迁徙,而美国法律对选举人数的规定又不能随着人口变化而及时调整,导致美国总统选举出现"反民主"的情形。总统大选中,得到全国选民多数票的候选人未能当选总统,而得到全国选民少数票的候选人因其能得到选举人票的多数票而当选总统。说明选举人票未能及时反映各州选民数的变化,进而出现"反民主"的结果。同样是在2000年美国总统大选过程中,佛罗里达州部分县的选票设计及投票打卡设计也出现了缺陷,导致选民不能准确辨认候选人信息或者打卡出现错误不能正确反映投票人的选择。由此可见,选票设计及计票技术不当也有可能影响选举的结果。面对这些问题和争议,也应当运用法治等多种手段来解决。除了改进程序设计及技术设计之外,还应当通过修改选举法,完善选举程序与规则,并确立解决争议的法定程序,为选举争议的合理解决提供法律依据和法定程序。

第三节　法治化对民主政治的保障与促进功能

民主政治的发展道路并不总是通畅无阻的,往往充满了波折、动荡。纵观世界各国民主政治发展的过程,一般都呈现曲折变化的状态,甚至出现倒退的情形。民主政治的发展常常受到各种因素的干扰和破坏,也可能因为动力不足而原地徘徊。推进民主政治法治化,是保障民主政治免受干扰和破坏、促进民主健康、稳定发展的重要途径。总体来说,法治化对于民主政治发展的保障和促进作用体现在:通过建构稳定的、和平的社会秩序,营造民主政治的良好环境;通过控制政府权力而保障公民政治权利免受权力的压制;通过法律的强制力,克服保守势力的阻扰,推进民主政治的普遍的、全面均衡地发展。

一、通过稳定社会秩序促进民主政治的有序发展

任何民主政治活动都必须在国家宪制构架中开展,在国家政治与法律体系之内进行。脱离宪法与法律控制,不顾条件、不顾时机地冒进,则不可能达到目的。"民主是个好东西",但民主如果不能很好地运用、开展,便不一定是好东西。自由、民主、平等、人权等是人们追求的目标,但是,这些价值的实现则受到现实条件的限制。已有的经验及教训表明,在追求民主政治发展的道路上,往往会出现欲速则不达的情况,好事办成坏事。当代民主应当是在法治的基础上进行的民主,应当在宪制框架下,以法律的形式规划其发展步骤、方法与时间表,然后依此稳步前进。任何脱离现有宪制框架、现有基本政治法律制度体系而冒进的民主行为,往往会造成社会动荡,或是达不成目的,或是使社会付出太大的成本,导致民主政治发展走向它的反面。季卫东认为,从德国魏玛民主的失败、希特勒上台的历史原因分析中,可以看到"仅凭人民投票并不能完全防止专制,除了选举之外,各种社会集团的互动关系以及进行有效决策的制度性框架也构成民主政治的基本内容。"[①]而民主政治的稳定发展,则需要以法治为前提,"如果有法治,则共识民主可以成立

---

① 季卫东:《宪政新论——全球化时代的法与社会变迁》,北京大学出版社 2002 年版,第 147 页。

（如日本、如香港）。如果没有法治，则国家只会在自己为民作主的前提下才承认共识。"①"安定的民主体制不能不以法治为前提。在这一点上，中国内部的各种政治势力之间似乎已经开始达成共识。"②可见，民主政治的展开，必须要与法治结合起来，在法治的状态下推行民主，达到稳定有序的发展。

　　法治化还可以规制公民政治行为方式而防止街头政治暴力，使民主政治在和平的气氛下平稳开展。纵观当今世界，经过了三次民主化浪潮之后，约有60%以上的国家实行了民主，然而，从东欧到拉美，从非洲到亚洲，第三世界和处于转型期的苏联、东欧国家的民主制，却大多陷入了危机——恶化中的腐败、社会的分裂及经济的失败在吞噬着人民对政府的信念，而其根本原因就在于这些国家在实行民主的同时缺乏法治传统、缺乏配套性的法治建设。③ 如20世纪60—90年代的拉美部分国家，民主选举常在混乱中进行，甚至会导致军政府的上台。20世纪末到21世纪初的这段时间里，亚洲部分国家和地区的民主政治常常在混乱中开展。2006—2009年发生在泰国的民主选举、军事政变、持续的示威及占领总理府、国际机场、东亚峰会会场等行为，表明民主政治的成熟仍有很长一段距离。更为严重的情况是，部分国家因为实行西方倡导的自由民主而导致国家解体。这种情况主要发生在苏联和东欧社会主义国家在民主转型过程中。苏联由于领导人在推动民主化过程中产生重大失误，导致苏联解体为多个独立国家，曾几何时，足以同美国相抗衡的、强大的苏联瞬间土崩瓦解。而捷克斯洛伐克也在推行民主过程中分裂为两个国家。南斯拉夫在实行民主过程中则分裂为好几个国家。虽然这些转型国家的分裂过程不见得就是民主的错，但它确实是在推行民主的过程中产生的。这至少说明民主无法解决社会政治生活中所有的难题，方式不当可能会导致社会动荡和体制崩解的恶果。总之，民主具有巨大的力量，它一旦被滥用，就会成为洪水猛兽。为何在西方发达国家看起来实行有效的民主制度移植到第三世界国家来之后，会发生难以令人高兴

---

　　① 季卫东：《宪政新论——全球化时代的法与社会变迁》，北京大学出版社2002年版，第148页。

　　② 季卫东：《宪政新论——全球化时代的法与社会变迁》，北京大学出版社2002年版，第148页。

　　③ 参见潘维：《法治与"民主迷信"——一个法治主义者眼中的中国现代化和世界秩序》，香港社会科学出版有限公司2003年版，第78页。

的变化呢? 如果仅就民主选举等制度建设来看,像土耳其、印度、斯里兰卡以及哥伦比亚这样的国家确实可以称为民主国家,但是,它们的民主与西方的民主之间存在着显著的差距。民主理论专家拉里·戴尔蒙德也不得不承认,"在选举民主与自由民主之间的这种差距,已经成为'第三次民主化浪潮'的一个显著特征。这种差距将对理论、政策和比较分析产生严重后果"①。从政治制度上看,目前众多发展中国家的民主化往往局限于建立民主制度方面,普遍确立了民主选举制度。然而,现代民主制度的运行不但需要全体公民参与到政治选举与政治决策当中去,同时,它还需要有效地组织参与,保证政治体系的正常运行。这样,保证稳定的法治秩序就显得至关重要。就发展中国家的民主化来看,政党轮替、权力更替可能会在一夜之间完成,但是,法治体系的建立却绝非一日之功,民主权力与法治秩序的契合更需假以时日。就已经过去的民主化进程来看,第三波民主化浪潮成了一场被"阉割"的民主化。② 一方面,公民通过民主制的建立取得了进入国家领域的政治权利;然而,另一方面,国家权力并没有得到有效的制约,法治的秩序还没有建立起来,而且那些"速成"式的民主往往很难接受法治的约束,从而引起混乱与冲突。当然,也许有学者认为,第三世界国家"民主的弊病"在于民主的不足,民主政治之所以会失败,正是因为民主还没有充分展开,"医治民主痼疾的唯一办法就是要有更多的民主"。然而,"这样的方法无疑等于火上加油",民主的过剩亦会引起统治的危机,"民主在很大程度上需要节制"。③ 就发展中国家的具体情况来看,民主失败常常是因为民主权力没有得到有效的控制。史蒂芬·霍姆斯称这种失败为"民主政权的'自杀'"。④ 民主政治的发展需要有法治的先定约束,否则就必然会导致民主政治发展中的混乱。事实上,从发生民主转型的苏联各加盟共和国到

---

① [美]拉里·戴尔蒙德:《第三波过去了吗?》,载《民主与民主化》,商务印书馆 1999 年版,第 394 页。

② 参见佟德志:《民主化与法治化的互动关系初探——从第三次民主化浪潮看我国的政治文明建设》,《理论导刊》2004 年第 7 期,第 31—32 页。

③ [法]米歇尔·克罗齐、[日]绵贯让治、[美]塞缪尔·亨廷顿:《民主的危机》,马殿军等译,求实出版社 1989 年版,第 100 页。

④ [美]史蒂芬·霍姆斯:《先定约束与民主的悖论》,载[美]埃尔斯特、[挪]斯莱格斯塔德:《宪政与民主——理性与社会变迁研究》,潘勤、谢鹏程译,生活·读书·新知三联书店 1997 年版,第 251 页。

亚洲、拉丁美洲等部分新兴民主国家,往往经历了很长一段时间的混乱和冲突,社会秩序才能得以慢慢地稳定,民主政治才能缓慢发展。其根源就在于这些国家和地区的法治体系建设严重滞后于民主的政治制度建设。刚刚摆脱独裁专制、实现民主的社会中的绝大多数人,往往因为对独裁政治的痛恨,而将全部注意力放在了民主的政治运作方面,另外又不可避免地继承了专制社会无一例外的以政治代替司法的巨大精神遗产,因而很容易从尚未平复的强烈的伤痛记忆中,得出"民主政治就是一切"的错误结论。事实上,民主只是一种确保权力掌握在多数人手里的政治机制,它并不能自动实现"正确使用权力"这个最终理想。要让民主得到真正落实,前提必须是对公民自由权利的保护,这就离不开健全的法治。现今几乎所有法治残缺的"民主"国家和地区都陷于无望的混乱之中。而那些法治完备的国家,如新加坡等国,尽管被西方民主学者认定为民主不充分,但其国家的民主制度运行良好,与那些饱受动荡之苦的亚洲国家形成明显的反差。由此可见,支撑民主政治健康运转的基础是法治,如果没有完善的法治,就不会有真正的民主。①

除了构建稳定的社会秩序之外,法治对于民主政治建设的另一重大功能在于其国家强制力打击侵犯或妨碍公民充分行使政治权利的各种违法犯罪行为,从而保障了民主政治的稳定发展。公民欲行使其民主权利,需要保证其自由与安全。言论和表达自由、秘密投票的权利均需得到保障。如果某种行为对公民的自由与安全构成了威胁,则可能会导致其无法充分行使民主权力。正是看准了这一点,在民主选举过程中,某些犯罪分子采取恐吓、绑架、殴打甚至暗杀等手段侵害竞争对手,采取欺骗、造谣、诬陷等手段打击政治对手,妨碍选民自由选择,如此等等,不一而足。法治则是打击这些违法犯罪行为的最为有效的手段。通过打击违法犯罪行为,保障公民自由地、充分地行使自己的政治权利,是保障和促进民主政治发展的重要前提。

二、通过控制政府权力而保障政治权利的实现

公民能够有效行使法定的政治权利是民主政治发展的关键。当今社

---

① 参见陈季冰:《陈水扁弊案让民主归民主法治归法治》,《中国青年报》2009 年 1 月 21 日。

会,权力的滥用是侵害公民权利的最大来源之一。法治因其对权力滥用的强有力的控制而成为保障公民民主政治权利的重要基础。

法治与人治的本质区别在于当人的权威与法的权威发生冲突时,谁为最终的权威。法治的立场是法的权威高于人的权威,而人治的立场则是人的权威高于法的权威。法治从根本上确立了法的权威,其核心理念就是依法治国、防止掌握权力者滥用权力。这就为保障公民充分生命政治权利、避免政府权力的侵害提供了制度性保障。

法治确立了政府各部门间的权力制衡原则,构建了政府各部门间相互配合、相互制衡的权力结构,防止"一权独大",防止"一人独大",从权力结构上确保权力不至于过分集中而形成专断,进而危害公民政治权利的实现。在美国,政府的权力结构为三权分立、相互制衡,根据这种权力安排,国会如果违反权利修正案第一条的规定,通过了危害公民政治权利的法律,则可能会受到总统拒绝签署法案的制衡,即使该项法律得到总统签署而生效,也可能会被联邦最高法院宣布违宪而无效。而如果总统依仗其强大的行政权侵犯公民的政治权利,则可能面临国会采取调查、谴责等各种形式的反对,也可能会面对联邦最高法院利用案件对总统的该项行为进行审理、裁决。在中国,实行人民代表大会制度,行政权与司法权由人民代表大会产生,对人民代表大会负责。我们不搞三权分立、权力制衡,但是各部门间在强调相互配合的同时,也强调了相互监督。如果行政机关滥用了行政权力,侵害了公民的权利,一方面可能面临人民代表大会及其常委会的以调查、质询等形式开展的监督,另一方面也可能面临司法机关以审理和裁决行政诉讼案件的方式进行监督。总之,权力制衡为权力的行使增加了几道阀门,起到拉闸把关的作用,可以在一定程度上防止因权力滥用而造成对公民权利的侵害。

三、以法律的强制力促进民主政治全面与均衡发展

民主政治的发展需要强劲的推动力。由于各种政治、经济、社会、文化原因,世界各国的民主政治的发展不均衡,一国之内民主政治的发展也往往难以均衡、全面发展。无数的历史事件表明,当一国民主政治兴起的时候,往往进步势力与保守势力并存,甚至可能出现保守势力大反扑的情形。面对这种不均衡的态势,法治可以依靠其国家强制力,运用统一的法律规则,运用司法等手段,抑制保守势力的阻碍,防止民主的倒退,推动和促进民主

政治均衡、全面发展的作用。

民主政治的发展绝不可能一帆风顺，有时候可能出现倒退。因此，法治化的一项重要作用在于，用法律的形式巩固和稳定民主政治的发展成果，以法治的力量稳定民主政治的发展，使其不因各种缘由而出现倒退的状况，以促进民主政治可以做到稳定发展。

以美国为例，法治对于美国的民主政治的发展起着重要的促进作用。美国立国的历史非常短暂，它是由英国在北美的十三个殖民地发展而来。1776年美洲十三个殖民地在费城签署了《独立宣言》，该宣言中除了列举推翻英国统治的理由并宣誓独立外，还对民主、自由、人权、法治思想作出明确的宣示。美国赢得独立后，于1787年制定了《美国宪法》，决定实行联邦制度，确立了三权分立、相互制衡的政治制度架构。其后不久，美国又通过了"权利法案"等诸多宪法修正案，以宪法规范的形式明确了公民的基本权利，其中包括言论自由、宗教信仰自由、维护人的尊严、平等保护等基本权利。这些基本权利的确立为其后美国民主政治的发展提供了权利基础，并提供了理性的、制度性的渠道与选择路径。克林顿在《希望与历史之间》一书中写道："美国人不是通过种族、宗教或任何其他显著的特性联结在一起的，而是通过共同忠诚《独立宣言》、《宪法》和《权利法案》，通过共同接受公民身分的权利和义务的共同性而联结在一起的。"①国家的基础一步一步由血缘、族类向法律过渡，这是一种不可逆转的历史趋向。

美国历来重视用法律来调整民主制度的问题。托克维尔在论述美国民主制度时讲到，法制是建立和维护美国民主制度的三大因素之一（其中另外两个为地理环境和民情），且是比较重要的一个因素，尽管不如民情那么重要。他说："美国的法制是良好的，而美国民主政府所取得的成就，也有很大一部分应归于法制。"②而且，法制也是调整民主制度的重要手段，他说："美国的各种各样地方性法律，就是把公民永久无法满足的野心限制在一个狭小的范围内，使同样的一些可能破坏国家的民主激情转化为对地方

---

① ［美］比尔·克林顿：《希望与历史之间》，海南出版社1997年版，第90页。

② ［法］托克维尔：《论美国的民主》（上卷），董果良译，商务印书馆2008年版，第354—355页。

造福的激情。"因此不能放弃使用"法律和民情来调整民主制度"①。美国的法律文本中,包括美国国会通过的法律文件和美国各州议会通过的法律文件中也有涉及民主政治问题的内容。比如在各种民主选举中选区的划分、选举程序等都是由各州以法律文件的形式规定的。因此,通过立法和司法保障公民政治权利,规制公民或政党的政治活动,对促进民主政治的发展起着重要的作用。

美国历史上,黑人的民权问题一直是一重大问题。美国成立之始,是否保留黑人奴隶制就困扰着美国南北各州,为了避免十三个州在黑人奴隶制度存废问题上发生冲突,美国允许南部各州继续蓄奴,保留黑人奴隶制度。此时的美国黑人并未能取得与白人同等的人身自由和政治权利,美国宪法文本上明确规定非自由的黑人只能以 3/5 的比例计算人口总数,而且并未给予黑人奴隶以选举权。这一状况直到美国南北战争前后才发生重大改变。以林肯为代表的北方资产阶级进步力量为了发展资本主义经济,逐步加大废奴的力度,引起了南方蓄奴各州的武装叛乱。林肯政府为了激发黑人奴隶的参战热情,宣布解放南方黑人奴隶,使其取得自由人身份。南北战争结束后,美国通过了宪法第十三条、第十四条及第十五条修正案,废止了奴隶制度并赋予先前的黑人奴隶以选举权,从此,黑人奴隶获得了解放并拥有了公民的身份。但是种族隔离制度仍旧根深蒂固,在短时期内难以打破。南方各州一直被南方白人掌控,通过了许多对黑人不利的法律,对投票者进行教育程度、财产状况或纳税与否的审查,限制只有"条件"较好的选民有投票权。然而,由于美国黑人其时实际上拥有的社会、经济资源较差,往往难以满足这些法律设定的教育程序及财产、纳税等要求,因而不能获得选举权。可见,这些苛严的法律事实上又剥夺了大部分生活在社会底层的美国黑人的选举权,即使仍有部分黑人通过资格审查而拥有投票权,也因为人数太少而显得微不足道,无法对民主投票的结果产生实质性影响。即便如此,黑人在投票选举时常常受到来自白人种族主义者的暴力威胁,无疑对黑人民主权利的行使带来严重的阻碍。另外,美国从联邦到地方各州,存在着以法律形式确立下来的层出不穷的种族隔离制度和措施。如打着"隔离但平

---

①　［法］托克维尔:《论美国的民主》(上卷),董果良译,商务印书馆 2008 年版,第 361—362 页。

等"的口号,规定旅馆、学校、厕所、公车、火车、飞机、餐厅、运动设施、俱乐部、医院等各种公共设施要根据种族的不同而隔离使用。在种族隔离制度下黑人往往受到歧视,只能使用次等设施,缺乏社会资源,却又不能透过选举权改变不平等的现状。更为严重的是,当时的美国法院还秉持1896年普莱西诉弗格森案所创立的"隔离但平等"的法律原则,认为种族隔离的法律并不违反宪法第十四条修正案所保障的平等保护原则。这样更加强化了种族隔离的法律正当性,严重阻碍了黑人公民权的实现。20世纪60年代,黑人民权运动风起云涌,以马丁·路德·金为代表的黑人民权运动领袖以平等为号召,开展了声势浩大且时间长达十余年的民权运动。这一运动得到了美国全国有色人种促进协会的大力支持。在这一过程中,美国黑人团体在全国有色人种促进会的支持下,通过布朗诉托皮卡教育局案等一系列诉讼,迫使当时的美国法院承认种族隔离政策违宪。此后,美国政府采取各种保护措施,包括以武装力量护送黑人学生进入白人学校读书,最终埋葬了种族隔离制度。其后,美国法院又通过一系列类似的判例从法律上确立了黑人的平等权利,推动了黑人民权运动的发展,保障了黑人的权利。由此可见,法律对于促进美国的民主政治的发展起着至关重要的作用。

法律有其普遍性、稳定性和权威性的特点,这些特点会表现在全国统一适用方面。一旦某项有助于落实公民政治权利的法律获得通过,它在全国的统一适用是可以预期的。国家的法治系统自有其系统性的力量推进该法的落实。

从更广泛的意义上来说,有关公民权利的国际公约或条约的签署,同样也可以起到类似的效果。有关公民权利国际条约的签署,使得公民权利得到国际法的支持,更有利于各国国内立法的落实及适用上的落实,有助于推动世界各国公民政治权利的发展。这一趋势在第二次世界大战后表现得特别明显。《联合国宪章》、《世界人权宣言》、《公民权利与政治权利国际公约》、《经济、社会和文化权利国际公约》等国际公约与条约的签订与生效,极大地推动了世界人权运动,推动了全世界范围内的民主政治的发展。

第四节　法治为政治争端提供和平解决机制

民主政治往往因其内在的冲突而产生不可调和的矛盾。历史上无数的事例证明,在专制社会里,当国内政治矛盾达到不可调和的状态时,政治冲突往往会演变为战争或暴动。但是,战争因其强大的破坏性而让整个社会难以承担其后果,往往会造成无数的平民伤亡,社会财富的毁灭,社会文明遭到破坏,严重阻碍了人类社会的持续发展。毫无疑问,以战争胜负来决定政治争端是一种最坏的选择。人类应当有智慧寻找和平的、有效的争端解决机制。当人类进入到民主政治时代,政治争端的解决应当依照民主原则以和平方式进行。从总体上分析,民主社会里,各政治主体为化解政治争端的方法多种多样,常见的方式主要有:一是票决方式。通过投票表决,以少数服从多数的原则来作出决定,这是解决政治争端的最基本的机制;二是政治协商。政治行为主体所追求的利益多种多样,其中自然会有一定的融合与交叉。为了实现政治利益的最大化,达到共赢,可以通过政治协商而达成共识,实现共同的利益追求,以此化解相互之间的政治矛盾与冲突;三是政治谈判。当各方政治利益产生激烈冲突并形成此消彼长的状态,争端各方通过政治谈判而讨价还价、相互妥协,最终达成各方认可的协议,从而消除政治争端与冲突。政治解决方法无疑是重要的,但当一国的法律体系基本完善,法律制度得以健全之后,国家的法治系统可以为政治争端提供法律争端解决机制。法律争端解决机制较政治解决机制具有多重优点与优势:一是以法律价值、法律原则、法律规范作为评判标准;二是提供价值中立的、公正的程序机制;三是提供司法机关的权威裁决机制。以法律争端解决机制和平解决政治争端,也是民主政治法治化的最为重要的功能之一。

一、法治为解决政治争端确立法律标准

从世界各国民主斗争史上可以看到,在建立宪法法治国家的过程中,往往充满着血雨腥风。在宪法体制下,民主政治的发展才有了和平的可能。但是近二十余年来,苏联各加盟共和国、东欧国家、拉丁美洲多个国家的民主转型,韩国、泰国等国家的民主化过程中,均发生了严重的社会冲突与政治动荡,甚至发生流血冲突事件。这就说明,民主政治的发展路上充满着各种不确定性,其中包括暴力与流血的可能事件出现。因此,和平解决民主争端对于民主政治发展来说有着重要且积极的意义。

民主政治的矛盾与冲突,说到底是利益之争。历史上利益之争的方式多种多样。毫无疑问,直接诉诸强力的丛林法则是最为原始的一种方式。

原始社会后期,私有财产开始出现,也就意味着为了抢夺财富而展开争斗,争斗的方式是最原始的打、杀,往往是以一方的败退或死亡而结束。当国家建立之后,利益之争往往会是在国家的总体构架下开展,但总是统治者巧取豪夺,强权者获胜,弱小者利益受损。直到资产阶级革命时期所确立的权利保护准则,人们的利益之争才有可能在法律的框架下进行。权利之争的准则是有权利者获胜,无权利者败诉。权利之争就是法律之争,是和平之争。

以权利的概念表征实际利益,其意义非同小可。赤裸裸的利益之争容易导向暴力、武力的争斗,是一种以实力、以拳头赢得胜利的斗争。将利益之争转化为权利之争后,不管是实力弱小者,还是实力强大者,均需以实现法律正义为导向、以是否合法为准则,将争斗的场域从血腥的战场拉回到立法与司法的园地。在这里,实力弱小者拥有了与强大者对抗的武器,同样地,实力强大者也不得不放下手中的刀戈,不得不坐下来同弱小的对手谈论权利,双方拿起权利、义务这种法律的工具展开争斗,决定胜负。无疑,这是一种和平方式的争斗。

法律规范具有评价的功能。在法治社会里,法律正义成为人们心中最重要的价值观之一,而法律规范也成为一项最具权威性的评价标准。是否合法成为人们认识事物、评价事物的重要依据。在政治争斗的情形下,胜负的标准取决于法律准则。如果政治争斗的一方得到法律的支持,或者说有法律的依据,那么可赢得法律上的胜利,以此在政治争端中取得优势。如果违背了法律规范,失去了法律的支持,自然在争斗中落于负方。法律规范成为评判政治争端的最为重要的依据。这就彰显出法治对于民主政治的价值和作用。

二、法治为解决政治争端提供司法裁决机制

法治不仅为政治争端提供了评价标准,而且还为政治争端提供了司法裁决机制。法治社会中,完善的司法系统以司法审判为核心,构建了一套完整的解决纠纷、裁决争端的机制,为解决政治争端提供了司法机制。

当代民主法治国家里,以宪法为基本法的法律体系的建立,使得政治与法律密不可分,绝大部分政治事务、政治行为都会与法律相关联,受到法律的规制。即便是有部分政治事务与政治行为看起来并无直接的法律规制,但从总体上看也摆脱不了宪法原则、法律精神及相应的法律规范的影响。

因此,因政治行为而产生的争端也在相当大的程度上可以运用司法机制来解决。所谓司法裁决机制,其核心在于法院的审判职能,以法院的审判活动来裁决政治争端的胜负。当然,我们知道,并非所有的政治活动都会受到法律的规制,同样,并非所有的政治争端都可用法律争端解决机制来解决。但是,只要某种政治活动具有明确的法律意义上的权利义务,就适用法律争端解决机制。

宪法学者理查德·H.皮德斯 2005 年曾在《哈佛法律评论》发表《民主政治的宪法化》一文,系统考察了美国、印度、以色列、德国等国出现的"民主政治宪法化"现象,得出结论说:在 20 世纪后期以来,在世界范围内,特别是在西方民主法治发达国家出现了民主政治宪法化(constitutionalization of democratic politics)的趋势。[1] 其最为明显的表现就是世界范围内的法院日益将宪法监督扩展至监督民主自身的基本结构上。这一发展构成了宪法目标中的一个重大转变——从传统的个人权利与反歧视向司法对民主政治的制度与过程进行监督的转变。无论是解决有争议的总统大选,评价代议制度的设计,确定政党的角色,审查竞选资金规则的改革,甚或是操作从威权体制向民主体制的转变,法院和宪法目前已经成为民主实践方式之组织中的核心主体。在美国,联邦最高法院的判决已经开始改变美国的民主过程,民主制度与民主核心过程设计的议题日益成为宪法问题。如,投票技术和选票计算程序的议题现在也成为宪法事务。[2]这一现象也成为世界范围内的宪法问题,涉及民主实践之基础的议题在某种程度上转变为法院中的宪法裁决议题。

法律上的权利可以分为实体性权利和程序性权利。当政治争端被当事人诉至法院,法官则从实体权利与程序权利两个方面对之进行审理。在政治事务中,程序正当具有重要的价值。如果政治行为主体违背程序正义,不按法律规定的程序活动,就会损其程序正当性,就会因此带来不合法的结果。而是否符合法律规范则是政治活动的实体性权利的评判标准。司法机关基于宪法所授予的司法裁判权,遵照法定的诉讼程序,通过法庭审理,最终对政治争端作出裁决,决定争端双方的对错、胜负。同时,司法机关以其

---

① 　[美]理查德·H.皮德斯:《民主政治的宪法化》,田雷译,载张千帆主编:《哈佛法律评论》(宪法学卷),法律出版社 2005 年版,第 152 页。

② 　参见 Bush v. Gore，531 U.S. 98，100—05(2000)。

长期积累的权威性与公信力,为自己的裁决背书,赢得争端各方的信服而促使争端各方服从法院裁判并自觉履行判决的义务。

在美国,最近十余年来,美国联邦最高法院有两个重要的判例对美国政治产生了广泛且重要的影响。一是 2000 年总统大选过程中,共和党总统候选人小布什诉民主党总统候选人戈尔案中的判决。2000 年总统大选计票接近尾声时,布什与戈尔均拿下了自己所代表的政党的"票仓州",票数十分接近,只剩下佛罗里达州未能产生选举人票。佛罗里达州是人口大州,有 25 张选举人票,谁失去佛罗里达,谁就可能失去总统位子,因此佛罗里达的选举人归属于谁是胜负的关键。而选举的票数统计显示,小布什和戈尔所得票数十分接近。美国的选举法均由各州制定,而佛罗里达选举法与其他各州有点不同的地方是,它规定:如果候选人所得的选票差距在 0.5% 以内,各选区(县)选举委员会必须重新机器计票一次,另外,候选人有权在选举结束后 72 小时以内提出人工重新计票的要求,由县选举委员会决定是否可行。2000 年 11 月 8 日下午的计票工作显示:布什比戈尔多得 1784 张,未能达到胜出 0.5% 的要求。根据规定,需要重新计票。对戈尔及其支持者来说,通过重新计票,有可能会改变选举结果。但对于布什阵营来说,到手的胜利果实自然不能放弃。结果,佛罗里达计票还未结束,布什与戈尔就计票纠纷引发十几桩法律诉讼案,官司一直从佛罗里达的地方法院打到联邦最高法院。而美国联邦最高法院多数意见认为,佛罗里达的第二次重新计票,即手工计票,违反了宪法第十四条修正案所要求的平等保护,且未能按正当程序所要求的公正对待每一个投票者,存在违宪问题,裁决推翻佛罗里达州最高法院命令继续人工计票的决定。这样,小布什在佛罗里达州仅以微弱的多数票赢得该州选举人票,从而当选美国总统。由此可见,此次美国总统选举的最后决定者不是美国选民,而是美国联邦最高法院。因为,尽管戈尔获得的全国普选票超过小布什,但是法院的判决却把小布什送进了白宫。作为最为典型的民主选举行为,最后的决定者却是法院,这不能不说,法院对民主政治产生了重要影响。

2010 年 1 月美国的联合公民诉联邦选举委员会案又是由美国联邦最高法院判决的一场具有典型意义的有关民主政治的诉讼案。"联合公民"是一个保守派的非营利组织,原先计划在某电视台上播出宣传其电影《希拉里:一部电影》的广告,这是一部批评时任参议员、总统候选人希拉里·

克林顿的纪录片。根据 2002 年颁布的两党选举改革法案相关条款,企业或团体在初选前 30 天或大选前 60 天资助跟竞选有关的、或抵毁候选人的言论是不被允许的。2008 年 1 月,哥伦比亚区地区法院的法官认为,此电影的唯一目的就是抵毁希拉里·克林顿,法庭认为初选前 30 天内资助该广告违反了两党选举改革法案的相关规定,并以此为由判联合公民败诉。其后联合公民将该案上诉至美国联邦最高法院。最高法院经过审理,九位最高法院大法官最后以 5∶4 的微弱多数作出判决。判决认为,两党选举改革法案中关于竞选最后阶段限制各种企业或组织以赢利或非赢利的目的资助候选人的相关条款违宪,判决认定通过资助来播放批评其他候选人的竞选广告是合法的,但仍旧限制企业或组织对于候选人的直接金钱资助。这一判决引起了美国政治界与法律界的激烈争议。支持者认为这符合言论自由的原则,撰文称最高法院正确地消灭了这样一个与宪法相悖的制度,只允许媒体(如《华盛顿邮报》)通过企业资金自由地传播它们对于候选人的评论,却不允许其他企业这么做……限制企业资助的真正受害者是各种非营利的支持组织。而反对者则认为这一判决将会造成大量金钱介入竞选活动,使民主政治腐化。美国总统巴拉克·奥巴马认为该判决会给特殊利益集团更多的权力,还会掩盖普通美国人的声音,判决打击了民主政治,将会影响公众利益。

上述两个法院判例表明,法院判决已经深深地改变了美国民主政治的发展路径,民主政治的发展已经受到司法的影响,而且这种影响力越来越强劲。无论如何,以法律争端解决机制和平解决政治争端,为民主政治的发展提供了一种可行的路径。

第三章　民主政治法治化的基本内容

　　明确民主政治法治化的基本内容,首先应当理解宪法在其中的意义。民主政治法治化必须在宪法框架范围内进行,其实质内容与形式内容只能是宪法所规定或许可的范围内的内容,法治化不能逾越宪法原则与规范这条红线。

　　宪法是资产阶级民主革命胜利后的产物,革命产生新的国体与政体的合法性,这种合法性又体现在宪法上。① 伯尔曼在《法律与革命——西方法律传统的形成》一书中对革命与法律的关系进行了探讨,他的结论是:"法律完全从属于革命"。② "推翻一套政治制度并由另一套制度取而代之,导致了一种全新的法律。"③伯尔曼认为,西方的法律传统就是由六次伟大的革命加以改变的,每次革命都产生一种新法律,这种新法律体现了革命为之奋斗的许多目标。如俄国十月革命胜利后颁布的第一批法令就是要宣布废除革命前全部的法律,并宣布在以后只适用新政府的法律。中华人民共和国成立伊始也是首先废除了旧中国的"六法全书",宣布适用新中国的法律。而这种新的法律体系的根据是什么呢? 是革命后产生的新的宪法。革命的成果是建立了新的国体与政体,这种国体与政体是由新的政府颁布的宪法认可并裁明的,只有在这种新的宪法原则与规则下,才能制定其他的法律。当代民主政治都是建立在宪法基础之上的,因此经历过革命的民主国家都会制定或通过宪法来规定作为国家基石的政治结构和运作方式。由于

---

　　① 参见李林:《当代中国语境下的民主与法治》,《法学研究》2007 年第 5 期,第 14 页。
　　② [美]哈罗德·J.伯尔曼:《法律与革命——西方法律传统的形成》,贺卫方等译,中国大百科全书出版社 1992 年版,第 45 页。
　　③ [美]哈罗德·J.伯尔曼:《法律与革命——西方法律传统的形成》,贺卫方等译,中国大百科全书出版社 1992 年版,第 45 页。

在国家的法律体系中,宪法规定具有最高规定性,任何合法性都是建立在宪法规定性之上的,因此对宪法规定性的疑问不是法律本身能够解决的问题,它是革命或者说政治所解决的。由此,在国体与政体方面,政治是高于法律的,政治决定了法律。在宪法法治国家中,这句话又可改为宪法高于法律。①

　　宪法作为国家的根本大法,规定了国家政治生活的基本法则。宪法的重要意义在于为政治提供了一个有规则可循的、可预期的、公开的、理性的准则,而政治活动对每一个人是公平的、透明的、安全的,因而是文明的,从而试图避免传统政治的垄断所导致的阴谋、仇杀、暴乱和起义。任何政治主张只要最终不是诉诸于宪法,任何个人或政治团体的政治行动如果不遵循宪法,那么这种政治就有可能被恣意的、非理性的偶然力量所操纵,要么变成了教条的意识形态政治,要么变成血腥的暴力政治。② 无论何种意识形态主张,只要希望建立稳定的政治秩序就应当指向政治秩序的法则——宪法,并在宪法框架内讨论和解决这些问题。宪法为各种不同的政治意见和政治意识形态提供了一个可以理性沟通的平台,各种政治力量只有以宪法作为共同遵守的基础,才能相互沟通,彼此妥协,形成共识。③ 因此,民主政治法治化就是要将政治纳入到由宪法建立的理性的、制度化的、可以沟通交涉的框架中来,从而避免将政治堕落为非理性的暴力政治或者街头政治。由此,我们可以明确民主政治法治化基本内容的限度是:法治化只能是在宪法框架内进行,不得改变宪法原则与基本规范。法治化的政治只能是在现有国体与政体之下的政治,法治化不能改变国体与政体的性质。

　　关于民主政治法治化的具体内容有不同的论述。赵震江、付子堂认为,法律具有政治功能,法律可以通过对政治关系、政治行为、政治发展和政治问题的协调、规范、促进和解决来影响政治生活,达到政治目的,进而实现政治法治化。④ 汪习根、汪火良论述了政治文明的法治化,认为政治文明的法治化包括:政治行为启动的合法化;政治行为边界的法定化;行为主体约束

---

① 参见李林:《当代中国语境下的民主与法治》,《法学研究》2007年第5期,第14页。
② 参见强世功:《立法者的法理学》,生活·读书·三联书店2007年版,第77—78页。
③ 参见强世功:《立法者的法理学》,生活·读书·三联书店2007年版,第79—80页。
④ 参见赵震江、付子堂:《论政治法治化》,《中外法学》1998年第3期,第29页

的法治化;主体权力制约的法治化。① 季卫东提出走法治民主之路。② 徐
亚文、刘菲强调了程序化对民主政治法治化的意义。③ 童之伟直接提出了
"法治民主"的概念,提出用法治方法实行民主。④ 杨建平提出了法治民主
的涵义:根据民意制定法律;一旦有了法律,应当以法律作为最后的裁决准
则,权力层只应在法律有所不及的时候,才可以行使自由裁决权,政府运作
应当受到法律的制约;民众有秩序地、理性地行使民主权利,即法律制约下
的政治参与。法治民主的目标是:在法律的维护下逐步完善民主机制,逐步
放宽民主参与和民主监督的范围,最终实现公平而有效率的政治民主。⑤
郑贤君认为,政治法律化是以宪法和法律规范政治生活,保障公民权利,包
括以宪法和法律解决政治争议的冲突,它是一种高度形式化的过程。⑥ 刘
金国、陈金木则从政权与治国的视角探讨了民主政治法治化的问题。於兴
中认为,政治法治化就是政治活动被规则化、程序化,政治合法性的意义在
于被合理化了的程序的合法性,具体表现在选举的程序、立法程序、司法程
序及政治参与等方面。⑦ 周祖成认为,政治法治化首先表现为宪法对政治
生活的主导,即根据其来建构和运行政治;其次表现为政治运行过程的法律
控制,即政治关系、政治行为的法律调节和规制。⑧ 政治这些论述都各有侧
重地论述了民主政治法治化的基本内容与问题。

　　基于民主国家的宪法制度,民主政治法治化的基本内容就是:民主政治
关系的法律化,民主政治运作过程的法律化与程序化,通过法律争端解决机
制来解决民主政治争端。

---

　　① 参见汪习根、汪火良:《论政治文明建设的法治化》,《法律科学》2004 年第 6 期,第
3—10 页。
　　② 参见季卫东:《法治秩序的建构》,中国政法大学出版社 1999 年版,第 1—86 页。
　　③ 参见徐亚文、刘菲:《论民主政治程序化的理论基础》,《政治与法律》2004 年第 2 期,
第 21—26 页。
　　④ 参见童之伟:《论法治民主》,《法律科学》1998 年第 6 期,第 18—24 页。
　　⑤ 杨建平:《法治民主:后发国家的政治选择》,《战略与选择》2001 年第 6 期,第 86 页。
　　⑥ 参见郑贤君:《宪法解释是政治法律化的基本途径——兼议司法释宪的形式化特
征》,《法学杂志》2006 年第 1 期,第 13 页。
　　⑦ 参见於兴中:《法治与文明秩序》,中国政法大学出版社 2006 年版,第 5 页。
　　⑧ 参见周祖成:《政治法治化问题研究》,法律出版社 2011 年版,第 32 页。

第一节　民主政治关系的法律化

政治关系是人们在社会生活中,基于特定的利益要求而形成的,以政治强制力量和权利分配为特征的社会关系。[①] 政治关系的基础是政治利益,法律通过分配政治利益协调政治关系。法律为政治统治权力披上合法的外衣,使其具有社会正当性和合法性。

一、将政治主体身份转化为法律主体

民主政治关系的法律化过程中,民主政治主体的身份转变至关重要。可以说,"身份转换"是理解民主政治向法治化转型的关键问题。在从封建社会向资本主义社会转变的过程中,普通民众从封建社会中的"臣民"转变到民主国家中的"公民",这种身份转变具有革命性的意义。这种转变,从法律意义上看,实际上就是"从身份到契约"的转变。只有具有了公民身份,人才具有真正意义上的独立的政治人格,享有宪法规定的公民政治权利,能够独立从事民主政治活动。在政治民主法治化过程中,同样存在着一种身份转换,即"政治身份"转换为"法律身份"。从政治团体的成员、阶级的一份子转变为法律意义上的个体,并在法律个体身份的基础上从事民主政治活动。当然,民主政治下,公民也可以依法组成社团或政党,结成利益团体,从事政治活动。

从政治主体到法律主体的身份转换是民主政治法治化的起点。这一转换包含了一系列思想观念、权利观念的转换。以中国为例,在新民主主义革命时期,政治身份无疑具有巨大的能量,中国共产党以阶级为号召,把广大的工人、农民群众发动和组织起来,并把小资产阶级和民族资产阶级团结到一起来,形成一股无法阻挡的政治力量,打垮了一切中外反动势力,建立了属于人民的新中国。这个时期,人民,无疑是一种政治身份。但新中国成立后,特别是当 1954 年中国第一部社会主义性质的宪法颁布以后,这种政治身份就应当转化为法律身份,即作为人民这一集合体的一分子转化为中华人民共和国的公民个体。这个转换中,平等是个关键词。在政治话语里,人

---

① 参见王浦劬主编:《政治学基础》,北京大学出版社 1995 年版,第 49 页。

民的内涵是不同的:工人阶级是领导力量,农民是同盟军,任何时期都属于人民的范畴;小资产阶级和民族资产阶级是争取与团结的对象,属于统一战线对象,在不同的时期有不同的政治认定,在民主革命时期可划归人民这一大的范畴,但社会主义革命时期则是被消灭的对象,社会主义改造完成之后,其作为阶级异己力量已被消灭。形象地说,在革命年代,某个人是否属于人民的一分子,主要是根据该人所占有的生产资料的性质、数量的多少及该人的政治立场、政治行为的性质来划分。而划分的标准是政治集团的政治领袖们根据当时的革命性质与阶段性任务来确定的。在社会主义建设时期,确认某人政治立场的标准主要是看其是否拥护社会主义、是否支持国家统一等因素。也就是说,在人民这一范畴里,不同社会成员的政治地位是不平等的,自然享有的权利也就不一样了。当新中国政府宣布剥削阶级作为阶级力量已经被消灭之后,在政治关系上,几乎所有的中国人,包括工人、农民和知识分子已经具备了基本平等的地位,先前的剥削分子在被剥夺生产资料并自食其力之后,也成为劳动者的一员。这种政治的基本平等为法律的平等奠定了基础。当宪法颁布后,这种基本平等(但还有不平等的因素)的政治关系则被平等(几乎是完全的平等)的法律关系所取代,在法律面前,所有公民一律平等。平等是法律关系的根本。这就是说,只要具有中华人民共和国国籍的人,都是中国公民,都拥有平等的法律权利。在一般意义上,政治平等与法律平等没有太多的争议,但在个别问题上,存在的争议则可以反映出人民的政治身份到公民的法律身份转换的变化之所在。在1982年宪法修改过程中,宪法学界曾经出现过争论,即所谓的"敌对分子"是不是"公民"的问题。从政治视角看,敌对分子是反社会主义、反人民的,当然不属于人民的一分子;但从法律的视角看,他应当属于公民的一员。这种争议的原因何在? 原因在于敌对分子的身份的确认程序。当法律未剥夺该敌对分子的政治权利的时候,他仍然是公民,仍然与其他公民一样享有平等的权利与义务。只有在该敌对分子被依法剥夺了政治权利之后,他才不能享有公民的政治权利,在法律上才算是不平等的。经过争论,全社会取得共识,法律面前人人平等的原则得以确立。

公民身份的转换及法律面前人人平等原则的确立是民主政治法治化的起点,也是民主政治法治化的基础。只有在此基础上,公民的政治行为才能转化为法律行为,依法律规范和法律程序开展,并根据法律争端解决机制解决政治争端。

二、将政治利益转化为法律上的权利与义务

民主政治法治化,意味着要将公民的利益分配转化为法律上的权利分配。法律并不直接决定利益分配的多少,但法律可以规定谁能获得利益,通过何种方式取得利益。法律的这种功能是通过确认与分配权利来实现的。政治权利是社会成员实现利益分配的政治资格,是社会成员实现政治利益的手段,包括自由权、平等权、参政权等。法律把政治权利规范化,保证政治权利落到实处,同时规定剥夺危害国家安全及其他严重刑事犯罪人的政治权利,对于他们作出政治上否定性的评价。由于政治权利实际上反映着公民同国家的关系,法律确保政治权利的实现有利于国家政治生活的良性运行。①

民主政治的根本就是要实现"人民的统治",民主政治法治化的根本点就在于运用法治方式使"人民主权"得以实现。当代民主政治体制是以代议制为基础的,在代议制度下,人民主权是通过间接方式来实现的。这就有两个方面的问题:一是人民选举产生政府并通过一定方式监督政府,这就需要建立宪法制度,即通过制定宪法规定国家机构的组成、运行方式及职责等事宜,这也就是通常所讲的建立宪法制度;二是确认人民的基本权利,特别是政治权利和自由,以使人民的权利和自由得到充分的保障。所以,在宪法制度下,民主政治法治化的根据就在于通过宪法规范将人民主权转化为公民的基本权利,包括政治权利与政治自由,并以法律的形式将公民的政治权利转化为具体的权利与义务,并设置法定程序规范公民行使政治权利的行为、方式,明确各种条件下公民政治行为的责任及后果,保障公民充分行使法定的政治权利。

在宪法制度下,人民作为一个整体,是国家的主人,也就是我们通常所讲的"人民当家做主",但作为人民这个整体中的个人来说,即人民当中的一分子来说,某个个人并不是公共权力的实际握有者,只能是公民权利的享有者。公民既有权利通过合法的方式参与和影响动作过程,又必须履行接受由自己的代表组成的政府的管理和领导的义务。在这里,从公民个人的

---

① 参见赵震江、付子堂:《论政治法治化》,《中外法学》1998 年第 3 期,第 29—32 页。

视角来看,人民的权力实际上已经转换成公民权利。这种转换的意义在于由普遍的公民权利代替作为集体人格的人民的权力。普遍的公民权利首先表现在,对权利的确认和保障成为一个普遍的法律原则,即所有公民皆为法定的权利主体,不能因为性别、种族、肤色、语言、信仰等方面的差异而被剥夺权利主体的资格,而且在享有最基本的权利和承担最基本的义务方面具有同等性,"不应因承担的社会角色不同而受到差别对待",同时,由普遍的公民权利代替集体人格的人民权力,使原来的难以实施的价值理想转变为可操作的规则,使人民当家做主的权力通过法律制度设计而落到实处。①

民主政治法治化意味着法律应当对政党、社团、群体组织等政治组织的权利义务进行确认。通过确认权利义务,进而实现对其行为的规制。当代民主政治是政党政治,人们根据自己的政治需要结成一定的政党和社团,从事政治活动,那么,这就意味着,作为公民政治权利的延伸,政党与社团也应当被确认其法律身份,享受法律规定的权利,承担法律规定的义务,并受到法律的规范与制约,在法律许可的范围内展开活动。

三、将国家机关的职能和职责转化为法律上的权力与责任

民主政治法治化意味着在宪法框架内,将国家机构的政治职能和责任转化为法律上的权力与责任,用法律形式明确国家机关的权力与责任,明确国家机构之间的权力职责范围、中央权力与地方权力的划分,通过法律规范明确国家机构之间的责任与权力,并对其实施法律规制。

运用法律规范来明确国家机关的职能与责任,是政治发展的一种必然趋势。在国家政治生活中,公民作为个人在庞大的国家机器面前显得相当渺小,因此,用法律手段规制国家权力显得越来越重要,特别是对行政权的规制。当代世界已出现"行政国"的趋势,国家行政权扩张十分明显,已深入到国家与社会的各个角落,并对公民的生活形成相当程序的干预。为了保护公民的权利与自由,保护公民的私权利不受侵犯,明确公权力的边界,限制国家机关对公民生活的过分干预,有着十分重要的意义。

以法律形式明确国家机关的权力,意在赋予其法定的力量,使其有效履

---

① 参见周光辉:《论公共权力的合法性》,吉林出版集团有限责任公司 2007 年版,第113 页。

行职责,推行其意志,达到其目标。对于违背国家机关的意志的行为,国家机关有权依法予以制止,如遇严重对抗,有权依法予以制裁或惩处,以排除各种干扰。

以法律形式明确国家机关的责任,意在促使国家机关及其工作人员明确自己的法定责任,认真履行自己的职责,并使其清楚地认识到,如果不能承担其法定职责,将会受到法律的追究。这种法律追责,既有同一国家机关内的内部追责,也有不同国家机关之间的监督与制衡,同时还有公民对国家机关及其工作人员的监督与追责。如中国《宪法》规定,公民对国家机关及其工作人员有提出批评、建议、监督的权利,这种批评与监督,是建立在对国家机关的职责的认知上进行的。同时,国家机关及其工作人员在行使职权的过程中,应当为自己的行为负责并依此承担法律责任。如依行政诉讼法,行政管理相对人如果认为行政机关及其工作人员违法行政,侵犯了自身的合法权益,可以依照行政诉讼法提起行政诉讼。行政机关及其工作人员则应依照法院的判决承担相应的法律责任。

明确国家机关的权力与责任,有助于国家机关依法行使职权,履行职责,同时依法承担相应的责任。

第二节　民主政治运作过程的程序化

当代民主政治的程序化是一个重要的发展趋势。民主政治行为在法定程序中展开,以满足民主政治规范化的要求,并且维持政治秩序的稳定,在稳定的状态下寻求政治的改变。民主政治运作过程的内容丰富、繁多,其法治化的内容包括政治行为方式的法律化及政治行为的程序化。"一种成熟的民主制度,其预定的程序必须法律化,并在全社会树立其权威,独立发挥其作用与价值。程序正义是民主政治的基础。"[①]

一、将政治主张及政治行为转变为权利主张与立法行为

政治行为方式的法律化简单地说就是民主政治行为主要围绕立法与修改法律方式来开展,将主张和争取政治利益的行为转变为立法行为,在立法

---

① 任俊伟:《党内民主差异性研究》,中共中央党校 2007 年博士学位论文,第 16 页。

或修法行为中表达和反映自己的政治诉求。当抽象的政治主体"人民"转变为法律意义上的"公民"后,由于公民的政治利益转化为法律意义上的权利与义务关系,公民的政治行为方式不再是传统意义上的纯粹的政治行为,而是围绕着立法、修法等活动来开展。公民的利益主张应当通过确认或修改这种权利与义务关系来进行,应当通过向立法机关提出立法或修法要求或通过公共讨论反映自身利益,以期立法机关通过或修改相关的法律、法规,从而达到自己的政治目的,实现自己的利益要求与政治主张。纵观历史与现实中的许多政治体制改革,在很大程度上是围绕着"变法"而展开的,即通过对法律进行的立、改、废等活动来实现政治体制的改革。在法治社会里,通过立法与修法来实现政治利益,是一种最为现实的选择。

当前中国许多正反两方面的事例都可以说明这一点。在 2004 年著名的"孙志刚案"的处理过程中,即可见到利益要求转化为立法行为的重要性。当大学毕业生在广州的收容所被殴打致死后,引起了全国的轰动。其时,有三个法学博士即上书国务院和全国人大常委会,指出原有的"收容条例"严重损害了城市流浪、乞讨人员的权益,应该予以废止。这一"上书"得到国务院的高度重视。不久,国务院宣布废止原"收容条例",颁布并实行新的"城市流浪、乞讨人员救助办法"。新的救助办法改变了原有的歧视城市流浪、乞讨人员并损害其权益的做法,充分关注其合法权益,并以国家力量予以救济。这一事例即反映出权益救济的最好办法即是围绕立法展开。

另一个反面的事例亦可反证围绕立法活动维护权益的重要意义。2008年贵州著名的"瓮安事件"即是一项著名事例。本是普通的一件偶然事件,由于办案过程不透明,问题的处理不及时,老百姓因其知情权未能得到满足而怀疑有特权在干扰案件的处理,对被害人极度不公。于是群情激愤,进而演化为一件轰动全国的群体骚乱事件。在这个事例中,可以看到,如果公民的知情权不能得到满足可能会导致的严重后果。同时,从此案所折射的我国近些年来因社会贫富分化所产生的社会不公,严重影响到了社会的安宁和社会秩序的稳定。一些偶发事件,甚至是普通的交通肇事案,也可能因肇事者的公务员身份而引发人们对政府的不满。一些农村地区因为拆迁地纠纷而引发冲击政府,因民事纠纷而导致群体械斗,等等。这些案件的背后都有一个共同的根源,那就是社会弱势群体的权益保障不足。因此,解决此类纠纷与社会动荡的根本还在于权利保障,其最佳的方式还是在于围绕权利保障问题而展开的立法活动。如果法律对弱势群体的保障充分,并有切实的执行,则上述社会事件的发生率就会大大降低,至少,不至于动辄引发社会骚乱,严重危害社会正常秩序。由是观之,在法治化条件下,社会弱势群体面对这些具体问题,应当避免采取极具破坏力的行为,而是采取正当的立法手段来保障自身利益。如要求立法机关重视弱势群体的生存问题,加强弱势群体权益保护立法。这样就可以从根本上解决弱势群体所面临的权益缺失及保障不力问题,避免社会矛盾的激化。

印度学者阿迪亚玛·森曾提出权利贫困理论,他对贫困的原因分析从经济因素扩展到政治、法律、文化、制度等领域,对我们理解公民的权利分配与保障问题很有启发意义。他认为,导致贫困的根本原因在于权利的贫困。无论何种贫困状态,其本质都是由于权利的缺乏或者其他条件的不足造成的,贫困绝不仅仅是收入低下的外在表现,它还是权利贫困的表现。森强调,权利方法所重视的是一个人是否具有支配足够食物的能力,以及人们在某一社会现有法律体系中所具有的合法控制食物的手段。森所讲的权利是指一个人"利用各种能够获得的法定渠道以及所获得的可供选择的商品束的集合"。[1] 对食物的所有权是现代社会中人的最基本的权利之一,"如果一群人无法确立支配足够数量食物的权利,那么,他们将不得不面临饥饿。如果这种剥夺足够大,饥饿的结果就可能导致死亡"[2]。森指出,在私有制经济中,权利可表现为"禀赋权利"和"交换权利",禀赋权利是指一个人的初始所有权,如所拥有的土地、自身的劳动力等,交换权利是指一个人利用自己的禀赋从事生产并与他人交换所能获得的商品束。不同阶层的人对粮食的控制和支配能力表现为社会权利关系,而这种权利关系又决定于法律、经济、政治等因素,如果权利体制不合理或者失败则会导致贫困与饥荒,或者当一个人的市场交换权利减弱或被剥夺时,即发生贫困。社会保障制度集中体现了对这种权利的保护。例如,某个人如果失业,就有权利享受失业救济,如果某人的收入水平下降到贫困线之下,就有权利得收入补贴。从立法角度来看,通过立法,确立和保障公民免于贫困的权利是至关重要的。

---

① [美]阿迪亚玛·森、让·德雷兹:《饥饿与公共行为》,苏雷译,社会科学文献出版社2006年版,第24页。

② [美]阿迪亚玛·森、让·德雷兹:《饥饿与公共行为》,苏雷译,社会科学文献出版社2006年版,第23页。

二、使民主政治行为在法定程序中展开

使民主政治行为基于法定程序中展开,是民主政治行为程序化的重要一环。具体来说,立法活动均应依立法程序开展,民主选举活动依选举程序进行,民主参与活动依相关的参与程序开展,政治决策行为均依相应的决策程序作出。现代汉语中,程序一词的含义多种多样,可以指机器的操作规程、事项的展开过程和先后顺序、诉讼中的法律过程等,在法学角度上来看,程序是从事法律行为、作出某种决定的过程、方式和关系。季卫东认为,程序主要表现为"按照一定的顺序、方式和手续来作出决定的相互关系"。①孙笑侠认为:程序就是由过程、方式和关系三要素所构成的一个统一体,"人们遵循法定的时限和时序并按照法定的方式和关系进行法律行为"。法律程序有明确的法律依据,即程序法规范。它可能集中在一个程序性的法典中,也可能散布于各种实体法文件。程序法的调整也是规范性法律调整,因而法律程序不像民俗习惯、宗教典礼、社团仪式那样任意、松散。它与法的实体规定一样具有国家意志性、强制性和规范性。②

民主政治行为的程序化也是民主政治法治化的重要内容。程序的普遍形态是:按照某种标准和条件整理争议点,公平地听取各方意见,在使当事人可以理解或认可的情况下作出决定。"通过中立性的程序来重建社会共识。"③民主政治行为的程序化,可以起到限制恣意选择、促进理性选择的作用,避免政治行为人因一时的认识错误或一时的激情使然,仓促地作出决定,可以保证各方政治行为人能够理性地进行意见交流、沟通与辩论,作出各方都能接受的现实的、理性的选择。民主政治行为程序化可以使民主政治行为有序化发展,建立和维护民主社会的正常秩序,保障政治稳定。行为主体依据程序开展自己的政治行为,在程序中主张与表达自己和利益与主张,在程序中作出决定。

在宪法制度下,每个公民都拥有平等的政治权利与政治自由,都有参与政治的机会和条件,国家鼓励公民积极参与民主政治活动,如行使选举权与被选举权,以各种合法、适当的方式表达政治主张,等等。但是所有这些政治权利都应当在规定程序中行使。民主政治法治化就是要使这些程序更完

---

① 季卫东:《法治秩序的构建》,中国政法大学出版社 1999 年版,第 12 页。
② 参见孙笑侠:《程序的法理》,商务印书馆 2005 年版,第 15—16 页。
③ 季卫东:《法治秩序的建构》,中国政法大学出版社 1999 年版,第 11 页。

整、更公平、更具权威性。季卫东在论述中国民主政治与法治问题时,曾说到,中国的宪法所规定的公民的基本权利并不见得比别的国家少,但是中国公民在行使公民权利时却缺少相应的法律程序,从而导致公民权利无法行使。可见,民主政治法治化对完善民主程序,推进各民主政治主体在法定程序中开展民主活动,对实现公民的政治权利有着重要的作用。公民的民主活动在程序中开展有利于达成公民的共识。在当今利益多元的的世界,各民主政治主体必然会有自己不同的利益要求,而且,每一个主体都拥有表达利益要求的权利,当这些利益之间发生冲突的情况下,矛盾是不可避免的。如何在政治利益产生冲突及政治主张产生矛盾的情况下,达成基本共识,形成公共决策或国家政策,是民主政治必须解决的问题。在这种情况下,如果将实体问题转化为程序问题,让各政治主体在规定程序中展开,在程序中达成意见整合与共识,无疑是可取的。

民主政治行为的程序化具有结构性的意义。季卫东在论及程序的意义时谈到,"美国宪法最主要的特征体现在互相监督制衡的分权体制上,各个权力之间的关系的协调更主要是通过程序进行的"[①]。美国的三权分立体制的建构,除了权力本身的划分外,还通过规定一系列的程序来确保相互之间的制衡。如总统对国会的制衡就设计了一个程序:国会通过的法律需要总统签署才能生效。如果总统不签署即退回国会,国会再以三分之二多数通过,总统必须签署。就是这么一个程序设计,就使得总统对国会立法的监督制衡落到了实处。在中国宪法制度下,人民代表大会、人民政府、人民法院等机构也是依法各司其职,相互配合、相互监督。严格遵守宪法和法律规定的各项程序,切实履行各自职责,并在程序中配合与监督,就能够确保各项政治行为依宪、依法顺利开展,达成自己的职责。同时,其他政治主体,包括公民个人在内,都可依照法定程序从事政治行为,在宪法确立的制度构架内达成自己的政治目的,实现自身的利益要求。

民主政治行为的程序化具有规制和约束的内涵。程序化就是要设计和制定一整套的程序,使行为人按照程序设计,根据规定的顺序、步骤和手续一步一步展开政治行为,在行为中接受程序的规制和约束,遵从程序设计的价值和准则。例如公民如果采用集会游行示威的方法表达政治愿望时,应

---

① 季卫东:《法治秩序的建构》,中国政治大学出版社1999年版,第11页。

当遵循国家有关集会游行示威的法律或条例规定。根据中国的相关法律和条例,集会游行示威活动的主要程序有:向法定机关提出游行示威申请并获得许可;得到许可后,即按批准的时间与地点组织示威游行活动;在许可规定的时间内结束示威游行活动。举行集会游行示威活动就应当遵守相应的顺序、步骤和方法,在每一个步骤里,都应遵守相应的规则,如有违背,则应承担相应的法律后果。程序约束既保障了公民的政治权利,又能使政治活动能够依法顺利进行,同时确保政治活动不至于造成混乱与失控,造成难以预期的后果。

民主政治行为的程序化还蕴涵着政治行为的合法性与正当性价值。法定程序的意义之一在于事先确立了程序的合法性与正当性。这也为政治行为主体保障自身政治权利提供法律依据。如若其他机构与人员违反法定程序,妨碍了政治行为主体的法定权益,可以依此提出法律救济主张,运用法律机制维护自身的权益。在依法治国背景下,中国政府力倡依法行政,提出建设法治政府的目标,并出台了依法行政施政纲要,各级政府部门也出台了数量繁多的行政程序规则,力求以强化和规范行政程序为突破口,实现依法行政的目标。行政管理涉及方方面面的事务,其中部分涉及公民如何行使政治权利的内容。如公民欲行使集会游行示威权利,就需要向公安部门申请,公安部门是否依照法定程序处理申请事宜,就直接关系到公民权利的行使。行政管理还涉及人民群众国家经济、社会、文化、环境等事务,如果行政管理部门的决策与管理活动影响到了公民的知情权、表达权、参与权、监督权等宪法权利的行使,同样会妨碍公民政治权利的实现。在此种情形下,公民仍旧可以依法申请法律救济。

第三节　运用法律争端解决机制解决政治争端

在实行民主政治的国家里,政治争端时常有之。政治争端或政治冲突与矛盾的形式多种多样,解决争端的方式也各不相同,总体上可分为暴力方式与和平方式两大类。暴力解决方式无疑是一种极端方式,街头政治甚至武装冲突即是极端方式,毫无疑问,暴力方式不是解决民主政治争端所应当追求的方式,只有和平的方式才是可取的,才是理性地解决争端的方式。

以和平方式解决政治争端的机制也多种多样。政治争端的解决首先应当是以政治本身的方式来解决,比如在议会立法过程中,不同政治主体,包括政党、团体或利益集团、社会组织、普通公民等,围绕各自的立法主张及政治要求展开讨论,甚至可能会产生激烈争议。现代议会政治通常是政党政治,政党在议会中通过党团运作,来表达和决定本党的主张。针对立法争议,各政党的议会党团通常通过协商、会谈等方式来寻求观点的一致,以消弥冲突。如若行不通,则依照民主政治的"少数服从多数"的原则通过议会投票表决来作出决定。在政府重大决策过程中,同样也存在着类似的情况,不同的政治主体对决策表达不同的意见,如存在激烈的政治冲突,也可以通过协商、谈判等政治手段来寻求政治妥协。但是,以政治的方式来解决争端并不一定总是成功的。面临激烈的冲突,需要运用法律争端解决机制来解决政治争端。

民主政治法治化就是在民主政治发生争端的情况下,要用法治的方法来解决政治冲突。"法治一旦成为政治秩序的基础,就会指导人民通过法律规则而非诉诸暴力来解决价值观或者利益的冲突。"①1945年的纽伦堡审判就是希望用法治的方式来解决战争这种最极端的政治斗争,在实践层面上用法律来驯服政治,试图用法律来奠定现代政治秩序的格局,凸显了法律在现代政治中具有的特别的地位,意味着现代性法律秩序已经确立起来。而《联合国宪章》更是基于全球宪法的理念,而且第二次世界大战后兴起的国家无论采取何种政治制度,都必须依赖宪法来确立政治统治的正当性。②当把民主政治问题转化为法律问题之后,政治矛盾冲突便成为法律冲突,应当适用法律程序解决。民主政治法治化的重要功能就是为解决政治争端提供和平的、公正的法律解决机制。民主政治亦是权利的政治,许多政治问题同时也是权利的设定与保障的问题,在特定情形下,将政治争端转化为权利冲突,从而通过非诉讼方式和诉讼方式来解决政治争端。在民主政治法治化的趋势下,运用诉讼方式来解决民主政治争端将成为常态的方式。

一、运用诉讼方式解决政治争端

在实行民主政治的过程中,各政治主体的主张与观点自然会有所不同,

---

① 　[德]约瑟夫・夏辛、容敏德:《法治》,法律出版社2005年版,"序言"第3页。

② 　参见强世功:《立法者的法理学》,生活・读书・新知三联书店2007年版,第1—3页。

甚至产生激烈的冲突与争端。其中部分冲突与争端可以采用诉讼的方式来解决。

运用诉讼方式解决政治争端关系到多个方面的法治内容:(1)诉权。1948年12月联合国通过的《世界人权宣言》第八条就宣称:"任何人当宪法或法律所赋予他的基本权利遭受侵害时,有权由合格的国家法庭对这种侵害行为作有效的补救。"其后,《联合国公民权利与政治权利国际公约》进一步肯定了这一权利,并作了更为详细、明确的规定。各国宪法也将公民的法律救济权利确定为基本权利,并用法律细化并固定下来。也就是说,如果公民的政治权利受到侵害,有权诉诸法院寻求司法方式进行补救,保障公民的基本权利,这是基本人权的体现。所以,在民主政治法治化过程中出现权利争议,应当诉诸法院以司法途径解决;(2)审判权。审判权是由法院行使,法院在审判活动中依法对纠纷或争端进行审理并作出判决;(3)程序正义。程序正义是法律的基本价值,在法治状态下,程序正义有着至关重要的意义。① 它体现在宪法所确立的"正当过程"的原则之中,要求法律应当具有公正程序。美国大法官道格拉斯认为,公正程序乃是"正当过程"的首要含义,"权利法案的大多数规定都是程序性条款,这一事实决不是无意义的。正是程序决定了法治与恣意的人治之间的基本区别"②。西方立宪主义视"正当过程"为宪法的核心自有其深刻的道理。程序正义是实体正义的重要保障,无法设想没有程序正义,实体正义何以实现? 有何机制保障实体得以实现? 同时,程序权利本身也是一项重要的权利,违反法定程序,就是损害公民的程序权。因此,民主政治在其展开过程中如果违背程序规定,应当重新审视结果的公正性、合法性,可以启动司法程序予以救济。

以诉讼方式解决政治争端,大致可分为两个类型:一是由拥有司法审查权的法院依照特定程序进行审理的类型。如德国、南非等国家设立了专门的宪法法院,并制定了相应的宪法诉讼程序,依照该程序法规定,对于法定的争端事由,可以提起宪法诉讼。与此大致类似的是,如美国等,虽没有专

① 参见徐亚文:《程序正义论》,山东人民出版社2004年版,第265、272页。

② Justice William O. Douglas's Comment in Joint Anti-Fascist Refugee Comm. v. Mcgrath, see *United States Supreme Court Reports* (95 Law. Ed. Oct. 1950 Term), The Lawyers Coperative Publishing Company,1951,p.858。转引自季卫东:《法治秩序的建构》,中国政法大学出版社1999年版,第3页。

门的宪法法院,但联邦最高法院拥有司法审查权,同样,可以依据法定的程序和事由提起诉讼;二是由普通法院依普通诉讼程序进行审查的类型。在法定条件下,部分政治纠纷和争端可以依照刑事诉讼法、民事诉讼法、行政诉讼法所规定的普通司法程序进行审理。如我国民事诉讼法就规定了有关选民资格争议的程序。据此,如果发生公民是否拥有选举资格的争议,即可根据民事诉讼法相关程序提起诉讼。《刑法》规定了"剥夺政治权利"的刑罚,设立了危害国家安全罪、破坏公共秩序罪等罪名,其中涉及政治事务,如阴谋颠覆政府等犯罪行为。同时《刑法》对破坏选举等行为作出了刑罚规定。《刑法》第二百五十六条规定:"在选举各级人民代表大会代表和国家机关领导人员时,以暴力、威胁、欺骗、贿赂、伪造选举文件、虚报选举票数等手段破坏选举或者妨害选民和代表自由行使选举权和被选举权,情节严重的,处三年以下有期徒刑、拘役或者剥夺政治权利。"在此种情形下,则依照刑法和刑事诉讼法的规定,提起刑事诉讼惩治破坏选举及妨碍选举的行为,解决因此所带来的争端和冲突。在我国行政诉讼法中,也存在着涉及政治事务的内容,如果出现此种情形,自然依照行政诉讼程序提起诉讼。通过诉讼,请求法院实施权利救济,是解决政治争端的重要方式。

以诉讼方式解决政治争端不仅具有权利救济的价值,还存在着以法治重建政治秩序的意义。因为政治行为主体在诉讼过程中,依照法定程序参与了诉讼的全过程,先定地决定了其自愿承担法律后果的义务,诉讼方式有助于争端各方自觉接受法院判决,承担判决所裁决的义务。可以说,当法院判决生效后,争端各方应当充分尊重法院的权威,自愿履行法院判决,使法院判决成为止纷息争的最后程序。

以诉讼方式解决政治争端是实现正义的重要手段。这是因为司法程序具有独立性、中立性、及时性、亲历性、终结性等特点,为解决政治争端提供了良好的程序保障。根据宪法和法律,法院独立行使审判权,在司法裁判过程中,不受任何外来干预和控制,只能根据事实和法律进行裁决。同时,由于司法的性质及回避制度的设置,诉讼中的裁判者只能与争端各方无利害关系,能够站在中立的、公允的立场进行裁决,诉讼双方平等、法官定案"无偏私",具有极高的可信度。法院对于诉讼的审理有着时限的规定,能够确保争端与纠纷在法定时限内得到裁决,不至于久拖不决,做到及时结案,避免出现"迟来的正义是非正义"的情形。由于诉讼程序的展开,诉讼双方拥有平等的诉讼权利,能够充分表达自己的立场并为自己辩护,能够举证、质证,能够听取对方的陈述与辩护,并能让法官无偏私地听取双方立场与观点,亲身经历这种程序,有助于诉讼双方心甘情愿地接受法官裁决,削减对于不利判决的抵触情绪。同时,法官的裁决具有法定的效力,并且依据相关审级规定及时终结诉讼,产生判决的终极效力。这样有利于防止纠纷与争端久拖不决。

二、运用非诉讼方式解决政治争端

顾名思义,非诉讼方式不同于诉讼方式,它并不需要法院的介入,也不以法院的判决作为解决争端的根据。但是,它也不同于一般意义上的政治方式,是以诉讼方式为依托,在某种程序上仍然是秉承法律规则、按法律程序办事的一种机制,所以在解决政治争端过程中,仍能发挥重要的作用。常见的非诉讼方式有政治协商、政治谈判及第三方调解等方式。

非诉讼方式的核心价值之一在于程序要件的满足。因为"在服从某一决定之前,人们必须考虑做出该项决定正当化前提。这种前提主要就是程序要件的满足。因为在公正的程序之中,当事人的主张或异议可以得到充分表达,互相竞争的各种层次上的价值或利益得到综合考虑和权衡,其结果,不满被过程吸收了,相比较而言一种最完善的解释和判断被最终采纳。这种做出来的决定极大地缩小了事后怀疑和抗议的余地"①。这就决定了非诉讼方式同一般的政治方式不同的特质之所在。非诉讼方式提供了双方平等的陈述机会,以让争端各方听取自己的主张与意见,同时,在倾听对方的陈述之中,尽可能地理解对方的立场与观点、理由,使争端各方坚持的价值与利益能够得到考虑与权衡,最终找到各方基本能够接受的共识或协议,从而达到消弥争端的结局,不至于使争端恶化为暴力冲突。

政治协商意在从政治争端中寻求共识,政治谈判则意在达成分割政治利益的结果,第三方调解则是由中立的第三方主持,在公平、公正的程序中让争端各方达成政治协议。无论那种方式,均有法律程序的因子在起作用。协商、谈判会运用到合同或协议的订立程序,第三方调解也有法律调解的程序基因。

---

① 季卫东:《程序比较论》,《比较法研究》1993年第1期,第203页。

　　非诉讼方式的核心价值之二在于争端各方在法律原则、法律精神、法律规范的基础上,通过协商、谈判和调解等形式,达成争端各方能够接受的结果。换句话说,非诉讼方式所达成的结果同诉讼方式所得到的结果不会有根本的不同。这是因为有了诉讼方式作为最权威的、最后的争端解决机制,它促使争端各方以灵活机动的方式,在不违背法律要求的条件下,尽可能地达成合意。诉讼制度对于社会的意义不仅仅是通过判决裁决个案从而实现个案的公平,其更深远的影响在于通过判决传达法律的价值、法律的原则、法律的规范,以此形成"一种权威性价值取向渗透到社会的各个层面","建立以公平合理的标准来解决纠纷的法律秩序",从而在整个社会形成一种良好的法秩序,使得其他非诉讼解决方式可以以此作为依托。[①]"不能把法院在解决纠纷中所作的贡献完全等同于根据判决来解决纠纷。法院的主要贡献是为在私人的、公共的场所中所产生的交涉和秩序,提供规范和程序的背景。"[②]随着法治的充分发展,在整个社会形成了司法的权威性价值评判标准,以非诉讼的方式解决政治争端,也可以在较大程度上实现人们对正义的诉求。

　　[①]　闫庆霞:《司法权对诉讼外调解的意义》,《内蒙古大学学报》(人文社会科学版)2007年第3期,第55—59页。

　　[②]　[意]莫诺·卡佩莱蒂:《福利国家与接近正义》,刘俊祥等译,法律出版社2000年版,第132页。

第四章　中国民主政治法治化的
特点与基础

　　理解当代中国社会主义民主政治法治化的特点,需要了解中国的民主与法治的传统及其发展历程。中国古代社会的政治统治基本上可谓是专制统治,缺乏民主政治的因素。有专家指出,"中国人向往民主政治,以戊戌变法为起点,已经超过百年,如果追溯到魏源等人的时代,则不下一百五十年。其实,先驱者有意使中国民主化,在大陆上曾经有过四五次的尝试;不幸他们碰到的都是无法克服的困难,中国人只有望民主而兴叹"[1]。20世纪上半叶,中国先后举行四次国会选举,第一次在1909年,由清政府推动,建立了咨议局和资政院;第二次在1913年,是共和建国后的第一届国会;第三次在1918年,是民国第二届国会;第四次在1947年,是国民党统治下的国会。这四次国会堪称中国人对民主政治的尝试。民主政治从选举开始。前三次选举是复式选举,第一次由选民直接投票,产生选举人,再由选举人互选产生定额议员。但容易被人操纵,互选时往往贿赂横行,当选者大多数为富有的人,正直或财力不足者,只有望洋兴叹。第四次国民党采用比例代表制,该党一党独大,与共产党决裂,排斥小党,表面上是依循多数决选举制,但实际上严密控制,选票之有无已无关宏旨。20世纪上半叶,中国尚未有完整的人口普查,无法真正确定选民人数,因此,选民数量缺乏可信度。候选人往往是官派或政府指定。1947年的选举则是由国民党中央严密控制,没有中央同意不得为候选人。所以这四次选举都谈不上是真正的民主选举。[2] 中国民

---

　　① 张朋园:《中国民主政治的困境——1909—1949晚清以来历届议会选举述论》,吉林出版集团有限责任公司2008年版,"自序"第1页。
　　② 参见张朋园:《中国民主政治的困境——1909—1949晚清以来历届议会选举述论》,吉林出版集团有限责任公司2008年版,第210—224页。

主政治迟迟得不到顺利发展的原因很多。有学者指出,主要原因有:民主政治没有得到共识;国家一直处于不安定状态,受到战争的威胁,无暇思考民主;贫穷落后,教育不够,人民无暇关心民主政治;军事第一,谁有枪杆子,谁就控制政权;中国是个农民社会,农民无知、保守;等等。① 无论何种缘由,旧中国时期,中国并未能实现民主政治,同时也未能建立稳定的法治秩序。中国古代社会的法律传统可概括为"以法治国",法律只是统治者治理的工具,治国理念更多的是人治,而不是法治。瞿同祖认为:家族和阶级是中国古代法律的基本精神和基本特征,在法律上占极为突出的地位。它们代表法律和道德、伦理所共同维护的社会制度和价值观念,亦即古人所谓的纲常名教。法律承认贵族、官吏、平民和贱民的不同身份。法律不仅明文规定生活方式因社会和法律身份不同而有差异,更重要的是不同身份的人在法律上的待遇不同。贵族和官吏享受法律上的特权。中国古代社会的法律之所以特别重视家族和阶级的两种身份,是由于儒家思想的影响。在儒家心目中,家族和社会身份是礼的核心,也是儒家所倡导的社会秩序的支柱。古代法律可以说全为儒家的伦理思想和礼教所支配。② 虽然秦、汉的法律是法家所制定的,其中并无儒家思想的成分在内。但自汉武帝标榜儒术以后,法家逐渐失势,而儒家抬头,儒家思想开始影响到法律的修改和实施。中国法律之系统儒家化,可以说是始于魏、晋,成于北魏、北齐,隋、唐采用后便成为中国法律的正统。③ 近代以降,严复等翻译了西方法学名著,引进了西方法学思想与法治理念,梁启超等也积极传播西方法律思想。清末沈家本等人仿照西方法律体系编撰具有近代法律意义的刑法、民法、诉讼法等法律,开启了中国近代立法。辛亥革命后,孙中山主持制定了《中华民国临时约法》,确立了资产阶级宪法思想。其后虽多有反复,但中国民国时期,颁布了《宪法》,订立了《六法全书》,可谓是从形式上基本建构了完整的法律体系。

中华人民共和国的民主政治体制是从师法苏俄革命政权开始的。1917

---

① 参见黎安友:《蜕变中的中国:政经变迁与民主化契机》,柯洛漪译,台北麦田出版社2000年版。转引自:张朋园:《中国民主政治的困境——1909—1949晚清以来历届议会选举述论》,吉林出版集团有限责任公司2008年版,第218页。

② 参见瞿同祖:《中国法律与中国社会》,中华书局2003年版,第353—354页。

③ 参见瞿同祖:《中国法律与中国社会》,中华书局2003年版,第355—374页。

年列宁领导俄国"十月革命"取得了胜利,在世界上建立了第一个社会主义政权。为了确认和规定国家的社会制度和国家制度基本原则的根本法,1918年7月10日第五次全俄苏维埃代表大会通过《俄罗斯苏维埃联邦社会主义共和国宪法(根本法)》。这是世界上第一部社会主义类型的宪法。该部宪法共6篇90条,第1篇是列宁亲自起草的《被剥削劳动人民权利宣言》。该部宪法的主要内容包括:第一,实行土地、森林、矿藏、水利、银行等国有化;第二,宣布俄国为工兵农代表苏维埃共和国,全部政权归苏维埃,实行无产阶级和贫民的专政;第三,实行苏维埃代表大会制度,确定全俄苏维埃代表大会是国家的最高国家权力机关,大会闭会期间为全俄中央执行委员会,由全俄中央执行委员会组织人民委员会为最高国家管理机关,即苏维埃政府。地方国家权力机关为省、郡、县、市、乡的各级苏维埃代表大会。由苏维埃代表大会选举产生的各级执行委员会,既是地方的执行机关,又是地方苏维埃代表大会闭会期间的地方国家权力机关;第四,规定了人民的权利,如劳动者享有信仰、言论、集会、结社和免费受教育的权利和自由,年满18岁的劳动者均有选举权和被选举权,剥夺剥削阶级的选举权和被选举权。从苏俄宪法的内容可知,苏维埃俄国实行社会主义制度。

苏联成立后,为了适应新形势的需要,先后于1924年、1936年和1977年颁布了三部苏联宪法。如1977年宪法就对国家的社会主义性质和基本政治制度和法律制度作了明确规定。该宪法在其"第一章政治制度"中明确写道:苏维埃社会主义共和国联盟是社会主义全民国家,代表工人、农民、知识分子和国内各族劳动人民的意志和利益。(第一条)苏联的一切权力属于人民。人民通过作为苏联政治基础的人民代表苏维埃行使国家权力。其他一切国家机关受人民代表苏维埃的监督并向人民代表苏维埃报告工作。(第二条)苏维埃国家的组织和活动实行民主集中制原则;一切国家权力机关自下而上地选举产生,这些机关向人民报告工作,下级机关必须执行上级机关的决定。民主集中制把统一领导同地方上的主动性和创造积极性、同每一个国家机关和公职人员对本职工作的责任感结合起来。(第三条)苏维埃国家及其一切机关根据社会主义法制进行工作,保证维护法律秩序,维护社会利益和公民权利与自由。国家组织、社会组织和公职人员必须遵守苏联宪法和苏联法律。(第四条)国家生活中的最重要问题提交全民讨论,并付诸全民投票(全民公决)。(第五条)苏联共产党是苏联社会的领导力量和指导力量,是苏联社会政治制度以及国家和社会组织的核心。苏共为人民而存在,并为人民服务。用马克思列宁主义学说武装起来的苏联共产党规定社会发展的总的前景,规定苏联的内外政策路线,领导苏联人民进行伟大的创造性活动,使苏联人民争取共产主义胜利的斗争具有计划性,并有科学根据。各级党组织都在苏联宪法范围内进行活动。(第六条)苏联社会政治制度发展的基本方针是进一步发扬社会主义民主。公民越来越广泛地参加管理国家事务和社会事务,完善国家机构,提高各社会组织的积极性,加强人民监督,巩固国家生活和社会生活的法律基础,扩大实行公开原则、经常考虑公众意见。(第九条)从苏联历部宪法即可看出,苏联明确宣示了社会主义的国家性质,明确了苏联共产党的领导地位,建立了人民代表苏维埃制度,明确实行民主集中制原则。同时,宪法也强调发扬社会主义民主,要求巩固国家的法律基础,要求各级党组织在苏联宪法范围内活动。苏联的国家机构也根据宪法建立,苏维埃代表大会拥有立法权,部长会议掌握行政权,另外,司法机关则由检察院和法院组成,审判权归法院。由此,苏联社会主义民主政治制度和法律制度得以建立。

从历史发展的角度来看,苏联共产党在领导苏联人民建设社会主义民主政治的过程中,还存在着严重的错误。其中最为重要的一点就是,苏联的领导人满足于论述苏联社会主义制度的优越性,在强调其先进的阶级性、人民性的同时,忽略甚至完全漠视社会主义民主政治与社会主义法制建设,践踏民主、践踏法制,最后演变出许多历史悲剧。在斯大林领导苏共时期,个人专制曾一度达到登峰造极的地步。20世纪30年代,斯大林在党内斗争中执行"大清洗"政策,逮捕并枪决了苏共十七大选出的89个联共中央委员(总数才139个),枪毙了3个苏联红军元帅(总数为5个),逮捕、枪决或流放了300余万名党员、群众。这种残酷的党内斗争和个人专制极大地损害了社会主义民主的声誉,阻碍了民主政治与法制的发展。斯大林逝世后,苏共历届领导人如赫鲁晓夫、勃列日涅夫等虽曾进行过一定程度的改革,但是终未能解决苏联的社会主义民主与法制建设中的严重问题,最终导致积重难返。当20世纪80年代后期戈尔巴乔夫担任苏共总书记之时,苏联模式已经病入膏肓,政治上高度集权,毫无生气,经济上高度计划经济,人民群众生产积极性不高,生产效率低下,军事上穷兵黩武,国际上大搞沙文主义,全球扩张,大搞军备竞赛,以至于社会主义优越性得不到应有的发挥。戈尔巴乔夫掌权之后,不得不对苏联的政治、经济、军事、文化等各个领域进行重大改革。然而不幸的是,戈尔巴乔夫等人却错开药方,其倡导的改革不是带来了苏联社会主义体制的重生,而是加速了苏联社会主义模式的失败。在所谓的"公开性"、"新思维"的指导下,戈尔巴乔夫违背1977年苏联宪法所确立的基本制度,通过数次修改宪法及颁布相关法律,推行多党制、议行分开、以竞争为核心的差额选举制、总统制、三权分立制、脱离苏共领导的独立的司法体制和以私有化、市场经济为方向的经济体制。结果导致苏联社会体制的崩解,1991年12月,苏联宣布解体。世界上第一个社会主义国家在建国七十余年之后正式走入历史。

在苏联社会主义政权存在的七十余年时间内,有力地推动了世界社会主义革命与建设事业,为世界其他国家,如中国、波兰、匈牙利、南斯拉夫等国家建设社会主义制度提供了蓝本。世界各社会主义国家曾经一度以苏俄为师、以苏联宪法为蓝本制定本国宪法,依照苏联的国家政治结构建立自己的民主政治体制。苏联社会主义事业的重大挫折,也严重地影响到了东欧诸社会主义国家。对于苏联解体的历史有许多种解读,但是,比较公认的一点是:缺乏社会主义民主和法制是苏联解体的重要原因。苏联也为中国社会主义民主政治及其法治化建设提供了借鉴和教训。

中华人民共和国成立后,立即宣布废除国民党反动派统治时期以"六法全书"为核心的伪法统,而代之以若干中国共产党制定的政策,此后也陆续颁布了数部新法,如新婚姻法等。新中国成立之初,中共中央领导人对法制比较重视。毛泽东亲自主持1954年宪法起草工作就可以说明这一点。毛泽东指出,"世界上历来的宪政,不论是英国、法国、美国或者苏联,都是在革命成功有了民主事实以后,颁布一个根本大法,去承认它,这就是宪法"[①]。基于这种认识,毛泽东领导制定了我国历史上第一部社会主义性质的宪法——五四宪法。这部宪法基本上确立了新中国的国家体制,包括人民代表大会制度等重要制度得以确立。刘少奇在中共第八次全国代表大会的政治报告中也曾讲道:"在革命战争时期和全国解放初期,为了肃清残余的敌人,镇压一切反革命分子的反抗,破坏反动的秩序,建立革命的秩序,只能根据党和人民政府的政策,规定一些临时的纲领性法律。在这个时期,斗

---

① 《毛泽东选集》第二卷,人民出版社1991年版,第735页。

争的主要任务是从反动统治下解放人民,从旧的生产关系束缚下解放社会生产力,斗争的主要方法是人民群众的直接行动。因此,那些纲领性的法律是适合于当时的需要的。现在,革命的暴风雨时期已经过去了,新的生产关系已经建立起来,斗争的任务已经变为保护社会生产力的顺利发展,因此,斗争的方法也就必须跟着改变,完备的法制就是完全必要的了。"目前国家的迫切任务就是"着手系统地制定比较完备的法律,健全我们国家的法治"。① 刘少奇的政治报告充分反映出当时中央领导集体的基本认识:革命完成后,国家管理应当由"人民群众的直接行动"转向"完备的法制"。同是在党的八大上,董必武明确提出了"有法可依,有法必依"、"依法办事"的法制原则。② 可见,当时的中共中央领导人形成了一个基本共识,那就是治理国家还是需要宪法和法律。

随着 1957 年下半年的"反右斗争"不断被严重扩大化,阶级斗争的意识同时被扭曲性地强化了,致使国家政治生活和民主法制被严重破坏,宪法、法律的权威随之被严重削弱。1958 年以后,毛泽东曾公开表示,不能靠法律治多数人,而是靠开会、靠决议来进行管理。发展到后来,毛泽东进而提出了"以阶级斗争为纲"的号召后,又提出了社会主义条件下继续革命的"文化大革命"理论,错误地发动了"文化大革命",给中国的法治建设带来了十年浩劫,将新中国创建的尚脆弱的新法制涤荡殆尽。

直到 1978 年年底,邓小平在党的十一届三中全会前夕发表了《解放思想,实事求是,团结一致向前看》的讲话,正式提出:"为了保障人民民主,必须加强法制。必须使民主制度化、法律化,使这种制度和法律不因领导人的改变而改变,不因领导人的看法和注意力的改变而改变。"邓小平明确我国法制建设的目标是:做到有法可依,有法必依,执法必严,违法必究。③ 党的十一届三中全会正式确立了"必须使民主制度化、法律化"的目标。由此,中国社会主义民主、法治建设才走上正确轨道。特别是依法治国方略提出后,社会主义民主法治建设取得长足的发展。当今中国人对民主与法治的认知主要是从反思"文化大革命"期间民主、法治备受摧残的历史错误中展开的,中国推崇法治意在用法律来规制政治的无序与民主的泛滥与变形,意

---

① 《刘少奇选集》(下卷),人民出版社 1985 年版,第 253 页。
② 《董必武政治法律文集》,法律出版社 1986 年版,第 331 页。
③ 《邓小平文选》第二卷,人民出版社 1994 年版,第 146—147 页。

在用法律手段来推进民主政治事业。这就意味着,中国的民主政治法治化的目标、价值取向与西方的法治发展路径不同,与西方国家对民主政治法治化思考的目标与路径不一样。西方学者秉持自由民主理念,强调法治化意在防止政府权力对生活与政治行为的干预。

中华人民共和国是工人阶级领导的、以工农联盟为基础的人民民主专政的社会主义国家。社会主义制度是国家的根本制度。当代民主政治法治化的方式都是建立在宪法所确立的基本政治制度基础之上的。如果脱离这些制度基础,民主政治法治化就失去了其发展的根基,就意味着其发展前景的不确定性。没有确定性前景的法治化本身就不是法治化,而是政治化。我国社会主义宪法法治的制度基础是人民代表大会制度,这也就决定了我国人民代表大会代表的选举与会议决策构成了民主的核心部分,也可以说,从形式上看,票决民主成为我国民主政治实现形式的基础部分。作为我国宪法规定的重要政党制度和政治运作制度,中国共产党领导下的多党合作制度和政治协商制度构成了我国宪法制度的重要特色。因此,协商民主成为我国民主政治重要组成部分。民主参与制度及地方自治制度可以视为最为广泛的民主政治制度的重要组成部分。这在形式上既可能包括票决民主和协商民主,还可以表现为谈判民主。特别是地方自治制度,可能民主实现形式多种多样。

为了保证这一制度的实现,必须要坚持中国共产党的领导,中国民主政治的特点就是以党内民主引导国家民主,因此,中国共产党领导的法律化就构成了中国民主政治法治化的独有特点。不了解中国共产党领导的特点,就容易陷入西方社会所谓的"自由民主"的陷阱,找不到适合中国社会民主政治法治化的发展路径。中国共产党第十八次全国代表大会强调"坚定不移高举中国特色社会主义伟大旗帜,既不走封闭僵化的老路、也不走改旗易帜的邪路",就是告诉我们,中国的民主政治必须坚持社会主义道路,必须坚持中国共产党的领导,在党的领导下,通过党的领导方式的法律化走向国家民主的法律化。

第一节　共产党领导方式的法律化

著名政治学者萨托利认为:"现代政治有什么特别'现代'的东西,那就是一个政治上活跃的或政治上流动的社会,这是一个新的资源……现代政治需要政党引导,在不存在多个政党的时间和地点,也需要一个单一的政党。"①换句话说,现代政治国家与前现代政治国家的最大的区别就是现代政治是政党政治主导下的政治,政党是现代政治生活的核心力量,政党执政则是现代政治动作的基本形式。在任何一个现代国家,政治生活的轴心就是取得国家权力,政党的活动指向就是要取得国家权力,获得执政权,以实现自己的政治目标。②

观察当今世界各国民主发展现状,可以清晰地看到,以西方为主导的自由民主,以政党竞争为主要形式,立足于言论自由、选举权与被选举权等宪法权利保障,这种民主体制实现了形式意义上的平等,它在发达国家里,起到了促进国内民主的作用,对部分发展中国家,也具有加快民主进程的功能。但是,在相当数量的引进西方自由民主体制的发展中国家,其民主政治发展却出现了严重的问题,甚至出现暴乱、街头政治、民粹主义等极端现象,反而阻碍了其民主政治正常发展进程。对这一问题的认知,需要考察一国的社会基础,包括政治基础、经济基础及文化基础,还需考察一国的法律体系及相关法律规则,甚至部分政治人物的行为方式。

根据中国政治制度现状与宪法原则规定,中国的民主政治与法治建设必须坚持中国共产党的领导。中国共产党的领导是中国民主政治与法治建设沿着社会主义方向发展的重要保证。正因为如此,欲实现中国社会主义民主政治的法治化,就必须实现中国共产党领导方式的法律化,可以说,党的领导方式的法律化是民主政治法治化的前提条件,同时,也是民主政治法治化的特点。如果中国共产党的领导方式不发生改变,中国的民主政治法治化就不可能获得实质性的进展。

工人阶级又是通过其代表——中国共产党来领导国家的。中国实行的民主是人民民主,这是一种属于社会主义性质的民主。中国共产党是社会主义民主事业的领导力量,这就决定了中国社会主义民主政治的一个最重要的特征:中国共产党是唯一的执政党,是中国政治权力的核心。因此,党内民主对发展国家民主有着至关重要的作用。十一届三中全会以来的历次

---

① 　[意]G.萨托利:《政党与政治体制》,王明进译,商务印书馆 2006 年版,第 5 页。

② 　参见封丽霞:《政党、国家与法治——改革开放 30 年中国法治发展透视》,人民出版社 2008 年版,第 1—2 页。

党的代表大会都强调了党内民主问题,都在积极部署推进党内民主制度建设。2007 年,中共第十七次全国代表大会报告强调,要把党的领导、人民当家做主和依法治国三者有机统一起来,还提出决策权、执行权和监督权三权之间相互制约又相互协调的权力结构,实现三权制约,但这三权仍在中国共产党的掌控之中。2012 年中共第十八次全国代表大会再次强调了这一点。可见,中国共产党不仅是社会主义民主与法治建设的倡导者和推动者,而且是社会主义民主与法治建设的带头实践者。① 中国共产党是一个拥有 8000 多万党员的大党,囊括了社会各界的众多精英,掌握着国家的核心权力,中国共产党自身的民主化、制度化、程序化建设,直接决定着国家的民主与法治建设发展进程。因此,共产党必须带头在宪法和法律的范围内活动,既要发展党内民主的制度化建设,也要以党内民主促进国家民主建设。在实行依法治国方略背景下,党的领导方式必须对法治化趋势作出回应,必须实现党的领导方式的法律化。这里所讲的法律化,既包含有立法机关所制定的成文法律或者说"硬法",也包含有实际上起着法律作用的制度、章程、规则、决议、政策等"软法"。根据《中国共产党党内法规选编》的篇目计算,党内法规已有 300 余件,②从各个方面规制中国共产党的活动,对党内民主的健康发展起着至关重要的作用。从民主政治法治化的目标选择来看,必须做到:党的活动必须依法进行;党必须依法执政;党内民主应当制度化、程序化;以党内民主促进国家民主。

一、共产党执政的合法性

在当代民主政治制度条件下,任何政党执政都面临着合法性的追问。现代政党执政的合法性基础非常广泛,尽管有各种不同的表述,但如下几个类别应当是可以考虑的:历史选择的合法性,具有意识形态基础的合法性,具有有效性或政绩基础的合法性,具有法理基础的合法性,另外还有政党领袖的个人威望的合法性等。③ 合法性对于执政党来说有着极为重要的意

① 参见俞可平:《依法治国与依法治党》,中央编译出版社 2007 年版,第 3 页。
② 参见姜明安:《论中国共产党党内法规的性质和作用》,《北京大学学报》(哲学社会科学版)2012 年第 3 期。
③ 参见朱昔群:《执政党执政方式转变与宪政建设的内在关系》,载俞可平:《依法治国与依法治党》,中央编译出版社 2007 年版,第 60—61 页。

义。一些研究苏联、东欧剧变原因的西方学者认为,"合法性的衰退和对官方意识形态笃信的滑坡就是对共产主义道德基础的破坏。这导致了精英信心的丧失以及公民社会的'兴起和成熟',最终造成了体制的瓦解"①。哈贝马斯在谈到合法性对于政治统治的重要性时强调:"如果我们把合法性的政权与政治统治等量齐观,那么我们必须说:任何一种政治系统,如果它不抓合法性,那么,它就不可能永久地保持住群众(对他所持有的)忠诚心,这也就是说,就无法永久地保持住它的成员们紧紧地跟随它前进。"②苏联共产党作为一个拥有七十余年执政历史的政党,其执政地位突然丧失,其根本原因在于执政的合法性资源的丧失,这些资源有经济上的、思想理论上的,也有政治体制上的,而贯穿其中的是它们忽视了人们的生活、需要、利益,漠视人作为人的基本权利,从而使其执政权丧失基本的支撑。③ 通常而论,西方民主国家的统治者或者说执政党是通过选举而自称其权力具有民意的合法性的。虽然西方国家也有尖锐的阶级对立,但是,民主选举能够化解矛盾,具有证明权力合法性的这种机制和功能。这也值得我们借鉴和采用。

在社会主义宪法制度下,中国共产党执政的合法性是由中国共产党在人民民主政治过程中的作用与地位决定的。中国共产党的执政地位的合法性主要体现在如下四个方面:

一是具有历史选择的合法性。共产党作为执政党,其权力的合法性有着深厚的历史渊源和现实基础。这种合法性,一是来自新民主主义革命时期,共产党领导人民推翻三座大山,人民选择和拥戴共产党领导的历史必然性。自1840年鸦片战争以来的百余年里,面对列强的侵略、民族的危亡、满清王朝的腐败无能、民生的凋敝,中国人民进行过无数次自强、救亡运动。发动农民起义,如太平天国运动,以失败而告终;面对外国的坚船利炮,统治集团也进行过洋务运动,但甲午战争的失败证明洋务运动行不通;以康有为、梁启超、严复为代表的资产阶级改良维新运动,最后败走他国;以孙中

---

① 荣敬久、高新军主编:《政党比较研究资料》,中央编译出版社2002年版,第292页。

② [德]尤尔根·哈贝马斯:《重建历史唯物主义》,郭官义译,社会科学文献出版社2000年版,第264页。

③ 参见于延晓:《中国共产党执政的合法性研究——以权力与权利的关系为进路》,吉林大学2007年博士学位论文,第4页。

山、黄兴为代表的辛亥革命推翻了清王朝的封建统治,建立了中华民国,最后因被袁世凯窃国而失败;以蒋介石为代表的国民党集团仍旧坚持一党独裁,也未能实现振兴中华的理想。历史证明,只有中国共产党领导的新民主主义革命才彻底推翻了封建主义、帝国主义在中国的统治,建立了独立、自由、民主的中华人民共和国。中国共产党的领导地位并不是自封的,而是历史的选择、人民的选择。1949年中华人民共和国成立前夕召开的中国人民政治协商会议上,便确立了中国共产党的领导地位。1954年第一次全国人民代表大会上通过的《中华人民共和国宪法》(简称"五四宪法")更是明确了中国共产党的领导地位。我们可以说,宪法规定的共产党的领导是一种"政治决断"。这种政治决断的合法性源于中国共产党领导的新民主主义革命的胜利,源于中国共产党领导的社会主义革命的胜利。因此,中国共产党的领导具有历史的合法性。但是历史合法性效用随着执政时间的延长而逐渐降低,党不能长期靠历史功绩来维持现实和将来的执政的合法性。①

二是具有意识形态的合法性。意识形态在政治系统中的功能是"使特定的政治秩序合理化的理论体系"。② 民主政治的合法性之重要要件就是民主政治必须体现社会承认的价值观。政党的意识形态通过系统化的论证,向民众提供价值判断的观念与标准,并且以专门化的理论证明该政党的政策主张是合理合法的,所进行的社会政治行为的目标和方法是合理的、正当的和必需的。林尚立认为,"在社会主义国家,必须同时具备合法性的两个方面,即既要保证党的执政与社会主义内在原则的一致性,又要赢得最广大人民的信任和支持"③。中国共产党所倡导的社会主义理想得到了中国绝大多数人民的赞同,社会主义的价值观念和道德准则、法律意识等均得到了人民的认可,由此,中国人民对中国共产党的政治理想和目标追求有了高度的认同,这就增强了共产党执政的意识形态的合法性。

三是具有有效性或者说政绩基础的合法性。有效性或政绩基础的合法性是指政治系统的产出,即执政党的政绩是否有可靠的成长,能否推动社会的政治进步和经济的有效、快速成长,满足人民对政绩的期待。一般而言,

① 参见于延晓:《中国共产党执政的合法性研究——以权力与权利的关系为进路》,吉林大学2007年博士学位论文,第7页。
② 毛寿龙:《政治社会学》,中国社会科学出版社2001年版,第133页。
③ 林尚立:《中国共产党执政方略》,上海社会科学院出版社2002年版,第25—26页。

有效性和政绩在一定条件下和一限度内可以增强合法性。如果一个政党长期执政而始终不能满足民众的需要,其执政难以产生可靠的合法性。①1949 年中华人民共和国成立以来,中国的政治、经济、社会、文化事业取得显著的成绩,从新中国成立前的一穷二白到现在的经济繁荣,人民生活有了巨大的变化,困扰中国人民几千年的温饱问题得到了根本解决,并逐步走上小康社会,社会主义的物质文明、政治文明、精神文明、社会文明、生态文明建设取得了巨大的成绩。中国正在成为世界政治、经济强国。事实证明,中国共产党的领导是成功的。特别是改革开放后的这三十多年里,中国的发展更是突飞猛进,中国人民有理由坚信,在中国共产党的领导下,中国的未来将更加美好。中国共产党的政绩合法性也得到了国外学者的充分肯定。让·马克·夸克认为,"经济增长以及它对中国社会产生的深远影响是中国政权政治合法性的源泉"。②

四是具有法理型合法性。现代政党执政合法性的法理型基础主要来源于宪法制度下的民主授权和依法执政。民主政治强调政党获取政治权力必须遵从既定的宪法法治规则,也就是取得执政的程序合法性。这种民主授权是建立在自由、公正、定期举行的选举的基础之上,选举"已被公认为权力移交的唯一合法手段"。③ 政党依照宪法制度上台执政后,在具体行使公共权力时仍然必须严格遵守宪法和法律,依法执政,才能使执政合法性的法理型基础得以延续下去。执政党欲谋求长期的执政,应当寻求最为优良的法理型合法性基础,追求现代宪法制度下的执政合法性。④

社会主义民主与资本主义民主虽然性质不同,但在国家政体层面都选择间接民主制。资本主义国家多是采取代议制,实行政党竞争、三权分立、权力制衡的制度,而社会主义国家的民主则多是采取人民代表制。形式上都是通过选举来取得执政权。现代政党和政党政治是宪法制度和法治理念的重要组成部分。以宪法法治思维来看,革命党、领导党和执政党是有不同

---

① 参见朱昔群:《执政党执政方式转变与宪政建设的内在关系》,载俞可平:《依法治国与依法治党》,中央编译出版社 2007 年版,第 60—61 页。

② [法]让·马克·夸克:《合法性与政治》,佟心平、王远飞译,中央编译出版社 2002 年版,"中译本序"第 8 页。

③ [法]让·马里·科特雷:《选举制度》,张新木译,商务印书馆 1996 年版,第 1 页。

④ 参见朱昔群:《执政党执政方式转变与宪政建设的内在关系》,载俞可平:《依法治国与依法治党》,中央编译出版社 2007 年版,第 60—61 页。

内涵的。革命环境和革命理念下的政党,以暴力和其他革命方式取得国家政权,掌握政权而成为执政党,因宪法和法律的确认而获得合宪性、合法性。宪法制度和法治理念下的政党,由人民的多数选择而成为执政党,因作为民意的代言人和人民利益的代表者而获得合理性与合法性。①

民主选举是人民选择执政党的方式,也是执政党取得形式合法性的重要方式之一。共产党要接受执政的考验,实际上就是要在执政条件下接受人民的评判和选择,在法律上则表现为依照选举程序赢得选举。民主选举是具体的,它针对的是执政党党员的个体和党员在地方的党组织。

早在中国共产党革命时期,在建立工农民主政权的尝试中,就开始通过选派党员参加民主选举并赢得多数席位的方式掌握执政权的尝试。抗日战争时期,中国共产党在抗日根据地政权实行"三三制"原则时,毛泽东曾说过:"必须使1/3的共产党员在质量上具有优越的条件。只要有了这个条件,就可以保证党的领导权,不必有更多的人数。所谓领导权,不是一天到晚当作口号去高喊,也不是盛气凌人地要人家服从我们,而是以党的正确政策和自己的模范工作,说服和教育党外人士,使他们愿意接受我们的建议。"②

新中国成立以后的各届全国人大代表选举中,中国共产党党员代表都占到了多数席位。通过占据多数席位而取得了在全国人民代表大会的控制权,从而实现执政的目标。自1953年我国首次实行普遍、平等的选举制度以来,从第一届到第十一届全国人大代表选举中,共产党员代表的比例均在50%以上,占据全国人大代表的大多数。这表明,在和平建设时期,共产党作为执政党经受了民主选举的考验,在选举中赢得了人民的选择。当然,在人大代表选举过程中,特别是代表候选人提名程序中,不乏值得商榷的地方,有些可以做得更精细,可以更有利于人民作出更好的选择。但总体上看,共产党在选举中获得人民的拥戴是不成问题的。依照选举制度的规则,中国共产党的执政地位是得到人民承认或认可的,中国共产党所领导的社会主义事业符合人类的发展方向,是正义的事业,是进步的事业,具有正义的社会价值,我国的宪法和法律制度也赋予了中国共产党领导地位的合法性。

① 参见李林:《由革命中的领导到宪政中的执政——从领导党到执政党转变的宪政阐释》,载张恒山等:《法治与党的执政方式研究》,法律出版社2004年版,第56—57页。
② 《毛泽东选集》(合订本),人民出版社1968年版,第700—701页。

当然,西方一些自由民主主义论者对中国的选举颇有微词,甚至不乏批评。其批评的立足点是中国没有政党竞争,没有竞争性选举。因此,他们把中国归类于不民主的国家,认为中国没有真正的民主。这种批评缺乏足够的正当性。原因在于:第一,中国共产党的领导地位是历史形成的,中国的宪法已经对此作出了明确的肯定。这是一种"政治决断",是中国革命胜利所形成的结果,它的合法性和正当性本身是建立在革命的基础之上,而不是依照政党竞争而形成的。第二,中国是一个社会主义国家,中国坚持走社会主义的道路,这是中国的历史选择,也是国体与政体所决定了的,在这方面,政治性质决定了法律的性质。西方国家的竞争性选举是建立于个人权利与自由的基础之上的,西方的多党竞争也只是奉行资本主义路线和政策的政党间的竞争,主张社会主义和共产主义的政党在西方所谓的国家里也没有受到平等的对待,有的国家干脆明令禁止。第三,中国共产党领导下的人民代表大会代表选举也是竞争性选举的一种,虽然不是政党竞争,但是存在着候选人的竞争。人大代表选举法并未规定非党员不能参选,事实上共产党员也从未垄断选举,许多非党员群众或民主党派成员也能当选为人大代表。虽然中国的各项选举中存在着候选人推荐的不透明、选民对候选人了解不够等问题,但这些都可以改进且正在改进之中,并不是制度使然。我国选举法本身是开放选举竞争的。从制度与文本的角度来看,中国共产党是执政党这一现实绝不意味着中国共产党应该或实际占据全部政治空间,相反,其他民主党派、人民团体、公民个人同样具有宪法和法律所赋予的参选资格。因为"党的领导主要是政治、思想和组织领导",党在选举过程中主要是推荐重要干部,而不是包办选举。从制度安排的层面来看,党员与非党员、中国共产党与其他政党或团体具有平等的选举权和被选举权,具有法定资格对同一政治职位(如人大代表资格)展开竞争,只不过竞争形式不同于西方社会政党竞争模式而已。目前民意代表和公职人员中共产党员占据巨大优势并非单纯制度安排使然,在诸如政治文化、政治资本等条件日益成熟的情况下,"文本民主"中的竞争性因素将不断被激活,政治参与渠道的开放将会带来新的挑战。① 第四,从民主选举的基本条件来判断,完全有理由说,

① 参见高民政:《选举在发展党内民主中的意义》,《探索与争鸣》2007 年第 12 期,第 15 页。

中国共产党的执政地位是经过定期的、自由的、带有个人竞争式的选举确立的。(1)全国人民代表大会代表的选举每五年举行一次,依法进行,可谓是定期的选举;(2)全国人大代表的选举采取秘密的、无记名投票方式,从法律规定与技术上都能保证选举的自由;(3)国家主要领导人,如国家主席、副主席、全国人大常委会委员长、国务院总理等都由选举产生或投票决定,且有任期规定,不存在长期占据领导职位的情形;(4)行政机关、人民法院、人民检察院由人民代表大会选举产生,且对本级人民代表大会负责,向其汇报工作,并接受人大代表监督;(5)人民群众有权罢免不能得到信任的人大代表或官员。所以,中国共产党的执政地位是定期接受人民的检验的,如果中国共产党的执政不符合人民的期待,人民群众至少可以通过定期选举或定期召开的人大会罢免或撤换不能信任的代表或领导人。其实在西方国家中也存在着所谓议会对行政机关或行政领导人的所谓的"信任投票",能够通过"信任投票"的政府首脑可以继续留任,否则下台,另组成政府。所以说,定期召开的人大会起码可以看做是对中国共产党执政的定期的信任投票,只有通过信任投票后,共产党才能继续执政。

当然,这并不意味着通过了信任式投票就表明中国共产党的领导及其执政地位毫无缺点,并不意味着不需要继续改进。事实上,中国共产党一直在进行民主政治体制改革,在努力深化国家的民主政治体制改革,一直重视民主的实现形式,力求将社会主义民主的作用充分发挥出来。

二、共产党执政方式的法律化

当社会主义性质的人民民主国家政权建立之后,中国共产党已由原来的革命党转变为执政党。中国共产党夺取全国政权以后,党的中心任务逐步由革命向社会主义建设转变,同时也经历着由革命党向领导党、由领导党向执政党转变的过程中。① 在宪法制度下,党的执政方式必须根据民主政治法治化的要求,实现执政方式的法律化。

党的执政方式的法律化,简单地说,就是坚持依法执政。我们党的制度采取的是民主集中制,国家政治制度的运行也采取民主集中制原则。以前,

---

① 参见李林:《由革命中的领导到宪政中的执政——从领导党到执政党转变的宪政阐释》,载张恒山等:《法治与党的执政方式研究》,法律出版社 2004 年版,第 56—57 页。

无论是党务运作还是国家事务运作,往往将集中理解为最后由最核心的机构集中,其结果是所有的决定权集中到了党的领导集体中的职务最高者手中。从组织机构的运作原则来看,下级服从上级,地方服从中央。在同一级组织中,虽然也强调集体领导,重大事情经过组织集体讨论,但在特殊情况下,这一条往往难以做到,有时候,权力就向少数的几个核心决策者集中,甚至向组织的最高职务者集中。在战争年代,由于社会条件或认识能力的限制,由于通信条件的限制与资讯来源的不确定性,再加上工作任务或目标的单一性,在紧急情况下由组织的职务最高者作出最终决定有一定的合理性,特别是在军事指挥方面,可以提高决策效率。但是,新中国成立以后,国内和平得以实现,交通、通信条件大为改善,战争年代的各种限制条件基本解除,绝大部分工作完全可以正常开展,个人或少数人决策的运作机制应该得到根本性的改变,必须全面实行民主集中制,加大民主决策力度。令人遗憾的是,新中国成立之初的一段时期内,中国共产党的领导未能及时改变这种权力过于集中的决策机制,甚至"一言堂"、"家长制"现象越来越明显,最终导致党内民主生活严重破坏,国家民主政治遭受重大挫折。改革开放后,党中央提出了要进一步加强民主集中制,其后又提出依法治国方略,就是对先前的民主集中制的一种反思与改进。在依法治国方略下,应当充分落实民主制度和民主机制,在立法与决策过程中,充分发扬民主,形成共同的意志。立法的过程就是法律意志形成的过程。换句话说,民主的过程就是立法讨论的过程,集中的过程就是立法表决通过的过程。这样就彻底改变了以长官意志办事的缺点。民主不是听意见,而是那些拥有决定权的人在充分表达自己意见的基础上,根据决策程序,最后形成共同意志,法律就是共同意志的体现。在过去很长一段时间里,民主容易被理解为一种工作方式,被理解为党政领导干部倾听群众意见的行为或是向专家、群众进行咨询的行为。而最后的决定权还是在领导手中,在有权的机关手中,甚至是在机构或组织的最高职务者手中。这种形式不是真正的民主集中制,如果将这一种运作机制理解为民主集中制,肯定是对民主集中制的误解。

其实,中国共产党自成立始,党的领导人也一直在思考如何改善党内民主问题,也提出了一些真知灼见。如在抗日战争时期,邓小平就对"以党治国"的观念提出了批评,他说:持这种观念的同志"误解了党的领导,把党的领导解释为'党权高于一切',遇事干涉政府工作,随便改变上级政府的法令;不经过行政手续,随便调动在政权中工作的干部;有些地方没有党的通知,政府法令行不通,形成政权系统中的混乱现象"①。新中国成立以后,中国共产党也一直在探索党的领导方式的转变,这个过程当中,有成功,也有失败。十一届三中全会后,党在领导方式的转变上走上了正确的轨道,明确地提出了民主化、法制化的主张。中国共产党的领导方式的法律化越来越明确。

(一)把党的政策转变为国家法律

法律与执政党的政策之间存在着差别。政策是一定社会集团为实现一定利益、完成一定任务而确立的活动原则和行为准则。执政党的政策不同于国家政策,它是政党执掌国家政权,管理国家政治、经济、社会、文化等各项事业的重要措施,是执政党进行政治活动的重要依据。执政党的政策也不同于法律,它是社会一部分有高度组织性的人员的决策结果,却要用来引导、要求或者规范社会的全体成员。这种以非国家的规范形式治理国家、以小部分人的决策来规范、约束全体社会成员的政治统治,必须以法律化的方式来实现,才是最稳妥、最符合民主政治要求的选择。

在法律层面上,执政党政策的法律化是法治秩序的内在需要。法治社会建立的秩序是民主的法治秩序,它给一切合法主体提供了平等地参与政治决策的机制和机会。按照这种机制行使参与决策的权利,是法治秩序的一个内在要求。执政党作为广大人民群众根本利益的代表,它与人民是一体的、平等的,由其制定的政策也应当能够在法律机制中得到人民的认可和接受。人民认可和接受政策的最好方式,就是通过立法程序将执政党的政策转化为法律化。人民制定法律的过程,常常就是执政党政策法律化、具体化的过程。这个过程如果顺利完成,表明人民认可和接受了执政党的政策,否则,就是人民从程序上或者内容上拒绝、修改或者完善了该项政策。执政党政策法律化的过程,是"执政党接受人民考验的过程"。从技术层面上说,执政党政策的法律化是规范转换的必要方式和过程。政策向法律的转化并不是简单机械地照抄照搬或"克隆",而是按照宪法、法律的规定并依据立法程序、立法技术的规范性要求,对政策进行整合,使之在形式和内容

---

① 邓小平:《党与抗日民主政权》,载《邓小平文选》第一卷,人民出版社 1989 年版,第10—11 页。

上完全符合法律的要求,经过结构、表现形式的"脱胎换骨"和相应的立法程序,实现执政党的政策规定向国家的法律规范转化。执政党政策法律化的结果:一是执政党的政策得到人民的认同,从而真正在法律意义上获得人民意志拥护和赞同的合法性基础。二是执政党政策一经法律化,就取得了用国家强制力保障实施的效力。三是取得法律所具有的相对的稳定性、效力的连续性、明确的规范性、极大的权威性和司法的可诉性等特性,这是任何其他社会规范所无法比拟的法律效果。①

　　执政党的执政活动不能简单地等同于政党内部活动。作为执政党,既不能简单地要求非本党成员遵守和服从本党内部的决定和指示,也不能简单地将本党政策和决议作为执政的依据。执政党应该将本党的政策、方针、主张和决定提交国家立法机关,由立法机关决定是否将执政党的政策上升为国家法律。这种由执政党提交主张、由人民作出决定的过程,在实践上就是立法的过程。执政党应当通过法定程序参与和从事立法工作,通过各种努力,使本党的主张和决定能够被代表人民意志的国家立法机关所接受和通过,直至上升为法律。应当说,只有这种国家立法机关所通过的法律,才是执政党执政的依据。② 在中国,将中国共产党的政策、主张通过全国人民代表大会或全国人大常委会的立法活动上升为国家法律,成为全国人民遵守的规范,同时也是中国共产党执政的依据。

　　(二)通过人民代表大会展开执政活动

　　中国共产党坚持依法执政是在国家政权体系中依法对国家实施领导。③ 人民代表大会制度是国家的根本政治制度,党应当在人民代表大会制度的构架内,通过人民代表大会这一机构展开执政活动。第一,依法通过全国人民代表大会和地方各级人民代表大会代表的选举活动,使共产党推荐的候选人顺利当选并取得对人民代表大会代表的多数,进而取得立法权和决策权。第二,通过人民代表大会进行立法和决策活动,把党的政策转变为法律,把党的决策转变为国家决策,进而使党的意志成为国家意志。第

---

　　① 参见李林:《宪政与执政党的执政方式》,载张恒山等:《法治与党的执政方式研究》,法律出版社 2004 年版,第 165—168 页。

　　② 参见张恒山等著:《法治与党的执政方式研究》,法律出版社 2004 年版,第 18 页。

　　③ 参见石泰峰、张恒山:《论中国共产党依法执政》,载张恒山等:《法治与党的执政方式研究》,法律出版社 2004 年版,第 13 页。

三,通过人民代表大会选举产生行政机关、人民法院、人民检察院、中央军委等机构领导人,使本党推荐人选能够顺利当选,从而取得行政权、军队领导权及其他权力。第四,通过在政府、军队、司法机构等部门的共产党员,坚决执行宪法和法律、国家政策,使共产党的路线和政策能够在各个方面得以贯彻。第五,通过人大对行政、司法等领域的监督活动,使行政与司法等机构能够贯彻执政国家法律和党的政策。

三、党内民主的制度化、程序化与法制化

党的十一届三中全会以来,党中央一直强调党内民主的制度化。2009年9月,中国共产党十七届四中全会通过了《中共中央关于加强和改进新形势下党的建设若干重大问题的决定》,提出"以改革创新的精神推进党的建设新的伟大工程",并就对怎样推进党内民主,提出要"以保障党员民主权利为根本,以加强党内基层民主建设为基础,切实推进党内民主"。党员权利主要包括 18 种,即:知情权、参与权、管理权、培训权、建议权、批评权、监督权、表决权、选举权、被选举权、控告权、申诉权、辩护权、作证权、请求权、保留意见权、检举或揭发权、罢免或撤换权。在保障落实党员的 18 种民主权利中,特别要强调落实党员的知情权、参与权、选举权和监督权,这"四权"是重点,是党内民主生活开展得正常不正常、健康不健康的标志。① 同时,党的十七届四中全会决议还要求"完善党代表大会制度和党内选举制度,完善党内民主决策机制"。这些党内民主制度在 2012 年 11 月召开的中国共产党第十八次全国代表大会上再度得到强调:"党内民主是党的生命。要坚持民主集中制,健全党内民主制度体系,以党内民主带动人民民主。保障党员主体地位,健全党员民主权利保障制度,落实党员知情权、参与权、选举权、监督权。完善党的代表大会制度,提高工人、农民代表比例,实行党代会代表提案制。完善党内选举制度。强化全委会决策和监督作用,完善常委会议事规则和决策程序,完善地方党委讨论决定重大问题和任用重要干部票决制。扩大党内基层民主,增强党内生活原则性和透明度。"由此可知,实现党内民主的制度化、程序化是全党的共识。

---

① 参见许耀桐:《新中国 60 年来中国共产党党内民主的发展》,《上海行政学院学报》2009 年第 6 期。

面对民主政治法治化的时代趋势,党内民主还应走向法律化。简单地说,就是要通过中国共产党的全国代表大会的票决机制,让党的章程、决议、决策及其他工作程序等具有类似于法律的性质与功能,使党内民主制度更具刚性,党内民主的程序规制更为健全,使之不能被随意地改变和失效。中国共产党在其发展过程中,非常重视党内民主的制度化、程序化与法律化。虽然党内民主也曾在历史上出现过多次反复,但法律化的发展方向是明确的。"党内法规"的概念最早由毛泽东提出,之后为历届党的领导人沿用。① 1938 年,毛泽东在党的第六届中央委员会第六次全体会议上的报告《中国共产党在民族战争中的地位》中讲到党的纪律时说,"为使党内关系走上正轨,除了上述四项最重要的纪律外,还须制定一种较详细的党内法规,以统一各级领导机关的行动"。② 1945 年,刘少奇在《论党》一文中指出,"党章、党的法规,不仅是要规定党的基本原则,而且要根据这些原则规定党的组织之实际行动的方法,规定党的组织形式与党的内部生活的规则"。③ 1978 年,邓小平在中共中央工作会议(即中共中央十一届三中全会的预备会议)发表题为《解放思想,实事求是,团结一致向前看》的讲话,其中讲到民主和法制问题时指出,"国要有国法,党要有党规党法。党章是最根本的党规党法。没有党规党法,国法就很难保障"。④ 可见党的领导人都认识到党规党法的重要性,认识到党内民主也应走向制度化、法律化的轨道。中共中央的正式文件则是从 20 世纪 90 年代开始使用这一概念。1990 年,中共中央发布《中国共产党党内法规制定程序暂行条例》,其中第二条规定:"党内法规是党的中央组织、中央各部门、中央军委总政治部和各省、自治区、直辖市党委制定的用以规范党组织的工作、活动和党员的行为的党内各类规章制度的总称。"其将省级党委以上党的领导机关制定的规章制度统称为"党内法规"。2001 年,江泽民在《在庆祝中国共产党成立八十周年大会上的讲话》中指出,"各级党组织和每个党员都要严格按照党的章程和党内法规行事,

---

①　参见姜明安:《论中国共产党党内法规的性质和作用》,《北京大学学报》(哲学社会科学版)2012 年第 3 期。

②　《毛泽东选集》第二卷,人民出版社 1991 年版,第 528 页。

③　《刘少奇选集》上卷,人民出版社 1981 年版,第 316 页。

④　《邓小平文选》第二卷,人民出版社 1983 年版,第 147 页。

严格遵守党的纪律"。① 2011 年,胡锦涛在讲到党风廉政建设时更明确提出要"加强以党章为核心的党内法规制度体系建设"。② 从不同的领导人及不同时期的党的文件中可以看出,"党内法规"概念的内涵、外延及性质、功能、作用虽不完全相同,但基本指向和基本含义大致是相同的。③ 2013 年 5 月,中共中央根据《中国共产党章程》制定了《中国共产党党内法规制定条例》,对党内法规的制定主体、调整事项的范围、制定体制、原则、程序及适用等加以统一规范,这一条例对于推进中国共产党党内建设的法律化、制度化、程序化具有重要的历史和现实意义。

党内民主是一种非国家制度的民主。它是民主的原则和制度在政党内部的延伸和移植。国家民主的逻辑起点是人人享有平等的权利,包括政治权利、经济权利、文化权利、社会权利等各个方面的权利。党内民主的逻辑起点是所有党员均享有平等地参与党内活动与决策的权利。共产党在长期的实践中形成的民主作用、民主传统、民主方式和方法是党内民主的具体表现;党内的民主集中制、代表大会制、集体领导制及民主选举、民主决策、民主监督等制度,是党内民主的制度形式。④

(一)完善党的代表大会与党委会的票决机制

党的代表大会制度的重要地位更根本地在于:"对党的组织来说,它关系到党内选举、党的重大决策,以及党的重大政治生活;对党的干部来说,它关系到干部的选择、权威和监督;对广大党员而言,它关系到党员民主权利的运行,以及党员与组织、党员与干部的关系。"⑤因此,发展党内民主,必须首先从党的代表大会制度上进行突破,其中最关键的是党代表大会的票决机制的制度化。

在历届党的代表大会上,表决方式多种多样,如全体无异议鼓掌通过、举手表决、记名投票、无记名投票等方式。表决方式的不同,会影响到民主

---

① 《江泽民文选》第三卷,人民出版社 2006 年版,第 291 页。

② 胡锦涛:《在中央纪律检查委员会第十七届六次全会上的讲话》。

③ 参见姜明安:《论中国共产党党内法规的性质和作用》,《北京大学学报》(哲学社会科学版)2012 年第 3 期。

④ 参见任俊伟:《党内民主差异性研究》,中共中央党校 2007 年博士学位论文,第 19 页。

⑤ 林尚立:《党内民主》,上海社会科学院出版社 2002 年版,第 153 页。

的质量。比如全体代表无异议鼓掌通过显然不利于异议的发表,举手表决就容易受到周围情形的影响,记名投票可能会使投票者担忧被领导发现而招来打击、报复,无记名投票如果不能秘密进行也会受到不同程度的干扰,只有无记名且秘密投票才最有可能保证代表真实地表达自己的意志。随着党内民主的进步,无记名秘密投票方式已成为作出重大决策、制定重要制度、选举党的领导人的主要表决方式。

　　党委会是党的代表大会选举出来的执行机构,也是党代会休会期间的决策机构,因此,党委会的民主制度建设同样具有至关重要的意义。同样地,党委会的民主表决机制也是党内民主的关键。表决机制大体上有两种:一是议决制;二是票决制。采用议决制的情况下,对重大问题先是集体讨论,最后领导拍板定案,组织内最有权威的领导(一般是党委书记)说了算,普通的党委成员基本上处于被咨询地位,没有实质决定权。党的十一届三中全会以后,邓小平批评了党委书记过度集权的现象,他说:"权力过分集中的现象,就是在加强党的一元化领导的口号下,不适当地、不加分析地把一切权力集中于党委,党委的权力又往往集中于几个书记,特别是集中于第一书记,什么事都要第一书记挂帅、拍板。党的一元化领导,往往因此而变成了个人领导。"①党委集体决策制在得到强调后,由党委议决制转变为党委票决制,这是真正落实民主集中制的决策方式。胡锦涛在党的十七大报告中提出:今后将"推行地方党委讨论决定重大问题和任用重要干部票决制"。这在党的工作报告中正式提出党委票决制的概念。党的十八大报告再次重申:要完善地方党委讨论决定重大问题和任用重要干部票决制。所谓党委票决制,就是指党的全委会或党委会在任命干部或决定各级党的重大问题时实行党委委员或常委一人一票,让委员或常委既有权充分表达自己的意见,又能平等地行使自己一票的权力,最后以得票超过法定票数的候选人或方案获得通过、形成决定并当场公布的一种党委决策的制度安排。票决制是党内民主集中制的新进步,为发扬党内民主创造了条件,这对于各级党委及其成员,特别是党委一把手来说是一次深刻的革命。从议决制到票决制,标志着党内民主实践的进一步深化。票决制的实施,第一次将党委成员一人一票用制度进行了规范,为实现党委成员之间权力平等创建了平

---

① 《邓小平文选》第二卷,人民出版社 1994 年版,第 328—329 页。

台,权力的平等又为加强党内民主、实行正确集中提供了基础,票决制不失为既能推进民主又能达到集中统一的一条有效路径。

(二)完善党内民主选举的票决制

胡锦涛在党的十七大报告里面讲道:"改革党内选举制度,改进候选人提名制度和选举方式。推广基层党组织领导班子成员由党员和群众公开推荐与上级党组织推荐相结合的办法,逐步扩大基层党组织领导班子直接选举范围,探索扩大党内基层民主多种实现形式。"党的十八大报告重申要"完善党内选举制度"。党内选举票决制对于发展党内民主有着重要的意义。

1.完善党内候选人提名机制

中国不搞西方议会式的政党竞选,但是我们应当认识到,虽然资产阶级的竞争性选举实质上还是维持资产阶级的政权,但在政权形式上,竞争性选举有其独特的功能与作用,包括制度性地、定期地更换或选择政治领导人,能促使决策更加民主化、程序化。所以,在坚持党的领导的情况下,应当尽可能地发挥竞争性民主选举的良好功能,把政党间相互竞争的民主内化为党内成员之间的、可控的、具有一定程度竞争性的民主。这样既可以保持社会主义发展方向不变,不致危害社会主义民主政治事业,也能够发挥竞争性选举的良好功能,让党的代表、党委委员、领导干部等有一定的竞争压力,促使他们更加努力地为党的事业、为人民的利益工作。因此,根据民主政治发展的需要,必须基于民主政治法治化条件下的政治制度现状,将竞争性选举方式纳入到党内民主选举当中来,以充分发挥竞选性选举的优势,促进党内民主制度的发展。

党内候选人提名程序也应当民主化、制度化,扩大票决的使用范围。以党的委员会的提名为例,按照党内选举规定,下届党委会成员候选人是由即将离任的党委会提出来的。如果候选人名单的产生不实行票决制,而是采取议决制,那么,上届党委会主要领导实际上掌握了下一届党委会成员的提名权,掌握了提名权,也就意味着取得了下一届党委会成员的优先决定权。根据以往经验,下一届党委会成员几乎百分之百地出自于候选人名单,未被党组织列入候选人名单的人几乎无法当选。也就是说,上一届党委会的个别领导人实际上能够决定下一届党委会的组成。这种决定权必然会损害党代会选举中党代表的选择权和决定权,使党代会选举沦为走过场的形式。

显然,这是有违党内民主选举原则的。因此,党委提名候选人的票决制是扩大民主基础的重要措施。

为了改善党民主选举制度,党内提名的差额应当逐步扩大。1988年以来,中共中央先后颁布了三个有关党内选举的制度和条例,即1988年3月颁布的《关于党的省、自治区、直辖市代表大会实行差额选举的暂行办法》、1990年6月颁布的《中国共产党基层组织选举工作暂行条例》和1994年1月颁布的《中国共产党地方组织选举暂行条例》。目前,党内选举制度的改革最重要的举措就是实行差额选举,即提名人多于选举人,形成候选人之间的竞争。如其中规定:省级党委委员、候补委员、纪律检查委员会委员候选人的差额不少于应选名额的10%;相应的常委候选人名额要比应选名额多1—2人;书记、副书记等暂不实行差额选举。毫无疑问,即便是有限的差额选举,也比等额选举更为民主。当然,差额比例小,竞争性不足,也难以满足促进党内民主的作用。候选人的差额比例多少也在一定程度上决定了选举的民主性的强弱。根据现有比例规定,10%的差额过小。假如下一届委员会的组成人员为10人,那么提名的候选人则为11人,这样每个候选人的当选概率接近90%,这样的概率,接近于当选。结果,谁当选为下一届委员会成员还是由上一届委员会说了算。这样,党代会的选举结果几乎是决定于上一届党委会,显然,这种状态与民主选举距离甚远。根据民主规则,超过50%才能算做是简单多数,换句话说,50%概率是民主生活的心理底线。只有当提名候选人的当选概率低于50%时,选举的竞争性才接近人们的心理底线。谁当选、谁不当选才由党代会代表投票说了算。这样的选举才可以称之为具有竞争性的民主选举。将来的发展趋势应当是扩大差额,加大竞争性,以促进民主进步。

2.完善党内民主选举的票决制

党内选举曾经使用过多种不同的方式,有鼓掌通过、举手表决、投票表决等,但是最能体现党内民主精神的表决方式还是自由、秘密投票表决制。那种在"左邻右舍"的目光监督下进行打勾、划圈式的投票多少会让选举代表有点不安。更有甚者,曾有媒体披露某地党组织领导人为了能够确保自己的选举意图得到落实,在选举中采取技术性规避措施,要求同意的不用动笔,不同意的才可以动笔打记号。坐在主席台上,谁动笔谁不动笔,看得一清二楚,可以想象得到,代表们在投票时必定感受到强大的压力,在这种压力下进行的选举当然难以认定为是自由的、民主的选举。所以,为了真正贯彻党内民主选举,应当参照其他民主选举形式,普遍采用无记名、秘密投票方式。

（三）用法治精神诠释和改造党内民主制度

一个政党的党内民主制度不同于国家的民主制度。理论上,党内制度只要符合党章规定即可。但是,中国共产党是国家宪法明文确认的执政党,其一举一动都会对国家民主政治产生重大影响,党内的民主程度直接关系到国家民主的程度。因此,在实行依法治国方略的背景下,必须要用法治精神来审视、诠释和改造党内的现有制度,以适应时代的发展,适应依法执政的需要。初步分析,如下两项制度或原则应当予以重点考虑。

1.民主集中制

民主集中制是中国共产党的基本组织原则,这也是列宁主义的建党原则。中国共产党应当坚持这一原则毫不动摇。党的历次代表大会均强调了这一点。但是,这并不意味着该原则的运行方式一点也不能动、不能改。在倡导民主政治法治化的背景下,党的民主集中制原则的运行方式理应作出相应的改变。民主集中制被理解为"民主基础上的集中、集中指导下的民主"。在革命战争年代,中国共产党处于非法地位,总是受到反动势力的迫害或打击,基于残酷的外在压力和艰苦的条件,为了斗争的需要,党组织及领导人必须高度集权以有效地指挥全党统一行动,同强大的敌人作殊死的斗争。此时所讲的民主集中制原则,实际上更侧重于集中,而不是民主。侧重集中,避免无休止的争议,面对千变万化的形势及时作出决策,集中全党意志,统一全党行动,这对夺取全国革命的胜利起到过重要的作用。但是,当革命胜利并建立全国政权之后,实行民主集中制的原则应当更多地倾向于民主,以发挥全体党员的主动性、积极性和能动性。如果继续倾向于集中则可能导致执政者的高度集权,妨碍党内民主的正常发展,难以适应民主政治的发展需要,甚至会导致党内领导一人或少数几个人专权的严重后果。在国际共运史上曾有过深刻的教训,苏联时期斯大林的专权就是明证。因此,有必要根据民主与法治发展,用法治精神重新诠释党的民主集中制,以扩大民主的范围、增强民主的力度。"民主基础上的集中",按照现在的解释是"发扬民主,集中正确意见",但以何种方式发扬民主呢？是听取意见或者咨询,还是民主方式说了算？何谓正确意见？谁来认定是正确意见？

这种模糊的表述容易让党组织的个别领导人取得一个人说了算的话语权，符合自己意见的就是正确的，不符合自己意见的就不正确。长此以往，就会导致"一言堂"、"个人专制"。因此，在民主政治法治化的背景下，"民主基础上的集中"应当重新诠释为：按规定的民主程序，经过民主讨论，进行民主表决，按多数人的意志作出决定，即集中到多数人的意志上来。① 发扬民主不是听取群众意见，而是党员的多数意志说了算，这才是民主的基本原则，即多数决定原则。少数的权利应该得到保护，但是决定应当根据多数的意志。在过去，党内个别领导人常常以"真理往往掌握在少数人手里"为由，拒绝党内多数意见，搞"一言堂"，事实证明，这是最容易导致错误决策的。"往往"二字只是表示一种"或然"，它并不代表必然。任何一个组织不能因为其多数决定可能会发生错误而废弃多数决定，改由某个人或少数人说了算。无论是学理的分析，还是事实的观察结果，少数人比多数人更容易犯错误，民主的重要价值亦在于此。即使在某个时期，某个真理确实被少数人掌握，但在作出决定时，也应要求掌握真理者能够说服多数成员，使真理得到多数票而成为多数的决定。以掌握真理为由要挟多数不符合民主的原则与程序。从程序上来讲，任何少数人不能因为自认为掌握了真理而要求多数人服从自己，相反，少数应当服从多数人的意志。② 对"集中指导下的民主"的理解也应当与过去有所不同。在民主集中制下，谁是集中指导的主体？ 在逻辑上，真正的决策者是全体党员，党员通过选举自己的代表行使权利，党中央应当服从党的全国代表大会的决定，或服从全国代表大会的多数代表的意志，党组织的领导人或领导集体应当服从该党组织内多数党员的意志。显然，在决策层面，党的中央委员会不应当是党的全国代表大会的指导者，党组织的领导也不是党组织的指导者，相反，他们应当是服从者或是执行者。因此，"集中指导下的民主"只是在决策作出之后，在执行党的代表大会的决策的过程中，在工作方法上所遵循的民主原则。它与"民主基础上的集中"处于不同位阶上。根据党章，党的全国代表大会才是最高决策机构，而代表恰恰又是全体党员选举出来的，党的中央委员会是由全国

① 参见郭道晖：《从革命党到执政党——论中国共产党的党建与执政观念的与时俱进》，于张恒山等：《法治与党的执政方式研究》，法律出版社2004年版，第101—102页。
② 参见郭道晖：《从革命党到执政党——论中国共产党的党建与执政观念的与时俱进》，载张恒山等：《法治与党的执政方式研究》，法律出版社2004年版，第101—102页。

代表大会选举出来的工作和决策机构,由此可以说,在决策阶段,全党的最高决策机构是党的全国代表大会,所谓全党服从中央,应当是服从党的全国代表大会决定的路线、方针、政策。在党的路线方针、政策确定之后,在执行的过程中,由党中央、上级组织统一规划、指挥组织的行动。① 所以,在依法治国条件下,党的组织原则的理解及其运用应当依照法治原则进行重新定位和反思,以符合民主、法治的发展趋势。

党的民主集中制必须强调扩展"民主"这一基础,是因为党内民主能够避免党内有派,避免党内的分裂。参考国外政党民主制度和利弊得失,可以清楚地理解这一点。日本自民党曾经一党独大,长期处于执政地位,只有少数几年的时间被反对党夺去了执政权。为什么日本自民党能够长期执政?有一种观点认为自民党党内有派,这种党内民主传统有利于自民党一直保持基本的民主制度,促进了其党内民主发展。由此,也有人提出中国共产党也应借鉴仿效。显然,党内有派的模式违背了民主集中制原则,不值得推行。但是,党内民主如何开展,民主问题如何解决,值得高度重视。要扩展党内各种民主形式,包括进一步落实和完善党代表大会制度,降低全国党代表的领导干部人数,提高工人、农民代表比例等,不应让党的代表大会变成实际上的各级领导的会议。让党代会不仅是选举党委会的机构,同时也是真正地、切实有效地监督党委会的机构。

与此相应的是要健全党委的议事和决策机制,就是要认真执行集体领导、民主集中、个别酝酿、会议决定的基本制度。集体领导、民主集中是党的领导的原则,个别酝酿、会议决定是重要的方法和程序。党委决策应当实行票决制,少数服从多数,克服过去存在的党的主要领导一个人说了算的弊端。

2.党管干部原则

中国共产党作为国家的执政党,应当管好党员干部。但是党应当如何管理干部?在法治条件下,党应当在遵照宪法与法律规范的前提下从事"党管干部"的工作。② 党管干部并不是由党组织来决定所有干部的使用,一切领导干部的安排都由党组织说了算的做法显然不符合当今选举制度的

---

① 参见郭道晖:《从革命党到执政党——论中国共产党的党建与执政观念的与时俱进》,载张恒山等:《法治与党的执政方式研究》,法律出版社 2004 年版,第 101—102 页。

② 参见王长江:《怎样理解"党管干部"才是科学的》,《北京日报》2009 年 2 月 16 日。

要求。在法治社会里,党管干部只是领导或控制干部工作,对干部的使用、干部的工作进行全方位的控制,保证执政党路线、纲领、方针、政策得到贯彻执行,保证党的执政目标得以实现。

过去很长一段时间里,曾存在对"党管干部"的认识误区。在过去,所谓"管"就是由党组织和党的主要领导来直接指定或任命干部。这种做法在革命战争时期有一定的合理性,能适应军事形势变化快、工作紧张的情形需要。但是,在实行社会主义市场经济、建设社会主义法治国家的条件下,这种包办式的"党管干部"方式已不适合时代需要。① 在建设社会主义民主政治的根本目标下,中国共产党应当领导和支持人民当家做主,由人民来选择或任命干部。根据宪法和相关组织法规定,各级政府领导人应当由同级人民代表大会选举产生,而不是由党组织任命。根据选举规定,各级政府领导人的任期是有明确规定的,应当履行好自己的职责。但是,在实际政治生活中,许多民选省长、市长、县长在任期尚未结束前就被党委决定调走,再到人大会上走个形式。这种情况偶尔为之尚属情有可原,但经常出现这种情况,则说明党管干部的制度出了问题。所以,必须根据法治精神及宪法、法律的具体规定来重新诠释"党管干部"原则,要在宪法和法律的范围内从事管理干部的工作,改变过去长期形成的把党管干部等同于党的组织和领导个人直接任命干部或变相任命干部,要创造更好的形式,使之更加适应民主与法治的需要。

总的一条,在民主与法治社会中,党管干部应当要尊重人民的选择权,而不是包揽公众对干部的选择权。党的十七大、十八大都提出,要不断深化干部人事制度改革。这说明我们党对这些问题有了更加深刻的认识。在党管干部的问题上,给予公众选择权是一项重要的举措。② 与此同时,应当加强党对人民选择的引导,使党组织从琐碎的人头管理中摆脱出来,通过党内民主制度来选择干部或提出候选人,为人民提供充足的、可供选择的干部资源。

党管干部应当重视竞争选拔机制的完善。从法治视角来看,我国宪法明确了中国共产党的领导,排除了多党竞争的选择体制,但这并不意味着我

---

① 参见王长江:《怎样理解"党管干部"才是科学的》,《北京日报》2009 年 2 月 16 日。

② 参见王长江:《怎样理解"党管干部"才是科学的》,《北京日报》2009 年 2 月 16 日。

们不能有竞争。竞争性选择是一种很有意义、很有价值的选择方式,我们应当在坚持中国共产党领导的原则下,创造条件发挥竞争性选择的优势。如在党内提名过程中,设定一定的选择程序和机制,让党内的优秀人才脱颖而出。同时,党又应当为群众提供更多的、可以信任的人选,提供更多的选择余地,实行有限度的竞争性机制,实施差额选择。① 党管干部就是要做到所提出的候选人都是能信任的人选,不论群众选上谁,都能够胜任该职务。如果只是由党组织定下唯一的人选,然后交给群众去投票,这种没有竞争的选举,只能算是认可程序,作用与价值都是有限的。也许有人说,在西方国家的竞争性选举中,一个政党也只推出一个候选人参与竞选,在我国的选举中,共产党组织也只应推举一人,这符合民主的国家通常做法,不存在怀疑的余地。其实不然,西方民主国家是实行政党竞争制度,存在着激烈的政党竞争,为了确保本党推举候选人能够顺利当选,只能推举一人参选。但对于选举人来说,却有若干个选择对象。这样的选举才有选择。中国的宪法体制排除了政党竞争,那么,党组织就应当提供多个人选供选民选择。否则还是一切党内说了算,人民群众的选择可有可无,人民群众就不会相信这是民主的选择。那样,共产党执政的合法性就会大打折扣,统治权威就会受损。长此以往,极不利于共产党的执政。

(四)党内民主程序化

根据党的章程和组织规定,党员拥有广泛的权利。但是,这些权利往往未能得到充分行使。有一条根本的原因,那就是党的章程和规定缺乏相应的程序性规定,以致权利的行使无从展开,许多党员想行使权利却不知从哪儿入手,应当如何行动。而且党的纪律高悬头上,党员行为可能动辄得咎,以致噤若寒蝉,长此以往,自然变为沉默的一群。党员群众只能履行义务,无法行使权利。这种情形会严重削弱党内民主。

党内民主程序的层级结构应当多样:一是制度层面的程序,包括前面提到选举程序、代表大会会议程序、党员提案程序等;二是决策程序,包括议决程序、票决程序等;三是工作与方法程序,不同的工作和方法会有不同的程序。从党员行使民主权利的视角来看,可以包括党员来信处理程序、党员举报处理程序等。

---

① 参见王长江:《怎样理解"党管干部"才是科学的》,《北京日报》2009 年 2 月 16 日。

（五）党内监督的刚性化

党内民主制度化的一个重要方面就是将党内监督刚性化。党内监督的刚性化，一方面要强化党内组织的监督功能，另一方面要强化普通党员群众的监督作用。

党的十八大报告中特别提出要"强化全委会决策与监督作用"。长期以来，党内强调了全委会的决策作用，但对其监督作用则认识不足。如"一把手"的监督问题，只能在全委会的监督中予以解决。因此，中央提出的强化全委会监督作用的问题应当得到贯彻落实并有相应的程序设计予以保障。党的纪律检查委员会是党的专门检查机构，专门从事党内纪律检查、监督工作。从当前存在的问题来看，党的纪律检查委员会及其工作人员在调查、处理违纪案件时，容易受到个别领导人的意志的干扰。有的领导甚至可能会以维护干部队伍的稳定、保护党内同志等理由为借口，抵制调查处理，严重的还可能会压制不办。这种姑息行为的根源在于党内监督缺乏刚性，权威不足。根据党章规定，党章、党规是全国党员代表大会通过的，具有最高的权威和效力。遵照党章和党规党纪办案，就是遵照党的指示精神办事，就是党组织的意志的最高体现。

另外则是建立和完善广大党员群众参与监督的制度与程序。比如建立和完善党内监督的回应与纠错机制，并使这种监督形式产生相应的权威与影响力。众所周知，党内存在的许多问题在被揭露、检举之后，甚至这些问题在中央文件中都指出了，在新闻媒体中都披露了，领导干部也在年年讲、天天讲，党员群众也在议论纷纷，却仍然有一些问题得不到纠正。其原因何在？原因之一在于党员监督制度与监督程序设计存在缺陷，最主要的是缺乏回应机制和纠错机制。建立回应机制和纠错机制意在相关党组织能够认真、及时地解答党员群众提出的问题，及时处理和纠正党内民主存在的问题，对于党员群众提出的申诉予以解决，对于检举揭发的问题及时调查、处理并告知检举人处理结果。没有回应与纠错机制，党员群众就无法真正参与到党内监督中来。只有党员群众参与监督，党内民主问题才能从根本上得以解决。

四、以党内民主带动人民民主的路径选择

党的领导与人民民主专政之间的深刻关系决定着党内民主与人民民

主的关系。由于党直接掌握国家政权,在国家制度层面主导人民民主的发展。所以,对人民民主的发展而言,党内民主的发展状况具有直接的决定作用。① 胡锦涛在中共十七大报告中明确提出:"要积极推进党内民主建设,着力增强党的团结统一","要以扩大党内民主带动人民民主,以增进党内和谐促进社会和谐"。党的十八大报告再次强调:"健全党内民主制度体系,以党内民主带动人民民主。"可见,以党内民主带动人民民主是中国共产党的重要决策,也是我国社会主义民主政治建设的路径选择。

以党内民主带动人民民主的路径选择,在中国民主政治发展史上是具有战略意义的。中国宪法规定,中国实行社会主义制度,必须坚持中国共产党。中国共产党与各民主党派、人民团体的关系是合作的关系,不是竞争的关系。民主党派是参政党而不是反对党。中国的政治选择也不走西方自由民主的道路,中国的民主政治也不搞多党竞争。所以,在中国的民主政治发展中,必须健全党内民主制度,以制度保障党内民主得以充分实现。

在中国社会主义民主政治发展过程中,我们常常以苏联共产党的失败作为前车之鉴。对于苏联的垮台、苏联共产党的失败可以有许多种解读,但有一点是共识的,那就是苏联共产党党内民主严重缺乏,党组织内部不民主,党员群众无法行使民主权利,甚至党中央领导人的新老更替都缺乏制度性安排,以致党的领导群体在长期执政之后,演变成一个成员"超级稳定"的、与人民群众严重脱节的官僚集团。苏联共产党执政既无政党轮替之忧,也无人员轮替之实,在长期的一片赞歌声中自我陶醉、麻痹,最终失去了人民的信任和拥戴,从而导致政权的垮台。更能说明问题的是,当苏联的反共势力集结并摧垮苏共政权时,竟然没有共产党员们组织起来为捍卫苏联共产党的领导地位而斗争,甚至为共产党的领导地位进行辩护的现象都很少见。这种吊诡的现象所反映出来的问题是值得深思的,它至少说明,在苏联共产党政权垮台前,党内的官僚集团失去了普通的苏共党员的拥护。由是观之,正是由于苏共党内未能实行真正的民主,以致失去了党员群众的支持,进而也失去了人民群众的支持。可见党内民主是政党的生命,也是带动人民民主的纽带。

以党内民主带动人民民主,需要进行制度建设的尝试与创新,也需要在

---

① 参见林尚立:《党内民主》,上海社会科学院出版社 2002 年版,第 240 页。

工作中进行程序更新。目前,党的基层民主制度建设方面正在得到全面加强,基层党组织及基层政府的民主选举的试点正在进行中,近年来也取得了重大发展。乡镇党组织及乡镇政府的直选试点就是重大突破之一。从20世纪90年代末开始,江苏、四川等省进行了乡镇长选举、乡镇党委直选改革。这是以党内民主带动基层民主建设的第一步,其后可以在总结经验的基础上,逐步升格到县、市级党组织和县、市级人民政府的选举这一层级,并逐步向上发展,稳定推进国家民主。

更为重要的是,必须建立党内民主向国家民主的转换机制。如果缺乏这种合理的转换机制,党内民主无法展开为国家民主,当然无法满足日益发展的民主化要求。这种机制的确立在于党内民主能够吸纳全社会的政治利益要求,并且予以集中、消化,从各种不同的政治利益要求中,特别是存在着相互冲突矛盾的利益要求中,寻找出社会利益最大化并提出能为社会公众所普遍接受的主张、计划与要求。随即通过法定的、合适的程序进入国家民主层面,引导国家民主走向深入发展。在过去相当长一段时期内,党政职能分开被视为是最主要的途径,所以党内改革的重点放在职能分开。当党政职能分开的初步目标实现后,才发现,仅是职能分开是不够的,仍旧无法达成以党内民主促进国家民主的目标。所以,研究如何实现党内民主到国家民主的转换机制迫在眉睫。

从初步的实践可以总结出,以党内民主带动人民民主的机制应当包括两大步骤:第一步,党的组织主动地、系统地吸纳党意民情,通过党内民主机制形成党内决策,集中党组织的集体意志;第二步,党内决策及集体意志达成后,必须遵照国家机构的运行程序,经过人民代表大会的审议、表决及通过,成为国家政策。这种程序转换机制必须是真实的、充分的。为此,必须让党内民主与人民民主在人民代表大会的制度及其程序、机制中得到充分的衔接。如此,才能真正实现以党内民主带动人民民主的目标。

第二节　社会主义宪法制度的完善

在现代民主国家,任何政治制度都应当以国家的宪法制度为基础,任何民主政治行为都是在具体的政治制度下展开的,都应当遵守宪法原则与精神的要求,遵守宪法规范。我国《宪法》第一条即明确规定:"中华人民共和国是工人阶级领导的、以工农联盟为基础的人民民主专政的社会主义国家。社会主义制度是我国的根本制度。禁止任何组织或者个人破坏社会主义制度。"所以,我国的社会主义民主政治的开展及民主政治法治化的努力均应维护社会主义制度,符合社会主义制度的原则要求。

2002 年 12 月,胡锦涛在"首都各界纪念中华人民共和国宪法公布施行二十周年大会"上的讲话中指出,我们必须坚持依法治国的基本方略,首先要全面贯彻实施宪法。这是建设社会主义政治文明的一项根本任务,也是建设社会主义法治国家的一项基础性工作。必须在全社会进一步树立宪法意识,维护宪法的权威,使宪法在全社会得到一体遵行。2012 年 12 月,习近平在"在首都各界纪念现行宪法公布施行 30 周年大会"上发表讲话指出,宪法以国家根本法的形式,确立了中国特色社会主义道路、中国特色社会主义理论体系、中国特色社会主义制度的发展成果,反映了我国各族人民的共同意志和根本利益,成为历史新时期党和国家的中心工作、基本原则、重大方针、重要政策在国家法制上的最高体现。宪法与国家前途、人民命运息息相关。维护宪法权威,就是维护党和人民共同意志的权威。捍卫宪法尊严,就是捍卫党和人民共同意志的尊严。保证宪法实施,就是保证人民根本利益的实现。全面贯彻实施宪法,是建设社会主义法治国家的首要任务和基础性工作。民主政治法治化必然是基于国家的宪法制度而展开,必须遵守宪法所确立的国家制度与原则、规范。中国民主政治法治化的开展必须是在遵守人民代表大会制度、中国共产党领导下的多党合作与政治协商制度、基层民主自治制度及民主参与制度的前提下进行。这些制度就构成了中国当代民主政治法治化的制度基础。

一、人民代表大会制度

中国共产党对民主的认识是马克思的认识路径,是从革命立场来认识资产阶级民主的,所以一开始便带有鲜明的反资产阶级民主的立场,即从揭露和克服资产阶级民主的财产本质的虚伪立场出发来认识民主政治。从本质上来讲,中国共产党从来不反对民主,相反,中国共产党所追求的是能够克服资产阶级民主虚伪性的、真正的民主。中国共产党一直追求真正的民主,真正地实现人民当家做主。号称民主典范的美国直到 20 世纪 60 年代,才真正实现黑人与白人的同等选举权,而中国共产党从 20 世纪 20 年代起就主张不分民族一律平等,平等享有政治权利;当瑞士等所谓的发达民主国家在 20 世纪 70 年代才实现妇女的选举权时,早在 20 世纪 20 年代起,中国共产党就主张完全、彻底的男女平等选举权,在 1931 年的红色苏区的工农苏维埃政府建立的过程中,就实现了男女平等、民族平等、无财产差别的民主选举。所以说,中国共产党从来就是主张真正的、彻底的民主的。把中国共产党理解为站在民主的反面的看法是对中国共产党民主政治主张的歪曲与反动。

为了实现中国人民的真正的民主,中国共产党一直在探索人民民主政权的形式。在革命战争年代,中国共产党以苏维埃政权为模板,在革命区域内建立工农兵政权:土地革命时期,在中央苏区成立了苏维埃代表大会;抗日战争时期,在陕甘宁边区成立了工农民主政府,在各抗日根据地成立了人民抗日政府;解放战争时期,在解放区成立了各地的人民政府;新中国成立初期,建立了中央人民政府和地方各级人民政府。尽管各政权形式各有特点,但其根本点始终是建立真正的人民的政权。全国人民代表大会制度是中国共产党在经历了几十年的探索之后所确立的基本政治制度。中华人民共和国的一切权力属于人民,人民行使国家权力的机关是全国人民代表大会和地方各级人民代表大会。可以说,人民代表大会制度是中国的人民民主专政国家的政体,是中国人民创造的用以实现人民当家做主的政权组织形式,也是中国共产党民主执政的最好制度。人民代表大会制度决定着国家的重大事务,体现着国家生活的全貌,是其他政治制度赖以产生和建立的基础,因而是我国的根本政治制度。从人民代表大会制度运行的半个多世纪的历史进程来看,人民代表大会制度是最适合中国国情的制度,也是中国进行社会主义建设的最佳选择。总之,我国的民主政治制度建设必须立足于人民代表大会制度,民主政治法治化建设必须立足于改进与完善人民代表大会制度之上。

二、共产党领导的多党合作制度与政治协商制度

与西方多数民主国家所实行的多党制或两党制不同,中国的政党制度是中国共产党领导下的多党合作制,共产党是法定的执政党,各民主党派是参政党。因此,中国共产党的执政方式与西方国家的执政方式应当有着重大的区别。西方议会制国家是以党领政,即执政党利用其在议会的多数议

席取得执政权,执政党的首脑出任政府首脑,在政府中推行本党政策。西方议会民主制的这种执政方式的合法性是建立在投票选举的基础上的,是竞争性选举的结果。中国实行的共产党领导下的多党合作,政党合作与政治协商有着宪法根据,且由于政党合作与政治协商巩固和扩大了中国民主政治的合法性。

多党制是西方资本主义政治制度的重要组成部分。西方资本主义国家大多由两个或多个资产阶级政党,通过竞选轮流执政。从表面上看,这似乎是一种体现了人民选择的民主制度。而实际上,这种制度并没有改变西方资本主义国家政权由占统治地位的资产阶级尤其是其中的大资本集团控制的实质。房宁撰文指出,在实行生产资料私有制的经济制度之下,经济资源与财富的占有和分配严重不平等,掌握较多经济资源的阶级与集团为维护自身利益,通过各种途径影响进而控制社会公共权力,通过对竞选规则的控制,通过媒体的运作、炒作,控制公众的信息接受,通过影响社会舆论与公众认知,进而影响选民的选择,以取得竞选的胜利。据美国联邦选举委员会2004年12月14日公布的报告显示,2004年竞选一名参议院议员的平均费用约为251万美元,最高达3148万美元;竞选一名众议院议员的平均费用约为51万美元,最高达904万美元。由此可见,在资本控制下的竞选,实际上就是金钱的角逐,无论哪个政党上台执政,实际上都是代表资产阶级和大资本集团的政治力量控制国家政权。[①]

在我国,执政的中国共产党不是任何一个利益集团的代表,而是中国各族人民共同的代表,因而能够根据中国社会发展的客观条件和要求,正确把握全中国人民的根本利益,制定出正确的方针政策,努力做到全社会、全民族利益的最大化。同时,为了充分照顾到各个阶层的政治与经济利益,让代表这些阶层利益的各民主党派和无党派人士参加到政府工作中来,充分兼顾各方利益,最大限度地协调局部利益、个别利益与整体利益、根本利益的关系。

政治协商制度也是我国宪法规定的重要民主制度。1949年召开的中国人民政治协商会议制定了《中国人民政治协商会议共同纲领》,在此基础上,选举产生了中华人民共和国中央人民政府。李君如认为,"中国人民政

---

① 参见房宁:《我国绝不能搞西方的多党制》,《人民日报》2009年2月9日。

治协商会议是中国共产党领导下的、多党合作的结果,中国共产党的执政地位是在协商民主与选举(票决)民主相结合的基础上确立的。这是中国共产党执政的合法性来源。"在中国共产党的领导下,经由全国人民广泛讨论制定了 1954 年宪法,并依照宪法召开全国人民代表大会,这就使得中国共产党的执政地位"更具有了合法性基础"。政治协商制度是"历史造就的有中国文化特质的一种民主形式"。① 民主政治协商制度在我国将会长期保存并发展下去。因此,中国民主政治法治化的一项重要内容就是促进政治协商的法治化。

三、自治民主制度

自治民主也是我国民主制度的重要组成部分。根据中国宪法,我国的自治民主制度主要包括两大部分:一是基层民主自治制度;二是民族区域自治制度。值得指出的是,我国设立了特别行政区,作为解决历史遗留下来的香港、澳门、台湾问题的制度设计,允许特别行政区拥有高度的自治权,也是一种特殊的自治制度。

自治即自主治理,意味着个人或者共同体自行管理本人或者本共同体的私人或者公共事务。有专家指出,自治首先意味着个人的自治,即个人自主决定自己的生活方式、理想目标、职业选择等;其次,自治意味着共同体的自治,即共同体成员自主决定本共同体的公共事务。当民族国家在近代兴起以后,共同体的自治在很大程序上表现为地方自治,即地方共同体自主治理本地的公共事务,而不受或者很少受到国家或者中央政府的干预。地方自治的核心,在于地方共同体的成员根据本地的社会政治、经济、文化、历史、生态等条件制定符合本地的公共政策,决定公共事务的治理之道。② 地方自治的理由在于,关涉局部利益的决策,最好由该地方来进行,因为该地方的人们和机构更了解当地的政治、经济和社会条件,更了解当地人们的需要,因此,地方自治是有效且适当的治理模式。③

---

① 参见李君如:《怎样看待当前中国政治体制改革和民主政治发展的走势》,载唐晋主编:《崛起进程中的中国式民主》,人民日报出版社 2008 年版,第 9—10 页。

② 参见王建勋编:《自治二十讲》,天津人民出版社 2008 年版,"编者序"第 1—3 页。

③ 参见王建勋编:《自治二十讲》,天津人民出版社 2008 年版,"编者序"第 3 页。

1.基层民主自治制度

我国的基层民主自治制度主要表现为农村村民自治制度和城市居民自治制度。中国的村民委员会选举是改革开放以来最先出现的选举变革,涉及中国数亿农民的政治参与问题,无疑这也是世界上人数最多的选举。农村村民委员会的选举也是在农民首创后得到中央的认可和支持,进而开始了一场政治变革。在广西农村,改革前以"人民公社"为代表的政权机关、经济组织、基层社会三种功能高度混合的体制被取消后,短时间内农村基层治理出现"权力真空",农村公共事务如社会治安、社会福利、土地管理等处于无人问津的状态。在这一背景下,1980年年底,广西部分农村村民自发组建了村民委员会,协助维持社会治安,后经中央政府推广,逐步扩大职能,成为农民对村级公共事务进行自我管理的自治性组织。① 这一创造得到了中共中央领导的高度重视,如时任全国人大常委会副委员长的彭真就说:"没有群众自治,没有基层直接民主,我们的社会主义民主的健全即还缺乏一个侧面,还缺乏全面的巩固的群众基础。"②1982年修订的《宪法》明确规定了居民委员会和村民委员会作为基层群众性自治组织的地位。随即于1983—1985年、1985—1987年在全国范围内进行了两次村民委员会选举。经过实践、总结,1987年《村民委员会组织法》(试行)颁布实施。由此,中国农村村民自治走上法制化轨道。1997年9月,党的十五大明确提出:"扩大基层民主,保证人民群众直接行使民主权利,依法管理自己的事情,创造自己的幸福生活,是社会主义民主最广泛的实践。"1998年《村民委员会组织法》修订并颁布实施,该组织法不仅规定了村民自主选举的原则,还规定了村民参与村民委员会候选人员的提名、实行差额选举等具体事宜。由此,村民自治及村委会选举进一步走向规范化、法制化。③

从20世纪90年代起,在我国城市地区也实行城市居民委员会直选的试点工作。1998年山东省青岛市开始了试点工作,之后,试点工作向上海、北京等大城市推广。2000年,中共中央和国务院办公厅转发了《民政部关

---

① 参见黄卫平:《中国选举民主:从广度到深度》,《吉林大学学报》(社会科学版)2008年第3期,第30页。

② 彭真:《彭真文选》,人民出版社1991年版,第608页。

③ 参见黄卫平:《中国选举民主:从广度到深度》,《吉林大学学报》(社会科学版)2008年第3期,第29页。

于在全国推进城市社会建设的意见》，强调社会建设应当倡导"扩大民主、居民自治"的原则，要求在社区内实行民主选举、民主决策、民主管理、民主监督。2006年，民政部又颁布了《民政部关于做好2006年社区居民委员会换届选举工作的通知》，坚持居民选举委员会由居民会议推选产生，并鼓励候选人开展各种竞选活动，如公开演讲、见面会、墙报、广播、社区局域网络等多种形式，还规定了公开唱票、计票、当场公布选举结果等具体程序。此后，城市居民自治直接选举在全国各大中小城市逐步推广开来。2007年，宁波成为首个全部完成城市社区直选的城市。城市居民委员会直选借鉴、学习了农村村民选举的好形式，如海选等，也有自己的创造，如利用局域网络等形式进行宣传等。①

　　2.民族区域自治制度

　　我国《宪法》第四条规定："各少数民族地区聚居的地方实行区域自治，设立自治机关，行使自治权。各民族自治地方都是中华人民共和国不可分离的部分。"《宪法》第三章第六节明确规定了民族区域自治机关的组成与权责。根据这一规定，全国人大1984年制定了《中华人民共和国民族区域自治法》，具体落实了这一制度，民族区域自治法明确指出，"民族区域自治是中国共产党运用马克思列宁主义解决我国民族问题的基本政策，是国家的一项基本政治制度"。实行民族区域自治，是在国家统一领导下，各少数民族聚居的地方实行区域自治，设立自治机关，行使自治权。民族区域自治地方可以依法组成民族区域自治机关，实行自治权，有权依照当地民族的政治、经济和文化的特点，制定自治条例和单行条例，在执行上级国家机关的决议、决定、命令和指示时，如果认为不适合民族自治地方实际情况的，可以报经该上级国家机关批准，变通执行或停止执行；民族区域自治地方在国家计划的指导下，根据本地的特点和需要，制定经济建设的方针、政策和计划，自主安排和管理地方性的经济建设事业；民族区域自治地方可以自主发展民族教育事业和文化事业；等等。目前，我国已建立了五个省级少数民族自治区，分别是广西壮族自治区、西藏自治区、宁夏回族自治区、内蒙古自治区、新疆维吾尔族自治区，另外还有分散在一些省份的少数民族自治州、自

① 参见黄卫平：《中国选举民主：从广度到深度》，《吉林大学学报》（社会科学版）2008年第3期，第29页。

治县、自治乡镇等。少数民族区域自治制度的推行,有效地维护了少数民族的特殊利益,促进了少数民族地区经济、文化、教育事业的发展,维护了国家的统一与稳定,维护了民族的团结。

3.特别行政区高度自治制度

我国《宪法》第三十一条规定:"国家在必要时得设立特别行政区。在特别行政区内实行的制度按照具体情况由全国人民代表大会以法律规定。"这一条款的产生主要是国家根据"一国两制、和平统一"的指导思想,为解决历史遗留下来的香港、澳门和台湾问题而作出的特别规定。1997年香港回归、1999年澳门回归后,我国依照宪法规定及香港特别行政区基本法和澳门特别行政区基本法分别成立了香港特别行政区和澳门特别行政区。特别行政区是我国的不可分离的部分,依照特别行政区基本法实行高度自治,享有行政管理权、立法权、独立的司法权和终审权。立法机关和行政机关由特别行政区永久性居民依法组成。特别行政区不实行社会主义制度和政策,保持原有的资本主义制度和生活方式50年不变。

特别行政区制度是我国自治民主的一种特殊形式,它是特定条件下的产物,是一种特殊的制度安排。但我们必须认识到,这种自治制度充分体现了中国社会主义民主的多样性与包容性,它充分考虑到了港澳台地区人民的实际生活状况及利益需求的不同,充分认识到了港澳台地区与祖国大陆地区的差异,在坚持中国大陆地区的社会主义制度不变的情况下,对港澳台地区作出特别的制度安排,以维护当地人民的利益,满足其政治要求与权利要求。事实证明,特别行政区制度的确立为我国解决港澳台问题提供了良好的制度框架,为促进祖国的统一和维护港澳台地区的稳定创造了良好的条件。它是中国社会主义民主政治制度创新的重大成果,有利于扩大社会主义民主政治的合法性基础。

四、参与民主制度

参与民主的概念可以分为广义与狭义两种形式。狭义的参与民主是指公民参与政治选举、政治协商的活动;广义的参与民主是指除了政治选举、政治协商之外,还包括民主恳谈、听证、对国家事务的建议、批评等各项政治活动,甚至还包括经济民主、社会民主、文化民主、生态民主等各类民主参与活动。

西方国家推行的自由民主制度在当代以自由竞争为特点,通过政治选举和政党轮流执政,维护和推进资产阶级的民主制度。其核心就是通过选举,将权力赋予极少数的所谓的"政治精英",然后由政治精英行使国家权力。在这种制度下,公民除了参与数年一度的总统或议员选举投票之外,由于缺乏制度性的管道与程序,普通公民实际上很少能够参与国家政治、经济、社会、文化等方面的事务。

中国实行的人民民主制度相较于西方国家的自由民主制度有其先进性和特殊性。中国的根本政治制度是人民代表大会制度,不仅用"议行合一"的人民代表大会制度代替"三权分立"的议会制度,而且还用直接民主的形式去补充间接民主的形式,把间接民主同直接民主有机地结合起来,使写在宪法上的"一切权力属于人民"的神圣原则真正地成为现实。[①] 这些直接民主就包括了各个类别的参与民主制度。我国宪法赋予公民广泛的民主选举、民主决策、民主参与、民主监督的权利,通过各种制度设计和程序规定促使公民积极参与政治、经济、社会、文化、生态保护等各个方面的决策、管理及监督事务,以直接行使各项民主权利。在中国人民民主制度的构架下,公民的政治参与带有明显的直接民主性质。

政治参与是公民在政治运行过程中表达自己的思想、意图和利益以影响国家政治决策和国家行为的活动。它是现代社会民主制度可以存在的基础,也是民主政治的基本特征之一。我们坚持政治参与必须以合法的方式、和平的手段、合法的渠道进行政治参与,通过影响政府的权威性价值、影响资源和财富的分配来维护自身合法权益。我国初步形成的、以宪法为核心的法律体系,为公民合法的政治参与提供了制度化的准则和具有较强操作性的基本路径。

在宪法法治国家,公民的政治参与是政治的一项重要内容。公民的政治参与是以人民主权为前提的,公民通过行使各项政治权利和自由,广泛地参与到国家的政治生活中。公民的政治参与和法治之间存在着内在的关联。一方面,公民的政治参与为法治注入了动力和活力;另一方面,公民的政治参与又离不开法治的规范和规制。因而,为了实现政治生活的民主化、

---

① 参见李龙:《李龙文集》,武汉大学出版社 2006 年版,第 490 页。

法治化,必须在法治的框架内,引导公民有序地进行政治参与。① 公民的政治参与是指"公民通过一定的方式和渠道试图影响政治过程的行为"。② 亨廷顿和纳尔逊将政治参与定义为"平民试图影响政治决策的活动"。③

公民的政治参与具有多方面的功能:第一,公民的政治参与为公民表达自己的要求、愿望和利益提供了有效的途径。第二,公民的政治参与有利于政治过程的健康运作,有利于决策的科学化,有利于保证政治精英和政府公职人员的产生及随后的行为沿着民意的方向前进,保证政治体系和政治权力的运作能健康进行。第三,有利于扩大政治体系的权力基础和决策资源的提取范围,培养公民的参政意识和技能,促进政治发展的稳步推进。第四,有利于政治的稳定,即政治体系中的政治权力不发生重大的变异,政治权力能不断获得能量补给,政治输出能对社会利益要求实施有效的整合。④

我国宪法对公民参与民主作了较为详细的规定。《宪法》第一章"总纲"及第二章"公民的基本权利和义务"都有原则规定。如《宪法》第二条规定:"人民依照法律规定,通过各种途径和形式,管理国家事务,管理经济和文化事业,管理社会事务。"第十六条规定:"国有企业在法律规定的范围内有权自主经营。国有企业依照法律规定,通过职工代表大会和其他形式,实行民主管理。"第十七条规定:"集体经济组织在遵守有关法律的前提下,有独立进行经济活动的自主权。集体经济组织实行民主管理,依照法律规定选举和罢免管理人员,决定经营管理的重大问题。"第四十一条规定:"中华人民共和国公民对于任何国家机关和国家工作人员,有提出批评和建议的权利;对于任何国家机关和国家工作人员的违法失职行为,有向有关国家机关提出申诉、控告或者检举的权利,但是不得捏造或者歪曲事实进行诬告陷害。"宪法的这些条款规定,为公民进行有序的政治参与提供了宪法依据。

依据宪法规定,我国颁布了一系列保障和规范公民民主参与的法律、法规,其中比较重要的法律包括工会法、集会游行示威法、信访条例、陪审制度

---

① 参见丁以升:《法治问题研究》,上海交通大学出版社 2006 年版,第 274 页。
② 李元书、刘昌雄:《政治参与:涵义、特征和功能》,《学术交流》1995 年第 6 期,第20 页。
③ [美]塞缪尔·亨廷顿、J.纳尔逊:《难以决策》,李盛平等译,华夏出版社 1989 年版,第5页。
④ 丁以升:《法治问题研究》,上海交通大学出版社 2006 年版,第 283—284 页。

等。在这里,程序法应当受到重视。从法学角度分析,"政治参与"主要是指实体法和实体权利,而"有序"则主要指程序法和程序权利。这些程序法主要有立法法、行政诉讼法、行政复议法、听证法、全国人大议事规则、全国人大常委会议事规则、政协全国委员会关于政治协商、民主监督、参政议政的规定等,还有监督法等。

　　从我国目前已有的制度来看,权利性规定较为充分,但程序性规定比较弱。所以,有些法律规定只能起到导向作用,但缺少实用价值。而且依据程序法规定,普遍地缺少法律回应程序。这是参与民主不能得到充分发展的致命缺陷。比如,公民上访长期没有结果,不能解决问题,也得不到权威的答复;公民的监督得不到回应,没有强制力,被监督机关或国家机关工作人员可以听,也可以不听;工会有权但用不上,也不让用。如此等等,不一而足。所有这些妨碍参与民主发展的因素,都需要在制度的框架内尽快解决。

第五章　中国民主政治法治化的基本途径

民主政治法治化的基本途径不外乎三种：一是立法途径；二是行政途径；三是司法途径。立法途径主要是指全国人民代表大会和全国人大常委会制定法律，同时也包含着宪法修改的内容及宪法解释等方式。当然，有立法权的地方人民代表大会制定地方性条例的行为也可以纳入到立法途径当中来。行政途径包括行政立法、行政决策、行政执法等诸多方面。司法途径主要是指司法机关在审判活动中推进民主政治法治化。民主政治法治化的基本途径与本国的政治法律制度相关联，特别与一国的立法与司法体制有直接密切的关系。所以，不同国家民主政治法治化的基本途径各有不同，各有侧重。在实行司法独立的西方发达民主制国家，如德国，设有宪法法院，宪法法院可以通过宪法诉讼影响民主政治进程，如美国等，由于普通法院具有司法审查功能，实行判例制度，所以司法途径在实现民主政治法治化过程中起着特别重要的作用。中国的政治法律制度与西方国家有着明显的差别，特别是立法体系与司法体系差别甚大。目前，我国的法律体系虽说基本完备，基本上做到了"有法可依"，但在民主政治法治化领域却存在欠缺。所以，中国民主政治法治化的基本途径应当以立法途径为主，根据中国法律系成文法的特点，充分运用立法途径，尽可能地将民主政治内容转变为法律规范。同时，行政途径，特别是行政立法也可以起到一定的作用。当然，司法机关的作用亦甚为重要，通过司法解释手段补充立法之不足，运用司法途径解决民主政治过程中发生的纠纷和争端，通过审判解纷止争，以个案判决实现个别政治问题的法律解决。我国法律体系带有明显的大陆法系传统，并不实行判例制度，但目前正在推行案例指导制度，如果通过创立典型性判例的方式以达到指导相关案件判决的目的，也不失为一条可取的路径。

第一节　民主政治法治化的立法途径

立法方式是中国民主政治法治化最为重要的方式。中华人民共和国成立之初,一方面全面废除旧中国的"六法全书",彻底废除了旧法统;另一方面也开始了大规模的立法活动,颁布了《婚姻法》等重要法律。1954年中华人民共和国第一次全国人民代表大会通过了《中华人民共和国宪法》,确立了我国社会主义性质的宪法原则,规定了人民的政治权利与政治自由,规定了国家的基本政治制度与法律制度,为我国的社会主义民主政治与法律制度建设奠定了基础。但是经历1957年反右扩大化、"大跃进"及"文化大革命"后,中国法制遭受灭顶之灾。改革开放后,中央提出了"有法可依,有法必依,执法必严,违法必究"的法制建设方针,开展了大量的立法活动,制定了一系列的法律。经过三十多年的努力,至2010年年底,我国政府宣布已经建成了中国的社会主义法律体系。这个体系是以宪法为基础构建起来的,其中包括选举法、国家机构的组织法、基层民主自治法律等政治法律与法规。但是,我国民主政治的立法还远不够完善,应当着力通过宪法修改与宪法解释、立法与法律解释等方式,迅速完善我国民主政治各项法律体系,用法律规范各种民主政治行为。

一、宪法修改与宪法解释

我国的宪法制度有自身的特点,由于受苏联宪法模式及其苏维埃宪法意识的影响,宪法趋向章程化、纲领化,宪法规定了公民的政治权利与政治自由,但这些规定是原则性规定,需要制定其他法律、法规落实。我国现行《宪法》是1982年修订的,通常称之为"八二宪法",这是迄今为止最好的一部宪法。通过修改宪法,确立我国的民主政治原则,确认各项民主权利与政治自由,从而为民主政治法治化提供宪法框架。

通过全国人大修改宪法规范,以实现民主政治法治化是有例可循的。如我国1978年《宪法》第四十五条规定:"公民有言论、通信、出版、集会、结社、游行、示威、罢工的自由,有运用'大鸣、大放、大辩论、大字报'的权利。"宪法这一条款的规定显然受到了"文化大革命"余毒的影响,必须予以改正。1980年9月,第五届全国人大第三次会议通过了关于修改宪法第四十五条的决议,决议取消了原第四十五条中"有运用'大鸣、大放、大辩论、大字报'的权利"的规定。这就是运用宪法修改方式对民主政治进行法律规制的重要案例。1999年我国宪法修正案在第五条增加一款,作为第一款,规定:"中华人民共和国实行依法治国,建设社会主义法治国家。"这一条款入宪为我国民主政治法治化提供了直接的法律依据。再比如,2004年3月,十届全国人大二次会议通过的宪法修正案,将1982年宪法增加了"国家尊重和保障人权"(第三十三条)的款项,确立了保障人权原则。这条宪法原则对于中国民主政治法治化的影响是深远的,它使得运用立法手段保护公民政治权利与自由权利的范围更为广泛。

通过宪法解释来实现民主政治法治化也是一条重要的途径。在实行三权分立的国家,一般由国家的最高法院或专设的宪法法院拥有司法审查权,通过司法审查方式落实宪法规定的公民政治权利,约束政府行为,保障民主政治能够健康发展。所以,这些国家的宪法解释权往往是由司法机构通过审判活动来行使的。我国的宪法解释制度与之大不相同。宪法规定,只有全国人民代表大会及其常委会才有监督宪法实施和解释宪法的权利,最高人民法院并未被授权解释宪法。由于中国宪法非诉讼化特征比较明显,①法院也没有宪法解释权,法院在审判案件中适用宪法条文不是很方便,所以,在宪法层面落实民主政治法治化只能依靠全国人大修改宪法或人大常委会的宪法解释方式。宪法解释的方式有文本解释、结构解释等多种方式,其中结构解释最为重要。我国的宪法结构是围绕建构"人民共和国"这个政治有机体展开的,因此对具体宪法条款的解释就必须是纳入到整个宪法文本中的结构性解释,而不是随心所欲的任意解释,也不是死板僵硬的、简单的字面解释。宪法文本中的任何条款或文字必须和建构"人民共和国"这个政治目的联系起来,才能恰当地理解该条款或文字写入宪法的真正目的和意图。在这个意义上,宪法的结构解释也可以看做是一种原旨解释。如果我们不理解创设宪法的政治目的,不理解宪法结构的内在规定性,不理解宪法的各章节之间的有机关系,就无法准确理解具体宪法条款的含义。②实践中,我国人大及全国人大常委会也多次运用宪法解释手段来解决某些

---

① 参见廖中洪:《中国宪法非诉讼化的原因》,《学习与探索》2000年第5期,第83页。
② 参见强世功:《立法者的法理学》,生活·读书·新知三联书店2007年版,第109页。

宪法问题。如全国人大常委会对香港基本法的居住权的解释就是一例,通过释宪平息了香港特别行政区存在的居港权问题的争论。

根据宪法,全国人大及其常委会有权监督宪法的实施,全国人大常委会有权撤销国务院制定的同宪法、法律相抵触的行政法规、决定和命令,撤销各省、自治区和直辖市国家权力机关制定的同宪法、法律和行政法规相抵触的地方性法规和决议。《宪法》第六十二条规定:"全国人民代表大会行使下列职权:……(二)监督宪法的实施……(十一)改变或者撤销全国人民代表大会常务委员会不适当的决定……"由此可见,我国宪法规定的违宪审查职责是由全国人大常委会承担,由全国人大常委会负责违宪审查职能。我国《立法法》第八十八条规定:"(一)全国人民代表大会有权改变或者撤销它的常务委员会制定的不适当的法律,有权撤销全国人民代表大会常务委员会批准的违背宪法和本法第六十六条第二款规定的自治条例和单行条例;(二)全国人民代表大会常务委员会有权撤销同宪法和法律相抵触的行政法规,有权撤销同宪法、法律和行政法规相抵触的地方性法规,有权撤销省、自治区、直辖市的人民代表大会常务委员会批准的违背宪法和本法第六十六条第二款规定的自治条例和单行条例。"

虽然宪法确立了人大常委会的宪法监督权和宪法解释权,但自 1982 年宪法通过至今,我国尚无一例真正意义上的违宪审查案例。其原因当然可以举出很多,但最为直接的一条就是违宪审查在程序上没有明确,也就是说无程序予以开展。为此,我国人大常委会经过多年的探索,开始着手解决违宪审查程序问题。2000 年通过的《立法法》第九十条规定:"国务院、中央军事委员会、最高人民法院、最高人民检察院和各省、自治区、直辖市的人民代表大会常务委员会认为行政法规、地方性法规、自治条例和单行条例同宪法或者法律相抵触的,可以向全国人民代表大会常务委员会书面提出进行审查的请求,由常务委员会工作机构分送有关的专门委员会进行审查、提出意见。前款规定以外的其他国家机关和社会团体、企业事业组织以及公民认为行政法规、地方性法规、自治条例和单行条例同宪法或者法律相抵触的,可以向全国人民代表大会常务委员会书面提出进行审查的建议,由常务委员会工作机构进行研究,必要时,送有关的专门委员会进行审查、提出意见。"根据《立法法》,全国人大专门委员会在审查中,如认为行政法规、地方性法规、自治条例和单行条例同宪法或者宪法相抵触的,可以向制定机关提出书面审查意见,责令其修改,如果制定机关不予修改的,可以向委员长会议提出书面审查意见和予以撤销的议案,由委员长会议决定是否提请常务委员会会议审议决定。

最近几年来,全国人大常委会尝试在法制工作委员会内设立专门的机构,负责违宪审查的日常工作。2004年5月,全国人大常委会在法制工作委员会内部成立法规审查备案室,作为处理审查违宪和违法事务的专门机构。2005年12月16日,第十届全国人大常委会委员长会议完成了对《行政法规、地方性法规、自治条例和单行条例、经济特区法规备案审查工作程序》的修订,并通过了《司法解释备案审查工作程序》,初步构建起全国人大常委会开展违宪审查的基本程序体系,建立起违宪审查机制。这两项规定的出台,意味着中国式的违宪审查制度已经迈出实质性的一步。根据《宪法》、《立法法》及《法规备案审查工作程序》、《司法解释备案审查工作程序》,我国的违宪审查制度的基本要素大致如下:第一,可以提请启动违宪审查的主体有:国务院、中央军委、最高人民法院、最高人民检察院和各省、自治区、直辖市的人大常委会,上述机关以外的其他国家机关和社会团体、企业事业组织以及公民。第二,违宪审查的权力机关是全国人民代表大会和全国人大常委会。第三,具体负责审查的部门是全国人大常委会的法制委员会和专门委员会。第四,负责受理的机关是法制工作委员会下成立法规审查备案室,作为专门机构处理违宪审查和违法事务。第五,审查对象是行政法规、地方性法规、自治条例、单行条例和经济特区法规。认为法规同宪法或者法律相抵触,向全国人大常委会书面提出审查建议的,由法制工作委员会负责接收、登记,并进行研究;必要时,报秘书长批准后,送有关专门委员会进行审查。全国人大所制定的法律则不在审查范围之内,对于法律的修改全国人大可使用法律修改程序。国务院各部门及地方政府所制定的红头文件,也不在审查之列,因为国务院或地方人大常委会对其本来就有审查与撤销之权。第六,提起审查的方式有两种:一是因申请而提起;一是全国人大常委会专门委员会和法制委员会主动提起。第七,处理程序。首先由法规审查备案室与制定机关沟通协商;然后由专门委员会书面要求纠正;如果制定机关仍不纠正的,由人大常委会审议决定撤销同宪法或者法律相抵触的法规。从这些程序分析,我国违宪审查程序已经基本建构起来。但是,有关公民、团体和企事业组织等提出的审查建议如何进行,没有明确的规定。从现有规定的字面上看,公民、团体和企事业组织提出的审查如果被全国人大常委会下的法规审查备案室接受并认为应当进行审查,似乎可以依程序展开。但是,公民、团体及企事业单位提起的审查建议虽不具备法定的强制力,并不必然带来审查的结果,但根据宪法,公民有权提出建议、批评并对国家机关及其工作人员进行监督。对此,当公民、团体及企事业单位提出审查建议时,法规审查备案室有义务进行审查并及时回复。同时,现有的程序体系还存在不少空缺,如提议审查的请求者与被审查法规的制定机关人员在审查过程中是否出场,审查过程是否公开,以及全国人大常委会若不行使审查权,全国人大是否可以直接介入并启动审查程序,等等,还有待进一步明确、规范。

此外,《司法解释备案审查工作程序》规定,最高人民法院、最高人民检察院制定的司法解释,应当自公布之日起三十日内报送全国人大常委会备案。国务院等国家机关和社会团体、企业事业组织及公民认为司法解释同宪法或者法律抵触,均可向人大常委会书面提出审查要求或审查建议。还就有关司法解释的报送和接收、审查工作的分工负责、被动审查和主动审查、同宪法或者法律相抵触的司法解释的纠正程序等作出了具体规定。这一规定有利于司法解释备案审查的开展,是一个好的开端。这也是促使法院行使司法解释权的重要监督措施。

由于宪法解释程序得到重视不久,宪法解释在民主政治法治化方面的作用尚未充分显现,但可以预见,当宪法监督与宪法解释程序逐渐完备之后,我国宪法解释将在民主政治法治化过程中发挥越来越重要的作用。

二、立法与立法解释

中国宪法属于成文宪法,国家的法制建设的原则首先是要做到"有法可依"。因此,立法是实现法治的首要因素。民主政治的法治化,首先就是要完善相关政治性法律规范体系。在我国的实际情况下,由于中国法律源自于学习引进大陆法系,采取的是成文法律制度,而不是判例法制度,所以,中国的民主政治法治化的途径理所当然地以立法与法律解释为主。

完善政治性法律规范体系,必须将政治主张化为法律提议,通过立法程序确立国家的基本政治立场和主要的政治主张。在立法过程中,不同利益的群体或个人将政治激情转化为法律理性,将政治事务转化为法律事务,将人民的政治话语转化为法律话语,将人民主权化解为具体的公民的法律权利与义务,将政治主张转化为法律要求;将国家机构的政治权力与职责转化为法律意义上的权力与责任,将政治责任转化为法律责任;进而将政治冲突转化为法律争端,将政治解决方式转化为法律解决方式,使政治冲突得以在法定的程序内得到解决,包括运用司法审判程序得到公正的裁决。这样,就可以使不同的利益冲突不至于形成为群众性政治运动或群体性社会事件,不会出现街头冲突或打、砸、抢事件,更不会形成黑社会的土壤而导致黑、恶势力猖獗,影响社会的公正与稳定。

西方国家政党政治的一个重要的手段就是使本党成为执政党,将本党的政治主张上升为国家意志,把本党的政策上升为国家政策,通过立法途径使党的政策成为国家法律,通过行政机构予以执行。在中国社会主义民主制度下,坚持中国共产党的领导,不搞西方的政党竞争,中国人民在共产党的领导下通过各级人民代表大会,将党的意志及人民自身的意志上升为法律,然后遵照执行。共产党的一个最重要的政治工作就是通过本党籍人大代表将本党的政治主张转化为法律主张并在人大立法中通过。也就是说,党的最主要的政治工作就是在法制渠道内开展立法活动,而不是另起炉灶,另搞一套,更不能搞大规模的社会运动、街头运动、抗议活动,党的政治工作应当是更精细的立法活动,党的工作重心围绕立法活动而展开。

首先,进一步加强民主立法,把人民的意志转化为法律规范,将人民的民主权利转化为法律权利,并使之受到法律的保护。党的十七大报告提出:"要坚持科学立法、民主立法,完善中国特色社会主义法律体系。"①党的十八大报告进一步强调要保证人民依法实行民主选举、民主决策、民主管理、民主监督,保证人民依法享有广泛权利和自由。人民的选举权和被选举权就被宪法规定为公民的基本权利,公民的选举权受到宪法和选举法、诉讼法的保护;公民的言论自由、出版自由、游行示威自由等权利的行使均被规定为公民基本权利,受到相关法律、法规的保护。这一步工作基本上得到贯彻

---

① 胡锦涛:《高举中国特色社会主义伟大旗帜 为夺取全面建设小康社会新胜利而奋斗》,载《十七大报告辅导读本》,人民出版社 2007 年版,第 30 页。

落实。当然,还有大量的工作需要继续做下去。

其次,通过正当、合适的转换机制和一系列的转换程序将民主政治程序转化为法律程序。在当代法治社会,人民行使民主权利的程序正在逐步转化为法律程序,并受到法律程序的规制。民主必须服从法律的权威,一切脱离或者违背法制的民主都是非法的、无效的,应当受到法律追究。① 两者的程序转换,可以避免相互之间的紧张关系,减少与消除民主与法治在运行过程中可能产生的矛盾与冲突,让民主与法治都能在法律的程序中运行。

最后,通过法律程序让人民的民主行为的后果转化为法律后果,将民主中的争议转化为法律的争议,通过法律途径解决民主争议。2000 年美国总统选举争议最后以法院的判决确认总统选举结果,即可说明,在法治社会,民主的争议是可以通过法律途径解决的。在法治条件下,人民的民主意愿的表达或利益的诉求一般并不需要像过去时代那样动辄诉诸于街头行动,诉诸于暴力行为,诉诸于推翻政府等极端行为。也就是说,人民实现民主的方式不必采取无序的、破坏性的方式,完全可以通过现有法律规定的方式来进行。公民的民主要求一般可以诉诸于法律形式来解决,涉及一般公众利益变更的,可以通过立法或修改法律来解决,如果是只关系到个体或小范围主体的利益请求的可以通过诉讼行为来解决。即使是同行政机关打交道,也可以通过诸如申请、申请复议、行政诉讼等法律行为来解决。比如,民主选举制度的确立与完善就是围绕着制定和修改选举法而进行。而有了选举法,那么民主选举就必须按照选举法规定的程序进行,有关选举中的争议通过选举诉讼来解决。

总之,通过加强民主立法,加强民主的制度化、程序化建设,建立正当、合适的转换机制和转换程序,使民主与法治取得了从内容到形式的相互融合,进而实现相互之间有机的统一。

民主政治法治化就是要扩大立法广度,把越来越多的政治事务纳入到法律体系当中去。如在票决民主中,把代表的资格、代表的选举、提名程序、选举程序、宣布当选程序、会议表决程序等程序法律化、规范化。同时,还需把政党活动程序也纳入到法律体系中。我国虽然没有政党法,但宪法规定了政党必须在宪法和法律规定的范围内活动的原则。这也就意味着,党的

---

① 参见谢鹏程:《重构民主与法制的关系》,《法学研究》2007 年第 4 期,第 149 页。

活动应当遵守法律程序,针对我国政党制度的特殊性专门制定政党活动程序法或程序规则也是可以考虑的事项。另外,根据人民民主专政的社会内容,即将政治、经济、社会权利也均纳入民主政治体系之内考虑,所以法律化意味着工会法、村民自治法、劳动法等均包含着民主法治的内容。协商民主中,用宪法、法律与软法的形式将多党协商程序规定下来。谈判民主的规范不多,但工会与厂方的劳动集体合同谈判程序、调解程序中均有相关规定,香港基本法、澳门基本法也有相关的内容。

在运用立法方式建构和完善政治法律体系时,应当特别注意法律的可诉性问题。法的可诉性是指法所必备的为了判断社会纠纷的是非而使纠纷主体可诉求于法律公设的判断主体的属性,也就是说,当法律规定的公民、法人和其他组织的权利受到侵犯的时候,他们可以通过一定的诉讼程序来维护自己的权利。① 法律的可诉性是法律的基本特征,②是法律不同于一般社会规则最为明显的特征。同时,法律是否具有可诉性也是法律争端解决机制的前提。长期以来,我国立法过程中存在着一个严重的弊端,那就是某些成文法律过分重视政策宣示,满足于政策导向,未能充分明确法律上应有的权利义务关系,结果往往导致这些法律的规范性不完备,从而失去了法律的可诉性。③ 例如《未成年人保护法》、《妇女权益保障法》、《老年人权益保障法》、《残疾人权益保障法》等,这些法律中的相当部分条文属于宣言性言辞,不具备法律应有的规范性、可诉性。这些条文的意义在于宣告国家的政策和精神,而不在于赋予公众某种赖以诉诸公堂的法律根据和程序。因此,在立法时就应注意不仅要在法律规范中制定明确的行为模式和相应的法律后果,而且要考虑并设计出用以保障这些法律实施的法律手段,特别是诉讼途径和机制,明确产生纠纷后的解决途径和诉讼主体。

通过法律解释方式,对有关民主政治的法律或法规进行解释,也是对立法的一种细化或补充。实际上,在人类法律活动的各个领域,无论是立法、

---

① 参见崔自力:《论法的可诉性》,《河南科技大学学报》(社会科学版)2004 年第 4 期,第 106 页。

② 参见王晨光:《法律的可诉性:现代法治国家中法律的特征之一》,《法学》1998 年第 8 期,第 18—22 页。

③ 参见王晨光:《法律的可诉性:现代法治国家中法律的特征之一》,《法学》1998 年第 8 期,第 19 页。

执法、司法还是守法过程中,都有着法律解释活动,而且解释的主体也各不相同,立法机关、行政机关、司法机关、专家学者以及公民等都可以对法律作出自己的解释。但是只有全国人大常委会、国务院及其职能部门、最高法院、最高检察院等法定机关具有法定的解释权,即有权对法律作出具有普遍适用效力的解释。① 新中国第一部宪法,即五四宪法就规定了全国人大常委会的法律解释权(第三十一条),1955 年全国人大常委会根据该规定通过了《关于法律解释问题的决议》;1981 年全国人大常委会制定了《关于加强法律解释工作的决议》,对法律解释作了具体规定;1982 年我国《宪法》也明确规定全国人大常委会具有法律解释权(第六十七条第四款);2000 年颁布的《立法法》更进一步明确规定:"法律解释权属于全国人民代表大会常务委员会。法律有以下情况之一的,由全国人民代表大会常务委员会解释:(一)法律的规定需要进一步明确具体含义的;(二)法律制定后出现新的情况,需要明确适用法律依据的"(第四十二条),"全国人民代表大会常务委员会的法律解释同法律具有同等效力"(第四十七条)。《立法法》还规定了全国人大常委会进行法律解释的法律程序。另外,香港《基本法》明确规定:《基本法》的解释权属于全国人民代表大会常务委员会(第一百五十八条)。澳门基本法也有同样的规定。可见,在我国法律解释体制中,立法机关即全国人民代表大会常务委员会的立法解释具有类似于立法的特点,其法律解释具有普遍的法律效力。因此,民主政治法治化过程中,立法机关的法定解释是一种重要的方式。但是,在我国目前的民主政治实践中,立法解释极少使用。而最为常见的方式则是某些被称为"准立法解释"的情况,②即全国人大常委会的法制工作委员会、办公厅等工作机构以文件、问答等方式出现的法律解释,但根据有关法律规定,这些工作机构尚不能构成立法解释的主体。可见,通过立法解释解决民主政治过程中的规范问题尚有发展空间。

第二节　民主政治法治化的行政途径

行政权与立法、司法并列政府三权之一,对国家政治、经济、社会、文化

---

① 参见李步云主编:《法理学》,经济科学出版社 2000 年版,第 554 页。
② 参见罗书平:《立法解释的现状及法律思考》,《法律适用》2004 年第 8 期,第 40 页。

事务影响甚巨。西方国家的民主选举中的重要内容就是对行政权的争夺。如美国的系列选举中,最为重要的就是总统选举,谁能成为白宫的主人,谁就掌握了国家的行政权,也就意味着谁就能掌握国家的行政资源,从而实现自己的政治目的。在实行内阁制的国家里,如英国、德国,谁能赢得议会多数,就意味着本党领袖能够取得首相或总理的职位,即意味着掌握国家的行政权。可见,行政权的取得与行使是民主政治的重要一环。因此,行政途径也是民主政治法治化的重要部分。

根据我国宪法,国家最高行政机关为国务院,国务院实行首长负责制,国务院总理经国家主席提名由全国人民代表大会选举产生,行使国家行政权力。宪法规定,国务院的权力包括:制定行政法规,发布决定和命令;向全国人大或常委会提出议案;统一领导国务院部门工作,统一领导全国地方各级国家行政机关工作;编制和执行国民经济和社会发展计划和国家预算;领导和管理经济工作、城乡建设、民族事务、国防建设及教育、科学、文化、卫生、体育等工作;有权改变或者撤销国务院各部委、地方各级行政机关不适当的命令、指示、规章或决定等。

依照宪法和相关组织法,地方各级人民政府掌握地方行政权力,依法管理本区域内各项行政事务。

国务院及各级人民政府拥有的权力相关广泛,涉及政治、经济、社会、文化等各个方面,对于国家的民主政治有着重要的影响,对之进行法律规制势在必行。为了落实贯彻依法治国的治国方略,1999年11月,国务院发布了《国务院关于全面推进依法行政的决定》(国发[1999]23号),提出了"依法行政,建设法治政府"的目标。该决定对依法行政提出了以下原则要求。第一,合法行政。应当依照法律、法规、规章的规定进行;没有法律、法规、规章的规定,行政机关不得作出影响公民、法人和其他组织合法权益或者增加公民、法人和其他组织义务的决定。第二,合理行政。应当遵循公平、公正的原则。要平等对待行政管理相对人,不偏私、不歧视。应当避免采用损害当事人权益的方式。第三,程序正当。除涉及国家秘密和依法受到保护的商业秘密、个人隐私之外,应当公开,注意听取公民、法人和其他组织的意见;要严格遵循法定程序,依法保障行政管理相对人、利害关系人的知情权、参与权和救济权。行政机关工作人员履行职责,与行政管理相对人存在利害关系时,应当回避。第四,高效便民。应当遵守法定时限,积极履行法定职责,提高办事效率,提供优质服务,方便公民、法人和其他组织。第五,诚实守信。行政机关公布的信息应当全面、准确、真实。非因法定事由并经法定程序,行政机关不得撤销、变更已经生效的行政决定;因国家利益、公共利益或者其他法定事由需要撤回或者变更行政决定的,应当依照法定权限和程序进行,并对行政管理相对人因此而受到的财产损失依法予以补偿。第六,权责统一。行政机关违法或者不当行使职权,应当依法承担法律责任,实现权力和责任的统一。依法做到执法有保障、有权必有责、用权受监督、违法受追究、侵权须赔偿。从国务院关于依法行政、建设法治政府的决定迈出了依法行政的重要一步。

一、行政决策

行政决策对国家政治、经济、社会、文化、科技、教育等各个方面均有重大影响。根据人民代表大会制度及相关规则,各级人民政府应当向同级人民代表大会报告政府工作,其中包括政府的重要规划、工作计划、重要建设工程、财务预算与决算等事务,这些事务与国计民生关系甚巨。

行政决策程序和机制应当得到不断完善,做到科学化、民主化、规范化。行政决策程序应当做到合法、合理。在这方面,国家立法已逐步完善。如《行政许可法》《行政处罚法》《行政复议法》等相关法律中对行政许可、行政处罚、行政复议等事务均规定了明确的程序规则。另外,行政机关自身亦有相关会议制度、决策程序规则。这些规则对行政决策的影响至为重要。

行政决策应及时反映人民群众的愿望与要求,必须根据国家及地方政治、经济、社会、文化事业发展需要,制订发展计划,确立发展项目,严格遵守人大批准的预决算计划,妥善安排各项工作支出。政府提供的信息全面、准确、及时,制定的政策、发布的决定相对稳定。行政决策做到公开、公平、公正、便民、高效、诚信,既要注重决策程序的公开、透明,也要注重决策内容的公正、便民,以提高行政决策的权威性与公信力。

二、行政立法

行政立法是行政机关的重要职能。中华人民共和国行政立法主要是指国务院制定行政法规,国务院各部委、省、直辖市、自治区人民政府、省会市人民政府和经国务院批准的较大市人民政府制定规章的活动。全国性的行政法规需由国务院全体会议或常务会议讨论决定,由国务院总理签署发布。部、委规章需由部务会议或委员会会议讨论通过,由部长、主任签署。地方政府规章则需由该级政府常务会议或办公会议讨论通过,由同级政府首长,即省长或市长签署。重要的部门规章在通过和签署后,须报上级机关审批,然后公布,一般规章在通过和签署后报国务院备案。

行政立法的调整对象是国家在行政管理过程中所涉及的较为具体的行政事务。主要包括:行政机关和公务人员的法律规范;行政机关管理国家事务的法律规范;对行政机关的活动进行监督的法律规范。

行政立法虽然其范围受行政立法机关的职能限制,且其效力不及全国人大及全国人大常委会,但其对国家事务的影响也是相当重要的。所以行政立法行为必须符合宪法和法律的规定,不得同宪法和法律相冲突,而且必须符合法定权限,并遵行法定程序。根据依法行政决定的要求,行政机关在提出法律议案、地方性法规草案,制定行政法规、规章、规范性文件等制度建设方面,应当符合宪法和法律规定的权限和程序,应当扩展公众参与程度,立法工作者应当注意与实际工作者和专家学者充分结合,要建立和健全专家咨询论证制度。起草法律、法规、规章和作为行政管理依据的规范性文件草案,要采取多种形式广泛听取意见,在提出重大立法的草案或者关系人民群众切身利益的草案时,应依法采取听证会、论证会、座谈会或者向社会公布草案等方式向社会各界广泛听取意见。行政法规、规章和作为行政管理依据的规范性文件通过后,应当及时公开立法信息,要在政府公报、普遍发行的报刊和政府网站上公布及以其他方便人民群众知晓的方式公布。

同行政立法相关的是,行政机关应当保障行政立法的统一性,应当定期清理行政法规、规章修改、废止的工作制度和规章、规范性文件。要根据社会发展需要,适时对现行行政法规、规章进行修改或者废止,切实解决法律规范之间的矛盾和冲突。规章、规范性文件施行后,制定机关、实施机关应当定期对其实施情况进行评估,要做到定期对规章、规范性文件进行清理。

三、行政执法

行政执法,主要指行政机关和法律、法规授权的组织在行政管理活动中行使行政职权,依照法定职权和法定程序,将法律、法规和规章直接应用于个人或组织,使国家行政管理职能得以实现的活动。行政执法目的在于使法律、法规、规章能够得到全面、正确的实施。这是维护国家法制统一、政令畅通的需要,也是切实保护公民、法人和其他组织合法的权利和利益的需要。在行政执法过程中,应当及时纠正、制裁违法行为,有效维护政治、经济、社会秩序。

行政执法要严格依照法定程序,切实保障人民群众的合法权益。根据相关规定,行政机关在执法过程中,如果要作出对行政管理相对人、利害关系人不利的行政决定,应当在作出该决定之前告知行政管理相对人、利害关系人,并给予其陈述和申辩的机会;作出行政决定后,应当告知行政管理相对人依法享有申请行政复议或者提起行政诉讼的权利。根据《行政处罚法》及其实施细则等相关法律法规,只有经过国务院或者经国务院授权的省、自治区、直辖市人民政府才有权决定一个行政机关能否行使行政处罚权,而且,限制人身自由的行政处罚权只能由公安机关行使。也就是说,行政执法必须依照法定职责和法定权限展开,不能超越法定权限。同时,应严格遵照法定程序,严格保障被处罚人的合法权益及程序权利。根据《行政处罚法》,当事人有权进行陈述和申辩。行政机关必须充分听取当事人的意见,对当事人提出的事实、理由和证据,应当进行复核;当事人提出的事实、理由或者证据成立的,行政机关应当采纳。而且,法律对行政管理相对人还设定了特定的保障条款,即行政机关不得因当事人申辩而加重处罚。根据法律规定,行政机关对行政管理相对人作出责令停产停业、吊销许可证或者执照、较大数额罚款等行政处罚决定之前,应当告知当事人有要求举行听证的权利;当事人要求听证的,行政机关应当组织听证。而且当事人不承担行政机关组织听证的费用。行政机关在行政执法过程中,应当严格遵守相关法律规定程序进行,不得任意使用简易程序,或简化行政执法程序。

第三节 民主政治法治化的司法途径

民主政治法治化的司法方式可以说是国外民主政治法治化的最常用、也最基本的方式,尤其是在实行普通法的国家,如美国、英国等。托克维尔在考察美国民主时得出结论说:"在美国几乎所有政治问题迟早都要变成司法问题。因此,所有的党派在它们的日常论战中,都要借用司法的概念和语言。大部分公务人员都是或者曾经是法学家,所以他们把自己固有的习惯和思想方法都应用到公务活动中去。陪审制度更把这一切推广到一切阶级。因此,司法的语言差不多成了普通语言;法学家精神本来产生于学校和法院,但已逐渐走出学校和法院的大墙,扩展到整个社会,深入到最低阶层,使全体人民都沾染上了司法官的部分习性和爱好。"他确信"法学界是美国能够平衡民主的最强大力量,甚至可以说是能够平衡民主的唯一力量……在美国,法学家形成一个并不足惧但难于察觉的权力。……这个权力却扩展到整个社会,深入到社会上的每一个阶级,在暗中推动社会,默默地影响社会,最后按自己的意愿塑造社会"①。在中国,司法方式仍是民主政治法治化的重要方式,而且,随着司法的功能越来越强大,它将发挥越来越大的作用。

一、司法审查

权利保障是宪法的基本原则,也是宪法的基本内容,而宪法对权利保障的最根本的、最有力的方式就是设置便捷可行的申诉机制,为每一个可能受到侵害的权利主体在遭受权利侵害时提供宪法诉讼救济。一部正当的宪法,应当具备纠错机能,即宪法本身应当具备解决宪法纠纷、消解宪法危机的能力和机制。如果一部宪法没有相应的纠错机制,丧失了纠错之机能,宪法就只能是徒具宪法之名的一堆废纸。因为,如果宪法纠纷不能由宪法本身的机能来消化,其后果要么任凭纠纷继续纠缠下去,要么到宪法之外寻求解决之途,这两种情况都会导致宪法危机的扩大,最后的结果要么是抛弃宪法,要么是解散政府,舍此别无他法。②

违宪审查就是一种最为重要的宪法纠错机制。违宪审查又可以分为四种模式:立法机关审查模式、司法机关审查模式、专门机关审查模式、复合审查模式等四种。其中司法审查模式是世界上采用较多的、作用较为明显的一种重要方式。司法审查模式主要是指法院在审理具体案件时,对该案件所适用的法律和行政法规的合宪性进行审查、裁决的一种模式。这种模式以美国、日本为代表。

司法审查能否在民主政治法治化过程中产生作用,其实也是有争议的。

---

① [法]托克维尔:《论美国的民主》(上卷),商务印书馆2008年版,第309—311页。

② 参见江国华:《无诉讼即无宪政》,《法律科学》2002年第1期,第22—31页。

一种占主流地位的观点认为,民主与司法审查是相互冲突的。其理由在于司法审查一直面临着"反多数主义难题",即:由不直接对选民负责的少数几位法官审查多数选民选举产生的过半数议员所通过的法律,当然是"不民主"甚至是"反民主"的。从立法的视角来看,一个主权国家内拥有立法权的人民代表或者议员是由选民选举产生的,它有着民意基础。但法官的身份基本上不取决于民意,除极少数几个国家的法官由选举产生外,各国法官的产生基本上是非选举产生的,也就是说不具备或很少具备民意基础。如美国最高联邦法院的法官是由总统提名、参议会批准后任命的。在司法审查制度中,少数法官有权对拥有多数民意的议会所制定的法律实施审查权,并有权宣布违宪的法律无效,这明显地就是在跟民意唱反调。这一难题至今还没有令人信服的解答。在各国司法实践中,虽然人民也能够通过选举和弹劾法官的方式控制司法机关,但是,按照审判独立原则,人民却不能够对具体案件处理的过程和决定进行干涉。为了缓解司法审查与民主政治之间的紧张关系,出现了两种主要解释。一种是从自由主义的角度来为司法审查进行辩护,强调司法审查在保障人权、避免多数派专制方面的功能与民主主义是一致的。另一种解释是从民主主义本身的角度来为司法审查进行辩护,把它解释为民主政治的自我保存手段。就像不能根据不允自由的原则来承认奴隶契约一样,也不能根据大多数的意志(立法)来否定个人的自由,因为个人的各种自由正是民主的基础。总之,无论采取何种立场都得面对这样的实际:没有司法审查,"群众专政"、"议会专制"、多数人压制少数人进而妨碍社会进步的事态就会发生。当然,一旦导入司法审查制度,那么人民也要审查司法就是题中应有之义。[①] 从各国宪法文本规定及各国法治实践来看,司法审查与民主同样代表了当今世界不可逆转的大趋势。[②] 世界上195个国家和地区的数据统计显示,司法审查制度的覆盖率高达89%,其中有165个国家或地区的宪法或基本法文本规定了某种形式的司法审查制度,而美国、以色列、冰岛、北欧三国虽然没有明确规定,但是通过司法实践建立了司法审查制度。事实上,司法审查与民主是高度重

① 参见季卫东:《宪政新论——全球化时代的法与社会变迁》,北京大学出版社2002年版,第150—151页。

② 参见张千帆:《司法审查与民主——矛盾中的共生体?》,《环球法学评论》2009年第1期,第58页。

叠的,凡是有效施行司法审查的国家都是民主国家,而除了英国、荷兰、新西兰等个别例外,几乎所有民主国家都采取了司法审查制度。① 而且,人们也逐渐接受并认可民主与司法审查的相互兼容性。苏永钦认为,司法审查成为 20 世纪各国宪法学最重要的议题。受美国司法审查制度的影响,欧洲大陆国家也陆续建立了由专设或非专设的司法机关审查国会及政府行为的合宪性的制度。流风所及,亚洲、拉美,乃至解体后的东欧国家,也纷纷效尤,法官以宪法之名挺身与拥有多数民意后盾的国会对抗,已成为许多国家宪治发展上最动人的篇章。② 这种带有明显趋势性的事务,自有其可取的理由,应该重视和研究。从这种趋势中,我们也可以看到,建立中国特色的司法审查制度是必要的,是实现民主政治法治化的必需手段。

司法审查制度在中国能否适用在法学界已争论多年,一直没有定论,但学界的争论点则有了较大的进步,先前是完全不能接受司法审查制度观念,但现在则可以进行开放式的讨论。虽然有部分学者仍坚持认为,司法审查制度不仅和中国的人民代表大会制度相抵触,而且也不符合 1982 年宪法的原意,但是现已有部分学者认为建立司法审查制度与中国现行体制并不存在根本冲突。尽管这种争论尚未结束,我国的司法审查制度也未建立起来,但它产生了两种积极的后果:一是促使全国人大常委会充分关注并着手解决相关问题。全国人大虽然并未就司法审查权问题立法或修改宪法,但也明显注意到了法律审查的重要性,现已在全国人大常委会设立专门工作机构,专门负责处理法律审查的事务性工作,加强了全国人大常委会的法律审查职能。二是促使我国最高法院采取更为积极的态度介入宪法事务。最高人民法院已经开始有意识地运用其司法解释权,指导下级法院在案件判决中直接适用某些宪法规范。如最高法院曾在 2001 年齐玉苓案的批复中,认为若侵犯公民的受教育的基本权利,并造成了具体的损害后果,应承担相应的民事责任。令人遗憾的是,在经过一番争议之后,我国最高人民法院 2008 年又撤销了该批复的法律效力。尽管如此,审判机关的积极姿态显示

---

① 参见张千帆:《司法审查与民主——矛盾中的共生体?》,《环球法学评论》2009 年第 1 期,第 58 页。

② 参见苏永钦:《合宪性控制的理论与实际》,台湾月旦出版股份有限公司 1994 年版,第 5 页。

司法机关对于司法审查实践的开放态度。

根据当今世界各国司法审查实践,从民主政治法治化的视角来看,确立司法审查权对于保障公民权利是有益的。宪法是规范我国社会主义民主政治的根本大法,如果宪法不可诉,最高人民法院没有司法审查权,那就意味着法院审判无法解决违宪问题。如果出现因违宪问题引起的政治争端,无法启动法律解决机制予以解决,其结果只能仍旧以政治的方式解决,无法实现法治化。这样,必然出现政治问题难以解决的怪圈:政治上出现了问题,需要运用宪法来解决,但法院不能运用宪法来进行诉讼,问题又回到全国人大及其常委会,而全国人大及其常委会又是民主机构,最后还是用民主的方式来解决民主过程中存在的问题。所以,从长远看,授权最高人民法院开展司法审查有助于推进民主政治法治化建设。

与司法审查权相关的是有关民主政治争端的司法解释问题,又称之为司法释宪问题。郑贤君认为,司法释宪在政治法律化过程中可以起到独特的作用,从而成为政治法律化的基本途径。[①] 宪法文本并不能包容或者穷尽所有的宪法权利,宪法文本以外还有许多权利需要宪法保护,即通常所讲的宪法未列举权利。如果法院在审判过程中,通过释宪达到保护宪法未列举权利的目的,也是值得肯定的。在司法释宪方面,美国的经验可以借鉴。许多个人自由和权利并未在美国宪法中列举出来,甚至未在宪法修正案中列举出来,而是通过法院的释宪成为宪法权利,从而获得了宪法的保护。如契约自由、公司的宪法人格、隐私权、婚姻权、州际旅行的权利等,都是通过司法释宪得到确认和保障的。因此,司法释宪在矫正民主的滞后、给予权利的即时性保护方面有着修宪所难以比拟的优点。[②]

二、司法审判

我国《宪法》第一百二十三条规定:"中华人民共和国人民法院是国家的审判机关"。第一百二十四条规定:"中华人民共和国设立最高人民法院、地方各级人民法院和军事法院等专门法院。"由此可见,司法裁决职能

---

① 郑贤君:《宪法解释是政治法律化的基本途径——兼议司法释宪的形式化特征》,《法学杂志》2006 年第 1 期,第 13—16 页。

② 郑贤君:《宪法解释是政治法律化的基本途径——兼议司法释宪的形式化特征》,《法学杂志》2006 年第 1 期,第 13—16 页。

由各级人民法院行使。

在民主政治的运行过程中,如果产生冲突或争端,在符合法律规定的条件下,可以适用相关的法律程序来处理,也就是说适用法律争端解决机制,特别是要发挥司法系统的解决机制,减少或排斥法外方式,如反对私权力介入政治争端。在有成文的法律、法规存在的条件下,人民法院应当切实履行审判职责,根据宪法规范、法律规定和法规规范,裁决民主政治过程中的各种纠纷和争端,为争端解决提供法律机制。

司法审判可以建立保护公民权利的规则。外国的案例可以给我们重要的启示。在美国,20世纪60年代发生的"米兰达"案就曾深深地改善了犯罪嫌疑人的权利状况。该案确认了米兰达法则:第一,预先告诉犯罪嫌疑人有权保持沉默;第二,预先告诉犯罪嫌疑人,他们的供词可能用来起诉和审判他们;第三,告诉犯罪嫌疑人有权请律师在受审时到场;第四,告诉犯罪嫌疑人,如果请不起律师,法庭将免费为其指派一位律师。在这个规则的背后,深藏着的是对政府以及司法机构进行严格的程序上的限制,以免可能造成权力被滥用,导致对公民个体造成无法挽回的伤害。因此,"米兰达"法则并非一种"照本宣科"的形式主义,而是保护个体权利的重要规则。

司法审判可以把复杂的政治问题转化为法律诉讼,通过诉讼方式予以解决。最为著名的就是2000年的美国总统布什诉戈尔案。由于佛罗里达州的计票结果非常接近,导致选举自动进入州选举法所规定的机器的重新计票程序,若根据第一次重新计票结果,布什仍将以极其微弱的优势赢得此次大选。但戈尔认为在该州的此次选举过程中存在着很多不规范的地方(比如误导选民的选票设计问题),于是向佛罗里达州法院提起诉讼,要求第二次人工重新计票。佛罗里达州最高法院作出裁定,下令重新开始人工计票。在此情况下,布什向联邦最高法院提出诉讼,请求联邦最高法院中止该州的人工计票程序。在联邦最高法院的判决中,多数意见认为,"就平等保护问题而言,我们认为毫无标准的人工重新计票违反了平等保护条款"。① 从布什诉戈尔一案,我们可以看到,联邦最高法院通过此次裁定,既捍卫了宪法至上的原则,也保护了公民的平等保护权利。同时,一场剑拔弩

---

① 欧阳景根:《论美国宪政历史上宪政正义的转变》,《云南社会科学》2004年第3期,第31—32页。

张的政治斗争被一场计票诉讼官司化解,民主政治争端和平落幕。可见,司法审判对于民主政治法治化来说有着重要的化解争端的作用。

在我国,适用法律规范来解决民主政治争端的事例并不多见。法律明文规定的事项仅有少数有关政治权利的争议情形可以诉诸法院审判,如选举中有关公民选举权的争议,可以依据民事诉讼法的有关规定,适用民事诉讼程序解决。可以预见到的是,随着民主政治的发展越来越深入,公民将会参与更多的政治活动,由此而带来的政治争端必然会越来越多。这当中的部分争端应当可以由法院审判来解决。

三、司法解释

在中国,存在着不同于大部分西方国家司法制度的一种司法行为,那就是司法解释。在实际运行过程中,最高人民法院的司法解释对法院审判活动事实上具有普遍的约束力,即在各级地方法院审判活动中,往往把最高人民法院的司法解释视为审判的法律依据。这就意味着司法解释事实上处于立法与审判活动之间的一种可以为民主政治法治化提供有效手段的司法行为。

沈岿在其《司法解释担负政治使命?》一文中对司法解释的政治作用提出了新的见解。[1] 他认为,如果说立法是一种多数公民意志的表达,是一种政治活动的话,那么司法解释则可以让法律更富适用性和实效性,能够为解决诸多新问题"发现"法律依据,也可以具有极其重要的政治使命。在适用判例法制度的国家中,司法解释是在法院裁判文书中显现出来的,并通过判例发挥拘束效力,即使某个地方法院对某个具体案例的裁判跟已有判例不符,更高层级的法院也会通过提审等方式作出裁判,并由此确立更为权威的判例,借此推行更为权威的解释。在中国,司法解释的方式大致有两种:一种是各级法院对具体案例审理作出的法律解释,但由于中国欠缺判例法传统,这种法律解释只能解决个案,不具有强拘束力,不一定被其他法院在审判中沿用;一种是最高法院的个案批复或抽象规则,绝大多数都是基于审判实务中的事实和问题而产生的。这当中的抽象规则形式的司法解释,既是来源于实际个案的,又是超越实际个案的。因为最高法院可以不拘泥于特

---

① 参见沈岿:《司法解释担负政治使命?》,《南风窗》2007 年第 18 期,第 17—19 页。

定案情,而是采取听取相关利益主体的意见或召开专家咨询会的形式,以增强司法解释在民众中的认同和接受程度。2007 年 3 月 23 日,最高人民法院发布《关于司法解释工作的规定》,史无前例地提出了任何公民和组织皆可推动司法解释立项的制度。在法律体系日益完备的今天,许多问题都可以在已有法律规范体系的框架内,通过对已有法律规范进行解释,赋予新的法律效力,不失为一种可行的路径。

第六章　中国民主政治法治化的制度建构

中国社会主义民主的实现形式多种多样。李龙将民主实现形式分为选举民主、协商民主、自治民主、谈判民主等四种：第一，选举民主，是最常见、最普遍的民主实现形式，是我国人民代表大会制度的基石；第二，协商民主是一重要的民主实现形式。我国的人民政治协商制度即是一种极好的协商民主，但它需要由上层扩展到基层，由政治扩展到经济、社会、文化等各个领域，使之成为国家政治生活中不可或缺的重要内容；第三，自治民主可分表现为多种形式。城乡基层自治民主，有利发扬人民群众的创造性和积极性。少数民族居住区实行少数民族区域自治，有利实现民族平等，促进民族团结。香港、澳门等特别行政区实行高度自治，有利于保证港澳的繁荣稳定；第四，谈判民主，是由利益冲突的双方或多方坐下来谈判，化解已经存在的纠纷，或分配各种利益，这种形式有利于维护社会的稳定。它本来源于国内，后来成为解决国际争端的重要方式。在这四种民主实现形式当中，选举民主是关键，协商民主是纽带，自治民主是基础，谈判民主是补充，相互配合，相辅相成，共同构成中国社会主义民主实现形式的整体。[1] 李君如则将民主基本形式概括为选举民主、谈判民主、协商民主三种：选举（票决）民主的特点是通过公正的投票并根据少数服从多数的原则，按照多数参选人的利益要求形成决议、法律或选出治理国家的人选及其政党；谈判民主的特点是通过谈判分配利益，以使各方都能对自己的利益要求得到相对满足；协商民主的其特点是在全社会范围内由公民平等地参与公共政策的决策，通过广泛的讨论和对话，形成共识或找到最大的共同点即共同利益，作出具有集

---

① 参见李龙：《加强社会主义民主实现形式研究》，《武汉大学学报》（人文科学版），2007年第4期，第421页。

体约束力的决策。① 周本顺也主张民主可划分为选举、协商、谈判三种基本形式,三种形式的区别在于"选举是多数人认可,协商是形成共识,谈判是分割利益"。②

本章拟从票决民主、协商民主和谈判民主三个方面分别论述中国社会主义民主政治法治化的法律制度建构。民主政治法治化其落脚点在于设计具体的法律制度,并以此将民主政治事务转化为法律事务,从而以法律规定的程序展开,并以法律规定的方式解决争端。

第一节　票决民主的法治化

票决民主或是现今世界各国所实行的最主要的、最基本的民主实现形式。在票决民主中,最关键的、最主要的内容就是选举民主。因为迄今为止,世界各国所建立起来的、稳定的民主体制就是代议民主制。在代议民主国家里,"选举是民主的第一要义",③是人民踏上民主政治的第一步。没有选举,就无法建立现代民主国家,所以,熊彼特曾说,没有选票就没有民主。④ 因为,选举是公民的基本权利,是产生政府的基础,也是人民行使国家主权的最主要的方式。当代民主政治的基本要义中最重要的一条就是自由、定期的选举,政府由选举产生。所以,在很多的场合,人们直接把票决民主称作选举民主,这是有一定道理的。

票决民主的法治化就是要以选举法为核心建构关于票决事项、票决主体、票决程序、票决争端解决机制的法律规范体系。当然,选举只是票决民主的最重要、也最主要的方式,但不是唯一的方式。票决民主还可以表现为其他的一些地方,如全民公决等,当然,这些形式在民主政治实践中很少见到。

票决民主还包括与选举民主紧密相关的议事规则、决定规则等内容。

---

① 参见李君如:《怎样看待当前中国政治体制改革和民主政治发展的走势》,载唐晋主编:《崛起进程中的中国式民主》,人民日报出版社 2008 年版,第 10 页。

② 参见周本顺:《正确把握民主和集中两种手段的作用》,《中国法学》2006 年第 6 期,第 16 页。

③ 高放:《选举是民主的第一要义》,《党政干部学刊》2008 年第 5 期,第 46 页。

④ 参见[美]约瑟夫·熊彼特:《资本主义、社会主义和民主》,吴良健译,商务印书馆 2007 年版,第 395 页。

诸如立法机关的议事规则及投票制度等,均与票决事务相关,亦应纳入票决民主范围。在中国人民代表大会制度里,议决规则也是重要的内容。根据宪法,人民政府首长、人民法院院长、人民检察院检察长均由同级人民代表大会选举产生,且政府、法院、检察院均需依法向同级人大进行制度汇报,接受监督。人大会需对其工作报告进行审议表决,如果该报告被否决需承担一定的法律责任。由此可见,人大议决制也是票决民主的重要事项。当然如果把选举民主作适当扩大的解释,将议事规则、决策规则等内容包括在内,将票决民主等同于选举民主也未尝不可。也有学者将选举民主作为票决民主使用的。

1987 年,党的十三大报告就提出了要健全选举制度的问题。从 1997 年党的十五大到 2012 年党的十八大,四次党代会的报告都把"民主选举、民主决策、民主管理、民主监督"并列为我国人民民主的四个内容和程序,其中,民主选举列为首位,也就是说民主选举是第一要义。因为选民只有首先享有选举代表和主要责任官员的决定权,才能进而参与民主决策、民主管理、民主监督等活动。而各级人民代表和负责官员只有真正是由选民选举产生,他们才能切实为选民的福祉而进行民主决策和民主管理,并且接受选民的监督,完全对选民负责。

一、票决民主的基本内容

票决民主的基本内容相当丰富。本章只拟对与法治化相关的内容进行概括。

(一)票决民主是人民选举产生政府并使政府取得合法性的最主要的方式

纵观当今世界各国的民主政治现象,几乎所有的政治体制都实行选举,其主要原因在于票决民主是人民产生政府并取得合法性的最主要的方式。"所有的政府都想通过这一象征性形式将民众吸引住,并为自身的统治增加一个合法的光环。""通过民主选举产生的公职人员能够宣告选民的参与使他们的活动和法律具有合法的效力。"①熊彼特认为,人民的任务是产生

①　[美]托马斯·戴伊、哈蒙·齐格勒:《民主的嘲讽》,孙占平译,世界知识出版社 1991 年版,第 225—226 页。

政府,或产生用以建立全国执行委员会或政府的一种中介体,"民主方法就是为作出政治决定而实行的制度安排,在这种安排中,某些人通过争取人民选票取得作决定的权力"。① 李普塞特认为:"一个复杂社会中的民主,可以定义为一种政治系统,该系统为定期更换官员提供合乎宪法的机会;也可以定义为一种社会机制,该机制允许尽可能多的人通过在政治职位竞争中做出选择,以影响重大决策。"②萨托利认为:"为了拥有民主,我们必须建立一定程序上的人民统治,因此让我们直截了当地问一下,我们在什么时候能发现'统治的人民',发现进行统治或担当着统治角色的'民'呢? 答案是:在选举的时候。这并非贬损之辞,因为民主过程正是集中体现在选举和选举行为之中",③"检验民主就是用选举检验,因为只有选举才能显示'普遍的共识'。"④亨廷顿认为:"选举是民主的本质。从这一本质中产生了民主制度的其他特征",⑤"民主政治的核心程序是被统治的人民通过竞争性的选举来挑选领袖",⑥"如果用普选方式产生最高决策者是民主的实质,那么民主化过程的关键点就是用在自由、公开和公正的选举中产生的政府来取代那些不是通过这种方式产生的政府",⑦当然,选举只是民主的基础,因为"简单地说,选举不制定政策;选举只决定由谁来制定政策。选举不能解决争端,它只决定由谁来解决争端"。⑧

马克思对于选举权和选举这种方式在民主政治中的意义也给予了相当高的肯定。他说:"选举是真正的市民社会对立法权的市场社会、对代表关系的真正关系。……选举构成了真正市民社会的最重要的政治利益。由于有了无限制的选举权和被选举权,市民社会才第一次真正上升到脱离自我

---

　　① 〔美〕约瑟夫·熊彼特:《资本主义、社会主义与民主》,吴良健译,商务印书馆,2007年版,第395—396页。

　　② 西蒙·马丁·李普塞特:《政治人》,上海人民出版社1993年版,第24页。

　　③ 〔美〕乔·萨托利:《民主新论》,冯克利、阎克文译,东方出版社1998年版,第122页。

　　④ 〔美〕乔·萨托利:《民主新论》,冯克利、阎克文译,东方出版社1998年版,第123页。

　　⑤ 〔美〕亨廷顿:《第三波——20世纪后期民主化浪潮》,上海三联书店1998年版,"序言"第6页。

　　⑥ 〔美〕亨廷顿:《第三波——20世纪后期民主化浪潮》,上海三联书店1998年版,"序言"第4页。

　　⑦ 〔美〕亨廷顿:《第三波——20世纪后期民主化浪潮》,上海三联书店1998年版,"序言"第7页。

　　⑧ 〔美〕乔·萨托利:《民主新论》,冯克利、阎克文译,东方出版社1998年版,第122页。

的抽象,上升到作为自己真正的、普遍的、本质的存在的政治存在。"①在评价巴黎公社的普选权制度时,马克思指出:"普选权在此以前一直被滥用……而现在,普选权已被应用于它的真正目的:由各公社选举它们的行政的和创制法律的公职人员。"②应当说,选举作为民主的起点,是人民民主最为重要的实现形式之一。

当然,"根据选举来界定民主是一种最简单的定义。……民主具有或者应该具有涵盖更广得多的和更富有理想的相关含义"。③选举并不是民主的全部,选举的结束并不意味着民主的结束。在选举民主之外,社会成员仍在其他层次和方面实践着民主,如协商民主、谈判民主仍是人民实现民主的重要形式。

(二)票决民主可以决定公职人员并对公职人员的行为作出评价

"选举并没有使选民拥有决定未来的权力,但选民可以借此对以往的政治行为进行评定",④可以使民众有机会对在职官员的行为作出评价。萨托利认为:"民主是以竞争方式录取领袖的副产品。……大规模民主是一种程序或机制,它(1)带来开放的多头统治,这种统治在选举市场上的竞争(2)把权力给了人民,并且(3)具体地加强了领导者对被领导者的责任",⑤"领导者由于受着因定期选举而可能丢掉职位的制约,会留心投票者如何看待他的行为,假如确实如此——大多数时候的确如此——那他就会受制于对这种反应会是什么——无论是积极的还是消极的——预测",⑥"在其他政府体制中,人们可以根据出身、抽签、财富、暴力、选任、学识、任命或考试成为领袖。"⑦

(三)票决民主的权利基础在于选举权

在西方民主政治理论看来,主权在民原则就意味着政府权力是由人民

---

① 《马克思恩格斯全集》第1卷,人民出版社1956年版,第396页。
② 《马克思恩格斯全集》第2卷,人民出版社1972年版,第414页。
③ [美]亨廷顿:《第三波——20世纪后期民主化浪潮》,上海三联书店1998年版,"序言"第8页。
④ [美]托马斯·戴伊、哈蒙·齐格勒:《民主的嘲讽》,孙占平译,世界知识出版社1991年版,第225—226页。
⑤ [美]乔·萨托利:《民主新论》,冯克利、阎克文译,东方出版社1998年版,第175页。
⑥ [美]乔·萨托利:《民主新论》,冯克利、阎克文译,东方出版社1998年版,第175页。
⑦ [美]亨廷顿:《第三波——20世纪后期民主化浪潮》,上海三联书店1998年版,"序言"第4页。

授予的,在政府中掌握权力的政党必须得到人民的同意,而人民同意与否的主要方式就是民主选举。选举是民主的起点,也是参与竞选的各个政党接受人民选择、取得权力、成为执政党的唯一方式。在民主选举中,各政党将自己的政策和执政、施政纲领告知选民,由广大选民作出判断和选择,以决定某个或者某几个政党当政。因此,民主选举是执政党权力合法性的基础和前提。① "被统治者,通过他们自愿的行动,能够授予某一政府或政治共同体合法性,或者通过他们的同意,能够使一个政府或政治共同体不合法。"②民主选举就是由选民授权给其代表和行政首脑,因此,它是国家政治权力合法性的基础和依据。2000 年 6 月,由美国、波兰、智利、捷克、印度、韩国、马里七国发起,在华沙开会建立"民主国家联合体"的新国际组织,迄今已有一百三十多个国家的政府参加。该组织确定的民主国家的主要标准是实施无记名和全面监督下的定期、公平选举,保障人权(包括言论自由、新闻自由等),享有结社自由,权力分离(尤其是司法独立)等。其宗旨和目的是在世界推广并巩固民主制度。③

同样,选举也是马克思主义民主政治理论的基础。马克思在总结巴黎公社的经验教训时曾指出:"公社必须由各区全民投票选出的城市代表组成……这些城市代表对选民负责,随时可以撤换。""法官也应该由选举产生,随时可以撤换。"④显而易见,马克思所论证的社会主义民主政权是以民主选举为基石的。

在宪法制度下,选举的前提在于公民拥有法定的选举权与被选举权。当今世界各国宪法都将公民的选举权与被选举权作为最重要的政治权利,将它写入宪法之中。1998 年我国政府已经签署了《公民权利与政治权利国际公约》,其中就有关于公民选举权的具体规定。

(四)票决民主的特点在于其竞争机制

竞争机制就是选择机制,其作用在于优胜劣汰,其目的就是为了选择最优秀的政党代表和政治人士代表人民掌握国家权力,行使管理国家事务和公共事务的职责。通过选举机制,选民可以监督自己的代表切实履行代表

① 参见张恒山等:《法治与党的执政方式研究》,法律出版社 2004 年版,第 62 页。
② [美]杰拉尔德:《政治哲学》,台湾地区桂冠图书股份有限公司 1994 年版,第 179 页。
③ 参见高放:《选举是民主的第一要义》,《党政干部学刊》2008 年第 5 期,第 47 页。
④ 《马克思恩格斯选集》第 2 卷,人民出版社 1972 年版,第 438 页。

职责。当代西方民主基本上实行了竞选制度,特别是政党竞争制度。通过政党竞争及政党推荐的候选人的竞争性选举,为选民提供可供选择的余地。在自由主义民主理论看来,只有竞争性选举才是真正的民主选举。

我国的政党制度与西方民主制国家有着显著的不同。在我国,不实行西方的政党竞争制度,而是实行中国共产党领导的政党合作制度。从政治关系上来看,中国共产党在中国的各个政党中,起着领导作用,与其他政党是领导与被领导的关系。从政权组成形式上看,中国共产党是执政党,其他民主党派是参政党。民主党派也根据一定的名额选派自己的代表参加全国人民代表大会和地方各级人民代表大会,也派出代表参加各级政府班子。近期以来,小部分民主党派代表和无党派人士出任行政机关的正职,拥有一定的决策权和行政权。另外,民主党派还参与国家重大事务的协商,拥有相应的发言权,对国家事务的决策产生重大影响。

没有政党竞争并不意味着中国民主选举中没有竞争的因素。事实上,中国的全国人民代表大会代表与地方各级人民代表大会代表的选举都属于竞争性选举。这种竞争性主要以差额选举的方式表现出来。根据《人民代表大会选举法》第三十条,"全国和地方各级人民代表大会代表候选人的名额,应多于应选代表的名额。由选民直接选举的代表候选人名额,应多于应选代表名额1/3至1倍;由地方各级人民代表大会选举上一级人民代表大会代表候选人的名额,应多于应选代表名额1/5至1/2"。只要存在落选的可能性,竞争便必不可少。以民主选举来监督和制约权力,防止掌权者滥用权力,既有利于保证人民当家做主,又有利于杜绝或者防止执政党的合法性基础受到侵蚀。

为了在国家各级人大选举中获胜,党内选举必须能够选举出本党推荐的最佳候选人,为此,既要采取党内竞选制度,还要为党内提名的人选规定更高的条件,要求具有更高的道德形象和专业形象,以获得非党民众更高的期待。

特别值得一提的是,在人民依法选举各级人大代表中,有多少共产党员能够在民主、公开、自由、竞争的选举中当选,既是在操作层面上对党员个体执政状况的考验和监督,也是对党员贯彻执行党的路线、方针、政策的具体评判。惧怕党员个体在人大代表选举中落选是没有必要的。只要能够认真贯彻执行党的路线、方针、政策,绝大多数党员一定会赢得人民的拥护而当选为人大代表的,从而赢得在人大中的控制地位,个别候选人的落选并不会改变中国共产党在人大中的领导地位。同时,个别人的落选可以更好地警示党员候选人要认真贯彻党的路线、方针、政策,要时时刻刻以人民利益为重,为人民谋利益,才能得到人民的拥护。有人落选,至少表明人民群众对我们党员的监督真正落实到了宪法制度的层面,有利于宪法制度的完善。①

二、票决民主的法律制度建构

我国票决民主制度主要表现在人民代表大会制度方面,因此,构建票决民主法律制度主要是围绕规范和完善人民代表大会制度而进行的,包括:人大代表选举法律制度;人大议事规则。

(一)人大代表选举制度

目前已经制定的法律主要有《中华人民共和国全国人民代表大会和地方各级人民代表大会选举法》(1979年制定,后经5次修改,现为2010年修改后文本)、《中华人民共和国全国人民代表大会组织法》(1982年)、《中华人民共和国地方各级人民代表大会和地方各级人民政府组织法》(2004年)、《中华人民共和国全国人民代表大会和地方各级人民代表大会代表法》(2009年)、《全国人民代表大会常务委员会关于县级以下人民代表大会代表直接选举的若干规定》(1983年)等,与之相关的法律主要有《立法法》、《监督法》等。其中《全国人民代表大会和地方各级人民代表大会选举法》是规定人大代表选举制度的主要法律。代表法对代表的选举原则、名额分配、选区的划分、选民登记、代表候选人的提出、选举程序,对代表的监督、罢免和补选,还有对破坏选举的制裁等问题都进行了明确的规定。

1.关于普选权的法律规定

普选权法律制度实际上就是人大代表选举主体的法律资格的制度规范,即什么人拥有选举权和被选举权。中国共产党自成立以来,就明确提出了人人平等的政治主张,主张给予全体国民以普选权,因此,在共产党组织的历次选举中,所有符合年龄要求的群众都能享有选举权。所以,在中国共产党领导下,无论是新中国成立前的革命根据地的选举,还是新中国成立后

---

① 参见李林:《由革命中的领导到宪政中的执政》,载张恒山等:《法治与党的执政方式研究》,法律出版社2004年版,第85—86页。

的全国性与地方性选举,普选权基本上都能够得到落实。不管是从政治理论和法律理论上,还是从人们的观念里,实行普选都是毫无疑问的。我国《宪法》对此有明确的规定,其中第三十三条规定:"凡具有中华人民共和国国籍的人都是中华人民共和国公民。中华人民共和国公民在法律面前一律平等。"第三十四条规定:"中华人民共和国年满十八周岁的公民,不分民族、种族、性别、职业、家庭出身、宗教信仰、教育程序、财产状况、居住年限,都有选举权和被选举权;但是依照法律被剥夺政治权利的人除外。"根据我国有关选举法律,依法剥夺政治权利的情形是指依刑事判决剥夺政治权利的人不享有选举权,另外在医学上被认定为精神病的人不能参与投票。可见,我国宪法与法律对普选权的规定是明确无疑的。

根据我国人大代表《选举法》,我国人大代表的选举采取直接选举与间接选举相结合的方式。《选举法》第二条规定:"全国人民代表大会的代表,省、自治区、直辖市、设区的市、自治州的人民代表大会的代表,由下一级人民代表大会选举。不设区的市、市辖区、县、自治县、乡、民族乡、镇的人民代表大会的代表,由选民直接选举。"总体上看,县市级以下人大代表由选民直接选举产生,县市级以上人大代表则由下级人民代表大会选举产生。采取直接选举与间接选举相结合的方式由来已久。1953 年新中国第一部选举法即采用这种方式。1979 年重修选举法,将直选方式扩大到县一级。从过去的政治实践及现实状况来看,这种结合方式基本符合我国民主政治发展的需要。但从长远的发展来看,将直接选举向上扩展是必要的。

我国选举法贯彻落实了选举权的普遍原则。确认凡是年满十八周岁的中国公民,都有选举权和被选举权。而且还确立了一人一票的平等原则,《选举法》第四条规定:"每一选民在一次选举中只有一个投票权。"在全国范围内落实普选权和平等权,从制度上保障了人民行使当家做主的权力。

同时需要指出的是,我国选举制度真正实现权利平等走过了一段较长的路。这主要体现农村代表与城市代表的比例不同。由于比例的不同,进而导致票票不等值的结果,这从事实上会减损特定群体(主要是农民)的选举权利,造成事实上的不平等。1953 年第一部选举法规定,农民代表与市民代表所代表的人口数在全国为 8∶1,省级为 5∶1,县级为 4∶1。1979 年制定的现行选举法规定,"省、自治区、直辖市应选全国人民代表大会代表的名额,由全国人民代表大会常务委员会按照农村每一代表所代表的人口数四倍于城市每一代表所代表的人口数的原则分配"。之所以作出这样的规定,主要是为了突出工人阶级的领导地位。然而时过境迁,随着社会的发展,4:1的比例规定显然缺少科学性、民主性和平等性,在人大代表中农民代表很少,反映农民的诉求必然受到影响。针对这种不足,胡锦涛在党的十七大的报告中正式提出,要努力推进选举制度改革,争取实现农村人口与城市人口同等比例的代表制。应当说,同等比例代表制的落实才能从根本上解决"票票不等值"的问题,实现真正的人人平等,落实普选权。2010年3月,第十一届全国人民代表大会修改了我国选举法,在第十六条中明确规定:全国人民代表大会代表名额,由全国人民代表大会常务委员会根据各省、自治区、直辖市的人口数,按照每一代表所代表的城乡人口数相同的原则,以及保证各地区、各民族、各方面都有适当数量代表的要求进行分配。这一修改明确地将城乡代表数拉平,真正从法律规范上明确了城乡人口的平等投票权。

2.人大代表候选人提名与选举程序

在提名程序方面,《选举法》第二十九条规定:"各政党、各人民团体可以联名或者单独推荐代表作候选人。选民或者代表,十人以上联名也可以推荐候选人。"选举推荐过程中,"推荐代表候选人的政党、人民团体和选民、代表可以在选民小组或者代表小组会上介绍所推荐的代表候选人的情况"。同时,法律还规定了差额选举原则。应当说,确立差额选举原则是我国选举法的一个重大进步,标志着我国民主政治发展迈出了实质性的一步。对于候选人的产生,选举法还规定了相应的程序。其中由选民直接选举人民代表的,如果所提代表候选人超过最高差额比例的,由选举委员会交由选民小组讨论、协商,根据较多数选民的意见,确定正式候选人名单。如果不能形成较为一致意见的,进行预选,按得票多少顺序确定候选人。

根据选举法的规定,人大代表的选举一律采用无记名投票的方法,而且设立秘密写票处,以落实秘密投票原则。这一原则的重要性在于充分保障公民行使选举权,不为其他外在因素所干扰。

在人大代表候选人提名与选举过程中,我们必须正视候选人的竞选问题。从法律规定来看,这是人大代表候选人的提名程序及差额选举原则和秘密投票原则所决定的。现在已有越来越多的实际部门工作者及学者认识到,竞选机制是保证人民代表为人民的最为有效的机制,是实现人大代表与选民利益连接的纽带。① 在追求民主政治法治化的背景下,我们必须对之形成正确的认识,并以法律的形式予以明确规定。为此,我们从两个方面来明确这个问题:第一,我国人大代表选举法是否涉及代表的竞选问题? 是不是排斥竞选? 是不是为竞选留下路径? 第二,明确我国人大代表竞选问题是否有必要? 现实中是否可行?

关于第一个问题,答案是明确的,因为我国选举法的制度与程序设计内涵了竞选因素,并不排斥竞争,而且,现行的选举制度还为竞争性选举提供了可能的发展空间。翻开我国现行选举法的法律文本,确实没有出现人大代表候选人竞选的字样,但是,这并不等于我国选举法没有涉及竞选问题,相反,选举法所确立的提名规则、差额选举原则、秘密投票原则的落实自然触及竞选问题。从提名规则可以看出,候选人的推荐条件门槛不高,如选民或代表十人以上联名即可推荐代表候选人,这就意味着产生较多代表候选人是完全可能的。同时,《选举法》明确规定正式候选人的差额应当达到规定的数额。无论是直选中的三分之一到二分之一差额,还是间接选举中的五分之一到二分之一差额,这一比例不能说太小。有差额,就意味着有人当选,有人落选。如此,竞选自在其中矣! 况且法律规定了秘密投票原则,选民可以避免外在力量的干预,按自己的意愿投票,这就为候选人竞选提供了可能的空间。从人大代表选举的实际工作中也可以看到,选举之前,选举委员会要用法定方式介绍候选人基本情况,要安排候选人与选民见面,回答选民问题。这些规定和做法的目的就是要让选民尽可能全面地了解候选人的情况,从而更好地进行比较、选择,在选举中投票选举自己满意的代表。细读法律文本,其实选举法为代表候选人竞选提供了可能的空间。从法律层面来看,我国宪法和法律并未禁止人大代表候选人之间的个人竞选,相反,宪法和选举法的规定还为人大代表候选人的个人竞选提供了法律空间。理由在于:一是宪法明确规定了我国公民依法享有选举权和被选举权,只要人大代表候选人的被选举权没有被依法剥夺,就可享受这一权利;二是没有任何法律规定禁止候选人之间展开竞选,没有禁止,便为竞选打开了可能的空间;三是我国选举中的候选人提名规则为候选人展开相互之间的竞争提供了部分直接和间接的依据。直接依据包括同选民见面、回答选民问题的程

---

① 参见周祖成:《政治法治化问题研究》,法律出版社 2011 年版,第 197 页。

序规定,候选人可以在见面与回答问题的过程中赢得选民的信任和好感,争取选民的投票支持。间接依据包括:选民或代表十人以上联名就可以推荐代表候选人;各政党、各人民团体也可以单独或联合提名。这就意味着有意参选人大代表的,就应当努力争取选民和政党、人民团体的提名,进而取得选民支持通过选举成为正式的人大代表。由此,代表候选人之间的个人竞争不可避免。

关于第二个问题,我国人大代表的竞选既有必要性,也是可行的。我国社会主义国家的性质决定了我国必须实行人民代表大会制度,必须坚持中国共产党的领导。所以,《宪法》明确规定了中国共产党的领导地位,我国的政党制度是中国共产党领导下的多党合作制度。所以,从宪法制度设计来说,我国选举法不存在政党竞选问题。不存在政党竞争,并不意味着个人之间不能有竞争,相反,明确人大代表候选人个人间的竞争性质非常有必要。选举依其性质而言就是选择,就是在不同的对象间选出自己中意的对象。人大代表是代表人民行使国家权力的,当然得由人民自己选举出来。如此,即可理解:人民的选择与候选人的竞选是一体两面的问题。站在候选人的立场来分析,参加选举就是要想方设法让人民投自己一票,让自己有机会代表人民行使权力。从更深层次来分析,由于我国没有政党竞争制度,候选人的个人竞争才更有必要性。竞争是一项促使社会群体充满生机、自我更新、焕发活力的重要机能。人大代表候选人的竞争是我国人民代表大会制度得以持续、健康发展的重要机能,不如此,便难以保持和增强人民代表大会制度的活力。

事实上,在基层人大代表直选中,所谓“竞选”早已不是新鲜事。2003年前后,在一些大中城市如深圳和北京等地,出现了群体性的普通公民竞选基层人大代表的现象,为制度化民主发展添加了体制外的动力。中国的选举民主正呈现多向度的发展,而选举的公平性竞争性也在不断加强。① 在基层人大代表选举中,出现了所谓的“民荐候选人”和“自荐候选人”,这些非官方推荐的候选人依靠自己的声誉或个人的力量,自主竞选基层人大代表,这显示出人大选举的另一个发展趋势——公民自主性参与以及由此带

---

① 参见黄卫平:《中国选举民主:从广度到深度》,《吉林大学学报》(社会科学版)2008年第3期,第29页。

来的人大代表选举竞争性的提升。① 尽管选举法规定了公民有选举权和被选举权,人大代表候选人的产生可以由规定数额的公民推荐即可参选,但在以前的人大选举过程中,官方主导痕迹明显,包括在选举前的准备、候选人的推选、选举委员会组成、选举舆论宣传等方面。② 尤其是代表候选人一般都经过多轮"组织酝酿",往往是党组织进行干部人事安排的重要途径,要体现组织意图。"民荐候选人"、"自荐候选人"的出现是对候选人提名权的突破,选举的竞争性明显增强。有些自荐候选人还成立了竞选办公室、专业助选团,大量利用张贴海报、派发传单、出动宣传车、召开记者会、网络对话等形式与选民互动。这些竞选方式的出现改变了先前的那种"确认性"选举方式,提高了普通选民的投票热情,推动了基层人大代表选举的民主化。2004 年,我国修订的选举法,在基层人大代表选举的相关条款中,恢复了"预选"程序以及规定候选人要与选民见面、回答选民提问的制度安排,为广大群众深入参与人大代表选举提供了制度保障,进一步规范了基层人大代表选举的活动。

当然,在以往人大代表的选举工作中,人大代表候选人之间的个人竞争性选举活动容易受到抑制。曾经出现过个别地方选举委员会把代表候选人自己张贴介绍性海报的行为当做是非法活动,进而禁止或取消这种行为。显然,这种抑制竞选的行为严重侵蚀了选举的功能和意义,损害了公民选举与被选举的权利。因此,应在总结实践经验教训的基础上,进一步构建和完善代表候选人之间的选举竞争的规范与程序,让选民有更好、更多的选择。这对于推进人大代表选举改革具有重要的意义。

与人大代表候选人提名相关的问题还有一个领导干部占代表比例过高的问题。据有关选举数据显示,"干部代表在全国人大中的比例,1983 年与1954 年基本持平,中间两届(四届和五届)比例较低;1988 年以后,则持续上升,1998 年突破了 30%,比 1983 年提高了 11.82%"。③ 领导干部的比例过高,势必降低工人代表、农民代表的比例,缩小人大代表的代表范围。同时,代表中领导干部比例过高,容易对来自基层的群众代表产生实质性的控

---

① 参见黄卫平:《中国选举民主:从广度到深度》,《吉林大学学报》(社会科学版)2008年第 3 期,第 33 页。

② 参见蔡定剑:《中国选举状况的报告》,法律出版社 2002 年版,第 36—37 页。

③ 刘智、史卫民等:《数据选举》,中国社会科学出版社 2001 年版,第 59 页。

制作用,妨碍群众代表的自主性和主动性。从国家机关的结构体系来分析,人大具有监督行政机关、司法机关的职能。如果人大代表中领导干部的比例过高,实际上就会出现下级领导干部监督上级领导干部和上级领导机构的情况。在中国的体制下,这种监督是很难进行的,也会非常乏力。如此,人大的监督功能势必受到严重削弱。因此,有必要以立法的形式限定领导干部的比例。党的十八大报告在谈到中国共产党代表大会代表比例时,曾提出:"要完善党的代表大会制度,提高工人、农民代表比例"。这一精神同样可以适用到人大代表选举中来。所以,提高工人、农民代表比例,把领导干部代表的比例降下去,对于完善人民代表大会制度有着重要的进步意义。

3.对人大代表的监督、罢免程序

对人大代表的监督、罢免是选举法的一项重要内容。我国选举法对此有专章予以规定,并且其程序规则设计与选举程序规则具有相关性、统一性。问题在于,人大代表在实施罢免时没有明确、统一的规则作为依据。在实践中,确实有人大代表被罢免,但往往是该代表有严重的刑事犯罪或出现重大错误,被党的纪委双规或被检察院起诉之后,才由上级党委或政府部门交给选出该代表的选区通过规定程序。如此,人大代表的罢免与其是否履行好代表职责几乎没有什么关系。站在完善人民代表大会制度的立场来看,代表违法犯罪固然应当被罢免,但更重要的是,如果代表不能很好地履行代表职责,选民应当予以罢免。所以,代表的监督、罢免应当与代表的履行职责行为很好地挂起钩来。如果代表不能保持与选民的良好沟通,不能很好地反映选民的要求,不能很好地履行好代表的职责,选民就有权通过法定程序予以罢免。如此,才能真正起到罢免与监督的作用。选举法应当就代表与选民的关系、选民监督、罢免代表等问题作出更为详细的规定,要使这个程序真正起到监督的作用。

(二)人大议事规则

人民代表大会的议事规则也是票决民主的重要内容。与此相关的法律主要有:《全国人民代表大会议事规则》、《全国人民代表大会常务委员会议事规则》。

根据《宪法》和《立法法》,国家重要立法必须经由全国人大讨论决定的,应当由全国人大讨论决定,可以由全国人大常委会讨论决定的,由全国人大常委会讨论决定。拥有地方立法权的省、直辖市、自治区及较大城市的地方人大及其常委会可以依法制定地方性法规和条例。这些法律、法规及条例均需经由法定程序由相关立法机构表决通过。同时，人民代表大会另一重要职责就是对政府工作报告、人民法院工作报告、人民检察院工作、制度财经预算决算报告进行审议并表决。这项工作也是中国人大制度的一大特色。在全国人大的历史中，尚未出现一例政府工作报告或法院、检察院工作没能通过的案例。但是听取并通过报告制度的设立，其本身就确立了人民代表大会的权威。如果该报告未能通过，应当产生一定的法律效力。在这方面，我国相关立法及议事规则存在漏洞或规定缺失的情形，未能使之成为决策与监督的有力手段。

民主作为一种价值观，要靠一套细则来落实，其操作的本质在于要规范议事规则。开会、商讨、劝说、谈判，无一不需要有正式或简化的议事规则。既然要开会议事，如何议事就成为民主决策的关键。如果议事没有程序、没有规则，那么民主的过程就极有可能为主持会议的少数人所垄断，或众说纷纭、杂乱无章，最后不了了之。无论出现上述哪种情况，显然都不是真正的民主。因此，没有适当的议事规则，民主决策就成了一句空话。在西方国家，民主议事规则相当受重视，一般主张议事程序自治，即议会的议事规则由议会自己决议通过，外部权力机关或权威机构不得干涉，亦不受法院裁决。所谓议事规则是指一组符合公平与效率的法则，包括动议、提名、投票、内部章程与职权等的规则。制定议事规则的原则不外乎是：便利事务的进行；保持会议的合法性；保障少数意见之陈述权；保障多数意见之决定权。议事规则就应当为达成这些目的而设计。英美政治的特点就是议事决策讲规则、程序。

人民代表大会的议事规则也是一项能够影响到票决民主的重要事项。民主的议事规则有助于代表们正确表达自己的观点，有助于取得尽可能多数的代表的决策支持，作出符合民主原则的结论。我国全国人大及其常委会也通过了自己的会议程序规则。根据该规则，全国人大及其常委会的程序规则主要包括如下方面：第一，人代会会期制度；第二，人大常委会会期制度；第三，会议的召集与主持；第四，会议议程的确定程序；第五，审理程序法律案的审议程序，工作报告和一般议案的审议程序，国家计划和财政预决算的审查批准程序，专项工作报告的审议程序，质询案的审议程序，特定问题调查案的审议程序，选举、罢免、任免和辞职案的审议程序，撤职案的审议程序以及其他议案的审议程序;第六,质询程序;第七,专项工作报告听取与审议程序;第八,发言制度;第九,人大及其常委会表决制度的主要内容包括法律所规定的人大代表在人代会上和常委会组成人员在人大常委会会议上表决的免责权,表决的方式、程序、原则、公布和表决方式的确定程序等;第十,列席制度;第十一,旁听制度;第十二,法律实施情况检查监督制度;第十三,特定问题调查程序。遵行这些程序的规则,是全国人大代表及其常委会成员认真议事、正确决策的重要保证。

目前我国全国人民代表大会代表总数约 3000 人以内,数目庞大,在会议期间不得不分成不同的代表团和小组进行会议,无形中缩小了代表发言议事的范围,降低了代表的政治影响力,容易使代表对自己的权利产生无力感。再加上代表提出自己的提案需 30 人以上联名,提高了代表采取集体行动的门槛,不利于代表自主表达自己的政治利益和政治意志。人大代表在会议期间,必须按照选举单位组成代表团,并在本代表团内展开议政活动,范围太小,代表的议政言行及观点对其他代表团成员影响力有限。根据人大议事规则,每次全国代表大会上,代表只有两次发言机会,总时间不超过15 分钟。代表要在全体大会发言会前报告,经安排后才可发言,实际上机会很小,代表的参政议政的机会为技术性的问题所困扰。"代表之间意见和交流的形式在很大程度上受制于会议的秘书机构(会议纪录、简报等),而会议所提供的秘书服务数量与质量的状况,事实上成为影响甚至决定代表表达权实行程序的决定性因素,因此,事实上形成了任何一个代表的影响力如果要想超越本代表团甚至本代表小组都是非常困难的局面。"①而且,人大代表的活动的组织性非常强,代表的意志通常要受到所在组织意志的影响,很难自由地表达自己的利益和意志。可见,目前的人大议事规则难以保证人大代表充分、自由、审慎的审议,应当根据实践需要进行必要的修改。

当然,在当下的中国,不仅人民代表大会应当认真对待议事规则问题,其他政治、经济和社会机构也应当重视议事规则或会议程序问题。因为会议实际上已经成为各个层次和各领域进行决策的必要手段和方式,而良好的议事规则恰恰能够有利于实现决策的科学化、民主化,提高会议效率,遏制腐败现象,同时,也有利于实现民众有序的政治参与,吸纳民众的各种意

---

① 蔡定剑:《中国人大制度》,社会科学文献出版社 1992 年版,第 365 页。

见和情绪,从而有利于保障人权、构建和谐社会。

(三)我国基层民主自治机构的选举制度

我国基层民主自治制度是民主政治的基本制度,它主要包括农村村民自治和城市居民自治两种形式。基层自治民主方面也有选举事务,相关法律主要有《中华人民共和国村民委员会自治法》、《中华人民共和国城市居民委员会组织法》。这两部法律也有相关民主选举规定。

农村村民自治则受到全国乃至全世界的关注。村民自治包括的内容很多,包括民主选举、民主决策、民主管理、民主监督等方面,其中村民委员会委员的选举是基础和关键。根据《中华人民共和国村民委员会组织法》,"村民委员会主任、副主任和委员,由村民直接选举产生。任何组织或者个人不得指定、委派或者撤换村民委员会成员。村民委员会每届任期三年,届满应当及时举行换届选举。村民委员会可以连选连任","村民委员会的选举,由村民选举委员会主持。村民选举委员会成员由村民会议或者各村民小组推选产生","选举村民委员会,由本村有选举权的村民直接提名候选人。候选人名额应当多于应选名额。选举村民委员会,有选举权的村民的过半数投票,选举有效;候选人获得参与投票的村民的过半数的选票,始得当选。选举实行无记名投票、公开计票的方法,选举结果应当当场公布。选举时,设立秘密写票处。"

在 2005—2007 年间,全国 31 个省份 98% 以上的村完成了村民委员会选举。[1] 在选举中,还出现了许多创造性的、旨在确保选举公平公正的选举形式,如海选、预选、两票制等。"海选"形式下,从候选人的提名、正式候选人的确认以及最后的选举都是经由全体有选举权的村民无记名投票,经过这么多环节所产生的村民委员会成员就如大海捞针一样,所以群众把这种形式称之为"海选"。[2] "预选"形式下,从初步候选人到正式候选人的筛选,均采用村民代表会议组成人员投票的方式决定正式候选人。"两票制"则是将选举过程分两阶段,投两次票:第一阶段确定正式候选人,由党支部、村民代表会议和村民提名候选人,然后进行预选确定正式候选人;第二阶段举行正式选举,召开选举大会,无记名投票直接选举村民委员会成员。

---

① 参见黄卫平:《中国选举民主:从广度到深度》,《吉林大学学报》(社会科学版)2008年第3期,第30页。

② 参见史卫民:《基层民主政治35年》,《中国社会报》2003年2月25日。

在我国农村基层民主过程中,存在着诸多的严重问题,其中包括一些刑事犯罪,也包括一些民主失范问题,如阻挠选民到会、选举中严重起哄、砸毁票箱等犯不上严重犯罪的行为,但严重困扰各地选举工作的问题。目前这类行为法律管不到,处罚无依据,立法严重滞后。①

三、票决民主争端的法律解决机制

票决民主因其直接关系到政治利益,所以历来冲突与争端不断。在法律表现上,大致可分为两种类型:一种类型属于正常的、合法形式的政治争端。对于这类争端,自然通过政治机制或法律争端解决机制予以解决。另一种类型属于激烈的政治冲突,其行为明显触犯刑法与治安管理条例,属于违法犯罪行为,应当依刑法和治安管理条例予以处理。如《中华人民共和国全国人民代表大会和地方各级人民代表大会选举法》第五十五条规定:"为保障选民和代表自由行使选举权和被选举权,对有下列行为之一,破坏选举,违反治安管理规定的,依法给予治安管理处罚;构成犯罪的,依法追究刑事责任:(一)以金钱或者其他财物贿赂选民或者代表,妨害选民和代表自由行使选举权和被选举权的;(二)以暴力、威胁、欺骗或者其他非法手段妨害选民和代表自由行使选举权和被选举权的;(三)伪造选举文件、虚报选举票数或者有其他违法行为的;(四)对于控告、检举选举中违法行为的人,或者对于提出要求罢免代表的人进行压制、报复的。国家工作人员有前款所列行为的,还应当依法给予行政处分。以本条第一款所列违法行为当选的,其当选无效。"这一条款是选举法关于制裁破坏选举的行为的规定。另外,我国《刑法》也有涉及选举事务的相关条款。如《刑法》第二百五十六条就设立了"破坏选举罪"的罪名:"在选举各级人民代表大会代表和国家机关领导人员时,以暴力、威胁、欺骗、贿赂、伪造选举文件、虚报选举票数等手段破坏选举或者妨害选民和代表自由行使选举权和被选举权,情节严重的,处三年以下有期徒刑、拘役或者剥夺政治权利。"

此处讨论票决民主中存在的政治争端,主要讨论正常、合法状态下的政治冲突与争端问题。大体上分析来看,票决民主争端主要体现在如下几个

---

① 参见范春生:《"村官"选举暴力化愈演愈烈 村民自治遭扭曲》,2009 年 4 月 9 日,见 http://www.chinanews.com.cn/gn/news/2009/04-08/1636524.shtml。

方面：

（一）选举权争端的司法解决

我国《宪法》明确规定，年满十八周岁的中国公民都有选举权和被选举权。只有在法定情况下，部分公民不能行使选举权。其中我国《选举法》第三条第二款规定："依照法律被剥夺政治权利的人没有选举权和被选举权。"1983 年通过《全国人民代表大会常务委员会关于县级以下人民代表大会代表直接选举的若干规定》：精神病患者不能行使选举权的，经选举委员会确认，不行使选举权利；因危害国家安全罪（其时称反革命案）或其他严重刑事犯罪案被羁押，正在受侦查、起诉、审判的人，经人民检察院或者人民法院决定，在被羁押期间停止行使选举权利。为了确保选举权的正常行使，《全国人民代表大会和地方各级人民代表大会选举法》第二十八条规定："对于公布的选民名单有不同意见的，可以在选民名单公布之日起五日内向选举委员会提出申诉。选举委员会对申诉意见，应在三日内作出处理决定。申诉人如果对处理决定不服，可以在选举日的五日以前向人民法院起诉，人民法院应在选举日前作出判决。人民法院的判决为最后决定。"我国《民事诉讼法》特别程序一章里对选民资格案件的诉讼程序作出具体规定："公民不服选举委员会对选民资格的申诉所作的处理决定，可以在选举日的五日以前向选区所在地基层人民法院起诉"（第一百八十一条），"人民法院受理选民资格案件后，必须在选举日前审结。审理时，起诉人、选举委员会的代表和有关公民必须参加。人民法院的判决书，应当在选举日前送达选举委员会和起诉人，并通知有关公民"（第一百八十二条）。

据上述法律规定，因公民选举权产生争议的案件应当由人民法院依民事审判特别程序进行审理。选举委员会应当以法院判决作为确认公民是否拥有选举权的最终依据。

（二）选举程序争端的司法解决

选举程序事关选举过程的公正与否，所以受到越来越多的关注。在人大代表选举中，选举程序有着明确的规定，选举过程基本上有据可循。但是，从分析现有实践中出现的常见问题及解读选举法法律文本来看，代表候选人提名程序及竞选程序中存在着不足，在将来的实践中可能会引发一些冲突。处理这些冲突，应当寻求司法解决。

在我国基层自治民主的实施过程中，村民委员会选举受到广泛的关注。

但也有报道表明,基层自治民主并非一帆风顺,其间存在着许多问题。比较严重的问题,有实体性问题,如贿选、宗族派性影响、宗教或信仰因素影响等。同时,也存在程序方面的问题。如村民委员会委员候选人提名程序如何,有的地方试行"海选"提名,有的实施选民推荐提名,有的由村党支部提名,村民自治法并无明确规定,实践中程序与方法也各不相同,如此容易造成选举纠纷。另外,根据媒体报道,村民委员会选举的结果出来后,还有可能出现乡镇机关是否认可、承认的问题。某些乡镇领导不满意村民委员会选举结果,采取非法的方式或明或暗地拒绝承认选举结果,或者在新的村民委员会任职期间,寻找各种借口予以撤换。如此,又会出现选举争议及相关程序问题。村民委员会是农村自治组织,不属于乡镇政府的下级机构。乡镇政府负指导之责,却无权撤换村民委员会委员。如果乡镇政府违规操作,显然违背了村民自治法及选举程序。如何处理此类问题呢? 不妨将这种争端交由法院来处理。由法院根据选举是否存在贿选、违法等违反选举法的情形来决定选举结果是否有效。

第二节　协商民主的法治化

在当代西方国家民主制度里,票决民主或者说选举民主无疑是其制度的支柱。但是以自由主义为理论基础的票决民主在其运行过程中所暴露出来的问题使人们充分认识到,依靠少数服从多数原则建立起来的票决民主无法使所有问题都达成社会共识。于是协商民主开始受到世界各国的重视。

应当说,当下所讲的协商民主是立足于票决民主(即选举民主)基础之上的,针对票决民主之不足而产生的一种新型的民主,是对票决民主的超越,一种纠正。协商民主论者认为,当代民主,不论是代议制民主还是直接民主,常常沦为"个人冲突、名人政治、口水政治以及赤裸裸追求个人利益和野心"的形式。因此,协商民主论者"拥护有见地的辩论、理性的公共运用和对真理的执着追求"。[①] 由此可见,协商民主是在多元社会里,维护多

---

① [英]戴维·赫尔德:《民主的模式》(最新修订版),燕继荣等译,中央编译出版社2008年版,第266页。

元利益的一种制度安排。它与选举民主、谈判民主互为补充,共同促进民主政治的发展。

在中国宪法体制下,协商民主既是一项重要的民主形式,同时也是民主决策环节中起着重要作用的方式。我国学者往往强调决策环节的协商民主的作用,对其在民主选举中的作用则容易忽略。其实,民主有两个环节,即民主选举与民主决策,这两个环节缺一不可。民主选举是第一个环节,因为民主就是人民的统治,可人民对国家的统治一般都不是直接的,而是间接的。间接统治就离不开选举。人们通过选举形式,把最能代表自身利益并真正对自身利益负责的官员选出来。在这一环节中,选举当然是最基础的。但是在中国民主选举过程中,协商民主的作用仍是十分明显的。比如现在中共中央在推荐国家重要领导人时,事先会同各民主党派进行协商,征求民主党派的意见和看法。我国地方政府领导人的候选人提名也是经过多党协商或征求意见的。这一程序与形式绝不是可有可无的,它对扩大领导人提名的认同度和支持度有着重要的影响,特别是在中国这种选举模式下,候选人提名程序是至关重要的,这一阶段中协商的作用是可想而知的。民主的第二个环节就是决策,决策过程也有票决民主的形式,但在决策过程中,协商民主也是常用的方式。当一个官员被选举出来后,一定要有一套制度来制约他的权力,让他在决策的过程中能够更多地听取人民群众、利益相关者及有关专家的意见。通过公开的对话、讨论、审议,最终达成共识,形成合理决策。由此可见,协商民主的法治化对完善和发展中国特色的社会主义民主有着重要的促进作用。

毫无疑问,中国人民政治协商会议制度是中国协商民主的最为重要的制度。中国人民政治协商会议有着极高的地位,它与全国人民代表大会并称"两会",有着极为崇高的政治与法律地位。而且它一直履行着政治协商、民主监督和参政议政等重要职能,其成员具有广泛的代表性。从 2007 年全国政协的组成可以看到,在 2238 名委员中,中共委员代表占 40%,非中共委员代表占 60%。在非中共委员代表中,8 个民主党派委员为 666 人,55 个少数民族的委员 262 人,其他还有各社会团体、宗教团体负责人和各界知名人士。[①] 2006 年年初颁布的《中共中央关于加强人民政协工作的意见》

---

① 参见高建、佟德志:《法治民主》,天津人民出版社 2010 年版,第 4 页。

明确指出:"人民通过选举、投票行使权利和人民内部各方面在重大决策之前进行充分协商、尽可能就共同性问题取得一致意见,是我国社会主义民主的两种重要形式。"

一、协商民主的主要内容

(一)协商民主的缘起

协商民主的最初源头可以追溯到古希腊。在雅典的公民大会上,人人均可发言,决定问题大都采取投票表决方式,但有时也采取协商方式。中世纪意大利的一些城市共和国也有采取协商民主形式的。显然,这种政治形式受到亚里士多德的关注,他在其《政治学》中就曾论述说:"当他们合而为一个集体时,却往往可能超过少数贤良的智能。……如果许多人(共同议事),人人贡献一分意见和一分思虑:集合于一个会场的群众就好像一个具有许多手足、许多耳目的异人一样,他还有许多性格、许多聪明。……有些人欣赏这一节,另些人则被另一些人所感动,全体会合起来,就完全领略了整篇的得失。"①在这里,亚里士多德已经认识并肯定了人人可以发表意见的意义与价值。

近代英国学者密尔也曾就协商与审议活动发表过相当有见地的言论,他在《代议制政府》一书中写道:"较之任何个人,机构更能胜任审议活动。当要确保许许多多相互冲突的观点得到倾听和考虑是必要或重要的时候,一个审议式的机构是必不可少的。"②当然,在密尔的政府规划方案中,审议活动最好还是限定在议会之内,限定在通过比例代表制选出的议员大会中。③ 这与当今学者所谈的协商民主又大异其趣。

自近代代议制民主兴起以来,选举民主或票决民主一直是民主政治的中心问题与中心环节。通过票决或选举民主,西方社会普遍建立了竞争性选举制度。特别是随着普选权的确立及真正的普选的实施,选举民主取得了重大发展,以致人们曾一度产生错觉,认为以自由民主为核心的西方民主有着无限美好的未来。在苏联东欧剧变后,有些信奉自由民主理论的专家干脆明言,自由民主就是"历史的终结"。但是,西方民主政治的发展现实

---

① [古希腊]亚里士多德:《政治学》,吴寿彭译,商务印书馆 1996 年版,第 143 页。

② Mill, *Considerations on Representative Government*, p.424.

③ [英]保罗·金斯伯格:《民主:危机与新生》,中国法制出版社 2012 年版,第 62 页。

打碎了这种自由主义的迷信。西方民主政治理论与实践在痛苦中蜕变,于是协商民主理论得以提出并发展。20 世纪 80 年代以来,西方政治学界开始关注协商民主的理论与实践,提出了协商民主理论。罗尔斯、吉登斯、哈贝马斯等著名西方学者都是协商民主的积极倡导者。

　　1980 年,约瑟夫·毕塞特在《协商民主:共和政府的多数原则》一文中首次在学术意义上使用"协商民主"一词。① 在这篇文章中,他反对精英主义,主张公民参与。1987 年,伯纳德·曼宁在《政治理论》第 15 期上发表了《论合法性与政治协商》一文。1989 年,乔舒亚·科恩发表了《协商与民主合法性》一文。20 世纪后期,由于罗尔斯和哈贝马斯的加入,使得协商民主受到了广泛的关注。德雷泽克认为,"20 世纪 90 年代以来,民主理论明显走向了协商。我们看到,在人们对与集体决策相关的内容进行有效协商的能力或机会上,民主都逐渐赢得了合法性。……现在,人们更多地认为,民主的本质是协商,而不是投票、利益聚合与宪法权利,甚或自治"②。民主本质的协商倾向,为当代民主政治运作提供了实现真实民主的新策略和新路径。

　　(二)协商民主的概念

　　协商民主是一种重要的民主实现形式,它是指政治共同体中的自由、平等公民,通过参与立法和决策等政治过程,赋予立法和决策以合法性的治理形式,协商民主强调对话、讨论、审议和共识。③ 西方学者在论述协调民主时,主要是"用它来标识一种致力于改善民主质量的政治途径。改善政治参与的性质和形式,而不只是增加政治参与的机会"。④ 协商民主理论力图通过完善民主程序、扩大参与范围、强调自由平等的对话来消除冲突、保证公共理性和普遍利益的实现,以修正传统民主模式的缺陷与不足。

---

　　① Joseph. M. Bessette, "Deliberative Democracy: The Mjority Principle in Republican Govermment", in *How Democratic Is the Constition*? Des. Robert A.Goldwin and William A Schambra, Washington:American Enterprise Institure, 1980,pp.102 - 116.

　　② [澳大利亚]约翰·S.德雷泽克:《协商民主及其超越:自由与批判的视角》,丁开杰等译,中央编译出版社 2006 年版,第 1 页。

　　③ 参见陈家刚:《协商民主与当代中国民主政治的发展》,2006 年 8 月 30 日,见 http://theory.people.com.cn/GB/41038/4758109.html。

　　④ [英]戴维·赫尔德:《民主的模式》(最新修订版),燕继荣等译,中央编译出版社 2008 年版,第 266 页。

科恩曾说:"民主决定于参与,即受政策影响的社会成员参与决策。"① 协商民主尊重公民的利益表达,促进广泛的参与,从而使决策更民主、更完善。它是对间接民主、代议民主和远程民主的完善和超越,因为简单的多数原则、代议制,以及远程通信都无法充分体现全体民众的真实意愿,无法形成有利于公共利益的决策。

协商民主概念是基于政治正当性(justification)理想而形成的,依据这种理想,证明行使集体政治权力的正当性是为了平等公民之间自由、公开、理性地行使权力。协商民主使这种理想制度化,它是通过提供有利于参与、交往和表达的条件而促进平等公民自由讨论的一种社会和制度条件框架,还是以定期的竞争性选举、公开性和司法监督等形式确保政治权力的回应性和责任性框架,将行使公共权力的授权与这种讨论联系起来。② 伯纳德·曼宁认为,民主的"合法性的源泉不是个人先定的意志,而是它的形成过程,即协商本身"。③ 协商民主不认为偏好不是固定的,认为应当建立一种学习过程,在此过程中并通过此程序,人们为了形成一种明智且理性的政治判断,在相互理解的一系列问题上达成一致的意见。协商民主的过程并不是简单地将人们的判断和过程视为一种既定的东西,而是认为这种政治判断是在过程中不断思考和学习的结果。

协商民主的内容比较复杂,且尚未有统一的规定内容。其中,哈贝马斯将协商民主定义为基于宪法的程序理论。从协商民主的角度看,宪法程序应该具有这样的结构,可以把决策从权力和金钱转向协商。要利用法律限制权力和金钱,并平均分配机会,通过选票和说服进行集体决策。如果这些程序以沟通力替代或限制了其他权力,则其结果较其他可能的政治安排更为合法,更为理性,更为道德。协商民主的程序主义同大家较熟悉的自由主义理论不同,后者一般会对议题实质内容加以限制。比如,罗尔斯规定论点和意愿必须是"合理的",阿克曼要求它们是"道德中立"的。相比之下,协商民主的程序主义利用法律限制强制力和金钱的力量,限制的是政治决策

① [美]科恩:《论民主》,商务印书馆1988年版,第12页。

② 参见[美]乔舒亚·科恩:《协商民主的程序与实质》,张彩梅译,载陈家刚选编:《协商民主》,上海三联书店2004年版,第172—173页。

③ 转引自[英]戴维·赫尔德:《民主的模式》(最新修订版),燕继荣等译,中央编译出版社2008年版,第267页。

的媒介而不是实质。

（三）协商民主的作用与价值

协商民主有着广泛的适用性。赫尔德等学者提出全球民主的概念,也标明在日益全球化的今天,全球民主或国际民主越来越受到人们的重视,从目前的世界局势和民主政治实践来看,协商民主应当是其首选的民主形式。无论是现有的联合国运作形式,还是相关国际组织运作形式,主要是运用协商民主在开展工作。从区域国际合作来看,协商民主是消除欧盟合法性危机的恰当安排和选择,只有在相互协商、包容差异性的条件下,欧盟才能得以维持和发展。在国家制度层面上,美国芝加哥市公立学校和治安体制的制度变革,即鼓励更多公民参与决策、包容各种不同意见和观点,使其具备了正式的参与和协商的特征。在巴西,协商实践体现在参与式预算改革,公民直接参与政策的制定,促进公共学习并积极行使公民权利,通过改良的政策和资源分配实现社会公正,改革管理机制。① 著名的阿雷格里港模式所体现的参与式预算程序得到推崇。英国伦敦哈罗区开放性预算程序,也是一项值得称道的协商民主实践。2005 年 3 月的一个星期天下午,经过公平参与程序所招募来的300 多名居民参加了长达 6 个小时的审议,讨论并投票表决了哈罗区 2006—2007 年度财政预算的优先处理事项,并选举产生了开放性预算小组,负责监督政府拟定预算工作,并向居民会议汇报优先事项落实情况。学者们认为,阿雷格里港的参与预算实践及伦敦哈罗区的实践,有助于扩大参与公民的范畴,并且促使市民与行政机构、政治人物的正当关系,将家庭、街坊与市民社会团体、地方政府以一种连贯的活动形式联系了起来,②促进了审议民主建设。

作为一种复兴的民主范式,协商民主在现实政治实践中具有超越既有政治模式的意义。协商民主能够促进决策合法化、控制行政权力膨胀、培养公民美德和平衡自由主义的不足。③ 具体说来:第一,协商民主能够增强民主政治的合法性。"合法性即是对统治权利的承认。"④这种承认是建立在

---

① 参见陈家刚:《协商民主与当代中国民主政治的发展》,载人民网,2006 年 8 月 30 日,http://theory.people.com.cn/GB/41038/4758109.html。

② 参见[英]保罗·金斯伯格:《民主:危机与新生》,中国法制出版社 2012 年版,第73—75 页。

③ 参见陈家刚:《协商民主引论》,《马克思主义与现实》2004 年第 3 期,第 31 页。

④ [法]让·马克·夸克:《合法性与政治》,佟心平、王远飞译,中央编译出版社 2002 年版,第 10 页。

认同、价值观及同一性和法律等条件基础之上,其核心是被统治者的首肯、广泛的社会认同、深厚的社会价值观基础以及法律对这些价值观的认可、保护和升华。这种首肯和认同的前提是,社会有一个可以进行自由沟通、平等协商和相互交涉的制度机制。凭借这种制度机制,国家权力机构利用所掌握的各种资源对社会施以控制或管理。同样,社会也可利用自己的资源对国家权力的行使进行批评、监督、抵制。这一合法性的确立过程正是统治秩序的合法化过程。第二,协商民主能够推动公民的直接参与。阿伦特认为,在代议制民主政治中,选民虽然可以通过民意代表捍卫自己的私人利益,但公民直接参与政治活动的大门却由此而被关闭了。公开性能够使公民仔细审视协商过程,真实的意见唯有通过在公共领域的公开讨论才能形成,而不是被代表。第三,协商民主能够增进集体理性,促使人们能够更好地相互理解并尊重他人,促进多元文化的理解与相互信任,从而提高公民美德。这不仅仅出于多数的意愿,而且还基于集体的理性反思结果,这种反思是通过在政治上平等参与尊重所有公民道德和实践关怀的政策制定活动而完成的。第四,协商民主能够增进社会共识和公民责任感。票决民主是以多数决定为原则,对少数人的意见可以视而不见。协商民主则可以让少数人的意见得到充分表达,并提供通过商谈促使讨论者意见转换的可能,通过偏好转移,扩大社会共识。由于知道特定建议的来源,以及其背后的理论依据,公民就能够更好地支持特定政策的机构、政党和组织。

西方学者对协商民主的优点早有研究,他们认为:第一,协商民主有能力产生更好的决定,因为在协商、讨论的过程中,相关问题被多角度、多方面审视,可能得出新的解决方案或调解方案,政治家们能够更清楚地了解公民的想法;第二,由于决策是各个多元化利益团体博弈的结果,而不是由一个封闭的决策者小圈子决定,因而能够强化决策的正当性;第三,协商与讨论的过程强化了公民美德,它教导人们多方面了解别人的观点与看法,培育了公民之间的信任。[1]

(四)中国协商民主的理论与实践发展

协商民主政治实践在中国实行了半个多世纪,反映了中国社会民主政

---

[1] 参见[英]保罗·金斯伯格:《民主:危机与新生》,中国法制出版社 2012 年版,第 61 页。

治的实际情况和现实需要。相较于西方当代民主政治中所提倡的协商民主理论与实践,中国的政治协商理论和制度有着自己的理论体系和表现特点。中国的民主政治协商理论发源于新民主主义革命时期的统一战线理论,经过长时期的社会主义革命与建设过程中的探索,以及对新中国民主政治协商的发展、总结与提高,中国已初步建立和完善了具有中国特色社会主义的政治协商理论与制度。总的来说,当代中国的协商民主是中国共产党领导的、以多党合作与政治协商为核心内容的、以提高决策民主化为目标的及以法律化、制度化、程序化建设为保障的民主形式。

1.中国式协商政治的传统

在中国,政治协商有着悠久的历史传统。有学者认为,自公元前 841 年国人赶走残暴的周厉王、建立周召"共和"时期,即开始了政治协商的传统。这种"共和"最通俗的理解就是非君主统治,其基本的精神就是协商政治的精神,即治理天下的事不仅仅是天子的事,要天下人共同商量。① 周召共和时期的协商主要包括两个层次:一是贵族与平民的协商;二是贵族之间的协商。协商者之间存在着公共的利益,那就是反对有违天下为公之道的暴政。贵族与平民在防止国王暴政上有一致的利益,这是他们合作协商的基础。虽然贵族与平民也是有矛盾的,而且他们之间的地位是不平等的,但合作的空间仍然存在。由此可见,中国古代政治的协商传统是一种非对称性的协商。② 实际上,不管是在古代社会,还是在现代社会,社会中总是存在着不平等,总是存在得到多与得到少的人。尽管当代协商民主理论强调平等主体之间的协商,但形式上的平等无法掩盖实质上的不平等。形式上平等的主体,在实际协商过程中,总会存在着某些少数人的意见会对结果产生更大的影响的情况。这就是协商过程中的非对称性,是一种普遍现象。非对称性针对的是影响公共意见的资源,包括权力、财富、地位和知识等,这在古代协商政治中是一项基本事实。贵族与平民之间的协商、贵族与贵族之间的协商、君主与贵族之间的协商都具有这种非对称性。这种非对称协商的主体在地位和影响力上常常是不平等的。但这并不意味着中国现实中的协商

---

① 参见储建国:《非对称协商:中国的共和传统》,《中国民主的制度结构》(即:《复旦政治学评论》第六辑),上海人民出版社 2008 年版,第 198—199 页。

② 参见储建国:《非对称协商:中国的共和传统》,《中国民主的制度结构》(即:《复旦政治学评论》第六辑),上海人民出版社 2008 年版,第 200—202 页。

政治与协商民主就没有关联,因为除了平等主体之一条件难以完全满足外,公益主导、理性讨论、寻求共识这几个要素是可以满足的。① 这种非对称性协商的传统对中国政治发展有着一定的影响。

2.中国共产党统一战线理论与政治协商理论的发展

当代中国社会主义协商民主理论应当说是发源于中国共产党的统一战线理论。在新民主主义革命过程中,建立中国共产党领导下的革命统一战线,调动一切积极因素赢得革命的胜利,被认为是中国革命取得胜利的三大法宝之一。建立革命统一战线,就意味着中国共产党必须要同资产阶级、小资产阶级及同情革命的人士取得共识,为了共同的目标努力斗争。早在1922年中国共产党第二次全国代表大会上,中共中央就提出了最高革命纲领和最低纲领,提出了以打倒帝国主义和封建主义为目标的新民主革命纲领。基于此目标,中国共产党从理论上解决了与民族资产阶级、小资产阶级等进行联合斗争的问题。在联合斗争的过程中,中国共产党十分重视与其他阶级政治势力的民主协商。早在1941年,毛泽东就说过,"国事是国家的公事,不是一党一派的私事",共产党人"一定要学会打开大门和党外人士实行民主合作的方法","一家盯学会善于同别人商量问题"。② 正是有了革命统一战线这一法宝,中国共产党人联合了一切可以联合的力量,领导中国人民推翻了帝国主义、封建主义和官僚资本主义的统治与压迫,取得了新民主主义革命的胜利,成立了新中国。

在筹建新中国的过程中,中国共产党并未丢掉革命统一战线与政治协商的传统,而是在社会主义革命与建设过程中进一步发展了社会主义革命与建设的统一战线理论,继续健全和发展民主政治协商制度,联合资产阶级和小资产阶级及一切进步、爱国力量,取得了社会主义革命和建设的重大胜利。1949年9月,中国共产党同各民主党派和无党派民主人士一道举行了中国人民政治协商会议,制定了在当时起着临时宪法作用的《中国人民政治协商会议共同纲领》,共同筹建了新中国。由此,初步形成了中国特色的政治制度,即中国共产党领导的多党合作与政治协商制度。这一制度是在党领导中国人民争取民族独立和阶级解放的长期武装斗争历程中逐步形成

① 参见储建国:《非对称协商:中国的共和传统》,《中国民主的制度结构》(即:《复旦政治学评论》第六辑),上海人民出版社2008年版,第198页。
② 参见《毛泽东选集》第三卷,人民出版社1991年版,第809—810页。

的,在党领导中国人民进行社会主义建设和改革开放的伟大实践中不断完善和发展,它既不同于西方资本主义国家的多党制或两党制,也有别于一些国家实行的一党制,这是我国政治制度中的一个特点,也是一个优点。新中国成立后,许多民主党派在立法、行政、司法机关以及政协中担任了重要职务,发挥了参政议政作用。1956 年社会主义改造基本完成后,中国共产党又提出了"长期共存、互相监督"的方针,进一步巩固了我国的多党合作与政治协商制度。虽然在 1957 — 1976 年间,中国的革命统一战线及多党合作、民主政治协商制度一度遭到破坏,但在十一届三中全会以后,社会主义爱国统一战线与新形势下的政治协商制度又继续得以坚持和发展下来,并形成了具有中国特色的、适应当代中国民主政治发展需要的社会主义爱国统一战线与政治协商制度。

3.中国共产党领导的多党合作制与政治协商制度的形成与发展

当代中国的民主协商制度是基于中国的宪法原则和规范之上的,主要是中国共产党与民主党派的政治协商制度。[①] 政治协商是中国特色社会主义民主政治制度的重要组成部分,是我国的一项基本政治制度,也是协商民主的最重要的形式。它是中国共产党领导下的,各政党、各人民团体、少数民族和社会各界的代表,以中国人民政治协商会议为组织形式,经常就国家的大政方针进行民主协商的一种制度。政治协商有利于实现最广泛的政治参与,有利于有效地实现广大人民的民主权利,有利于最大限度地包容和吸纳各种利益诉求。我国的多党合作和政治协商制度在社会主义民主政治建设中发挥着重要的作用,体现了政治参与、利益表达、社会整合、民主监督、维护稳定的价值和功能。

除了中国人民政治协商会议外,在中国协商民主实践中,还发展出了多种多样的民主协商形式,主要有各级政府主动实施的民主恳谈会、听证会、社区议事会等。这些民主协商形式,丰富和发展了中国协商民主制度。

随着我国社会主义市场经济的发展,我国的利益主体日益多元,利益分化逐渐明显,同时,各种不同的利益也存在着严重的冲突。因此,化解分歧、消除差异,已成为我国政治、经济、社会、文化发展的关键。协商民主承认并

---

① 参见李君如:《怎样看待当前中国政治体制改革和民主政治发展的走势》,载唐晋主编:《崛起进程中的中国式民主》,人民日报出版社 2008 年版,第 12 页。

接受多元社会的现实,承认各种利益主体的差异与分歧,在此基础上,通过平等对话与协商,尽可能地消除分歧,缩小差异,达成社会和谐。平等是协商的伦理基础,它的缺失将在两个方面损害协商民主:其一是使参与广度受限,体制歧视或社会歧视将使少数群体或弱势力量被排除在公共事务的决策参与之外;其二是使参与深度不足,社会地位不平等或参与权力的不平等,既可能导致各方意见表达和理性辩驳的不充分,又可能导致强势力量的独断。① 协商民主是一种对话、讨论和妥协的过程,协商过程是平等的,且不能仅仅局限于政策咨询或垂询。

4.协商民主的作用

协商民主对完善我国社会主义民主政治有着重要的作用。第一,协商民主有助于进一步扩大公民有序的政治参与,使民意表达渠道得以通畅。政治协商会议、听证会、民主恳谈会等方式有利于更多的民众参与讨论和决策,提出解决社会矛盾的方案进行充分的论证,寻找合理的而且为各社会主体所接受的可行的解决方法,实现民主决策,防止决策失误而导致的社会混乱。第二,协商民主强调平等参与,不论是执政党还是参政党,不论是政府还是公民,不论是社会精英还是平民百姓,都有权依照法律和制度参与公共论坛,就各方所关心的问题进行民主协商,有利于实现政府权力和公民权利、公民权利和公民义务的合理配置,防止政府滥用权力和公民滥用权利所导致的矛盾纠纷。第三,协商民主在公共理性的指导下进行沟通,公共理性保障参与各方在协商过程中反复交换意见,展开争议,辩明是非,达成协议,能更好地促进公共利益,更全面地反映广大人民的利益和意愿。第四,协商民主通过民主实践,培养公民的民主精神和民主意识,通过公共领域的理性对话,让各种不同的意见与要求都表达出来,通过相互妥协与偏好转换,达成一定的共识,使公共决策尽可能地实现各方利益的均衡。第五,同时吸纳各种正确意见,推进决策科学化、民主化,有利于建立结构合理、配置科学、程序严密、制约有效的权力运行机制,从决策和执行等环节加强对权力的监督,保证把人民赋予的权力真正用来为人民谋利益。

---

① 参见王洪树:《协商民主的缺陷和面临的践行困境》,《湖北社会科学》2007 年第 1 期,第 21 页。

二、协商民主的法律制度建构

加强协商民主的法律制度建设是发展协商民主的根本保障。通过对协商民主的原则、程序和运行方式以及协商民主参与者的资格、权利和义务、责任等进行法律规制,为协商民主提供指引、规范和约束,构建理性的公共讨论平台,完善民主协商的组织机构与制度形式,界定参与主体参与民主协商的顺序、方式和手段的规则,规范公民参与民主协商的进程、次序、步骤、环节,约束协商主体的行为,规定协商主体的权利和义务,明确协商结果的法律效力及违反协商结果的法律责任,从而达到协商民主的法治化。审视我国目前已有的有关政治协商的法律规则,可以根据这些法律的来源及力量的强弱,将它分为两个部分:硬法规则(即成文宪法和成文法律规则);软法规则。为了进一步推进协商民主,有必要时应当将某些宪法惯例或软法规则通过立法形式转化为成文法律,使之更具权威性和强制力,以此规制和促进协商民主的稳健发展。另外,其他有社会组织及公众参与的多种多样的民主协商形式也应得到肯定和规范,在总结实践经验的基础上,确立相应的规范,必要时上升为法律规范,使之具有法律强制力和规范效力。

(一)多党合作与政治协商会议法律制度的完善

我国现行政党合作与政治协商会议法律制度包括硬法规则(成文宪法和成文法律规则)与软法规则两大部分。法律制度的完善主要是适时地将行之有效的软法规范适时通过立法形式转化为有强制力的硬法规范,如将参政党的法律地位法律化,将政治协商会议的主体、议程、规则及长期以来形成的宪法惯例法律化。

1.硬法规则

亦称为刚性的法,通常是国家权力机关以立法方式通过的宪法与法律,具有国家强制力。它主要是指:

第一,宪法性规则。宪法是构建协商民主的最高的法律权威。国外宪法的相关内容可供我们借鉴。孙斯坦认为:"一部宪法应当能够促进协商,意思是说,将政治可信度跟高度的反思以及说理的一般承诺结合起来。"①也就是说,整个国家法律体系的发展必须寻求建立一个具有合法性、反思性

---

① [美]凯斯·R.孙斯坦:《设计民主:论宪法的作用》,金朝武、刘会春译,法律出版社2006年版,第5页。

和说理性的开放式宪法法治结构。美国宪法最重要的设计就是创立协商民主体制。在该体制下,公众的代言人将在最大限度上对人民负责,并努力为人民提供一种不受派系和利益团体支配的协商形式。沃泽尔也认为,美国宪法的协商功能并不在于它专门为国家权力机构间的协商提供了机会,而在于它保护了更广范围公共领域的协商。① 可以说,宪法为公共领域设定了法律框架,为协商主体设定了权利义务,为协商议题规定了大致的范围,并确立了协商程序的基本原则。《俄罗斯联邦宪法》则明确规定了协商民主的相关内容,其第八十五条规定:"俄罗斯联邦总统可利用协商程序解决俄罗斯联邦国家权力机关和俄罗斯联邦各主体国家权力机关之间以及俄罗斯联邦各主体国家权力机关之间的分歧。在不能达成一致决定的情况下,他可将争议的解决转给相应的法院审议。"为了保障协商民主施行的可靠性,将协商民主纳入法律保护的范畴中来,在宪法中予以写明是一项重要的选项。

协商民主的起点即是构建公共领域。但是,公共领域随着近现代宪法的产生而逐步形成,宪法通过规定国家权力和公民权利各自的权利义务以界分国家与社会,从而为公共领域的形成提供了法律前提。孙斯坦认为:现代宪治实践要求公共领域的运行必须以宪法和法律规定公民的基本自由为前提,遵从法定程序,人们在其中就有关公共利益和影响公众生活的社会规则进行讨论,规范和合理性通过自由辩论和理性反思来加以解决。实践表明,公共领域已经成为当代国家的公民和政府之间、公民和公民之间通过自由沟通以形成理解或通过说理以达成妥协的机制或制度化渠道,而宪法则是规制公共领域运行的根本准则。②

宪法也规定了人在政治共同体中的公民身份与公民权利。哈贝马斯认为,"当代宪法得益于这样一理性法的观念,即公民有权利自己决定组成一个共同体,而且,在这个共同体里面,所有公民都是自由而平等的权利伙伴。……一部宪法可以说就是一件历史设计。公民代代相传,但永远都必

---

① Michael Walzer, "Constitutional Rights and The Shape of Civi Society", in *The Constitution of The People*: *Reflections on Citizence*, University press of Kansas, 1991; Michael Walzer, Multicuturalism and Individualism, *Dissent*, 1994, Vol. 41, No.2.pp.185 – 191.

② 参见戴激涛:《论宪法对协商民主的规范与保障》,《岭南学刊》2008 年第 2 期,第55—56 页。

须遵守宪法。"①社会成员由宪法获得政治共同体成员的公民身份,取得了公民的权利,从而成为参与共同体政治的身份与资格,进而在宪法规范条件下,就共同利益进行协商,达成社会共识。

我国宪法对协商民主有着明确的规定。如宪法序言中明确指出,中国共产党领导的多党合作和政治协商制度将长期存在和发展。中国人民政治协商会议是我国最重要的政治协商组织形式,它既不同于全国人民代表大会,也不同于西方代议制的上院(参议院)这样的国家权力机构,它不是政府或行政机关,也不是一般的社团,它是由中国共产党、各民主党派、人民团体、各界别和各少数民族的代表、台湾同胞、港澳同胞和归国侨胞的代表以及特别邀请人士组成的中国人民统一战线组织,是中国共产党领导的多党合作和政治协商的重要机构。在中国人民政治协商会议形式下,虽然不是全体公民都能参与民主协商,但它是由一批具有广泛代表性的公民组织和公民直接平等地参与的民主协商。它能够让各种不同的利益主体在这里找到表达利益要求的机会,能够通过政治协商形式整合各种不同的政治主张,从而实现观念整合,扩大全民共识。这是从中国这样一个人口众多的实际情况出发而确立的具有中国特色的协商民主形式。这种政治协商民主形式,既能够有效地保证政协委员进行政治协商、民主监督、参政议政,又能把"民主"与"团结"统一起来,实现了党派和谐、民族和谐、界别和谐、海内外同(侨)胞和谐,进一步促进了社会整合,可以说,它是我国社会在向多样化、动态化、社会化方向发展的过程中,在和谐发展这一新的起点上实现的整合。②

从中华人民共和国的历史来看,最早的规范政治协商制度的法律性文件是1949年9月制定的《中国人民政治协商会议共同纲领》,该纲领在当时(1949—1954年)实际上起着临时宪法的作用。我国1954年宪法确认了以中国共产党为领导的各民主阶级、各民主党派、各人民团体的广泛的人民民主统一战线,并规定在动员和团结全国人民完成国家过渡时期总任务和反对内外敌人的斗争中,将继续发挥人民民主统一战线的作用。而1975年

---

① 〔德〕尤尔根·哈贝马斯:《包容他者》,曹卫东译,上海人民出版社2002年版,第237页。

② 参见李君如:《怎样看待当前中国政治体制改革和民主政治发展的走势》,载唐晋主编:《崛起进程中的中国式民主》,人民日报出版社2008年版,第11页。

宪法、1978 年宪法则把"人民民主统一战线"修改为"革命统一战线",并根据形势需要对统一战线的主体和内容作了改变。1982 年宪法及以后的四个修正案,明确规定:"社会主义的建设事业必须依靠工人、农民、知识分子,团结一切可以团结的力量。在长期的革命和建设过程中,已经结成由中国共产党领导的,有各民主党派和各人民团体参加的,包括全体社会主义劳动者、社会主义事业的建设者、拥护社会主义的爱国者和拥护祖国统一的爱国者的广泛的爱国统一战线,这个统一战线将继续巩固和发展。中国人民政治协商会议是有广泛代表性的统一战线组织,过去发挥了重要的历史作用,今后在国家政治生活、社会生活和对外友好活动中,在进行社会主义现代化建设、维护国家的统一和团结的斗争中,将进一步发挥它的重要作用。"另外与此相关的规定有:"全国各族人民、一切国家机关和武装力量、各政党和各社会团体、各企业事业组织,都必须以宪法为根本的活动准则,并且负有维护宪法尊严、保证宪法实施的职责"(宪法序言);"一切国家机关和武装力量、各政党和各社会团体、各企业事业组织都必须遵守宪法和法律。一切违反宪法和法律的行为,必须予以追究"(第五条第三款)。

第二,法律规范。与政治协商制度有关的法律和行政法规有很多。在权利保障方面,宪法及相关法律提出并保障公民的基本权利,如公民有言论、出版、结社自由,有知情权、监督权、建议权、批评权等,这些权利对公民参与民主协商、形成公共领域的共识有着重要的意义;在协商制度方面,法律规定了听证制度、自治制度等内容;在协商程序方面,相关法律也有一定的规定,如听证程序、专家咨询制度等。如我国《立法法》第三十四条规定:"列入常务委员会会议议程的法律案,法律委员会、有关的专门委员会和常务委员会工作机构应当听取各方面的意见。听取意见可以采取座谈会、论证会、听证会等多种形式。"第三十五条规定:"列入常务委员会会议议程的重要的法律案,经委员长会议决定,可以将法律草案公布,征求意见。各机关、组织和公民提出的意见送常务委员会工作机构。"我国《行政法规制定程序条例》第十二条规定:"起草行政法规,应当深入调查研究,总结实践经验,广泛听取有关机关、组织和公民的意见。听取意见可以采取召开座谈会、论证会、听证会等多种形式。"这些法律规定,为我国立法协商提供了法律依据。

2.软法规则

亦被称为非强制性规范,或不具成文法形式但在实际运作中起规范作用的规则、规范。

在讨论中国协商民主的时候,必须注意到软法的理念。我国学者罗豪才、姜明安、宋功德、胡旭晟等以软法为分析工具,深入分析和考察了中国的多党合作与政治协商制度,论证了我国协商民主的软法机制。在实行依法治国条件下,我国的政治协商制度已经被纳入到法治轨道,且日益法治化。① 从宏观层面上来看,票决民主主要(但不限于)体现为我国的根本政治制度——人民代表大会制度,协商民主主要(但不限于)体现为我国另一项基本政治制度——中国共产党领导下的多党合作和政治协商制度。从具体运作来看,现代民主都是制度民主、规则民主,即必须用科学的法律制度和程序规则来加以规范。在中国,票决民主主要是由全国人大及其常委会等正式的立法机关制定各种传统意义上的法律来规范的,而协商民主由于其内在机制相比票决民主而言更具有开放性、包容性、公众的参与性和交涉过程中的弹性,因而主要是通过各方共同认可的惯例或共同协商形成的规范性文件等软法来调整。②

软法又称软规则或无约束力规范,它是指不能运用国家强制力保证实施的法规范。③ 一般来说,软法包括如下四种规范:第一种,国家立法中的非强制性规范,如法律、法规和规章中的那些旨在描述法律事实或者具有宣示性、号召性、鼓励性、促进性、协商性、指导性的法规范。第二种,国家机关依法制定的规范性文件中的那些不能运用国家强制力保证实施的非强制性规范,如国家机关依法创制的纲要、指南、标准、规划、裁量基准、办法等。第三种不能运用国家强制力保证实施的政治组织创制的自律性规范,如政党有关执政、参政、议政等政治问题的自治律规范。第四种,不能运用国家强制力保证实施的社会共同体创制的自治规范。④ 非经国家立法机关或其他有权机关制定的、具有惩罚性的规范,但在实际运作过程中能够起到规范作

---

① 罗豪才、胡旭晟:《对我国多党合作与人民政协的法学考察——以"软法"为主要分析工具》,载罗豪才等:《软法与协商民主》,北京大学出版社 2007 年版,第 99—115 页。

② 罗豪才、胡旭晟:《对我国多党合作与人民政协的法学考察——以"软法"为主要分析工具》,载罗豪才等:《软法与协商民主》,北京大学出版社 2007 年版,第 102 页。

③ 罗豪才、宋功德:《软法亦法——公共治理呼唤软法之治》,法律出版社 2009 年版,第 3 页。

④ 参见罗豪才、宋功德:《软法亦法——公共治理呼唤软法之治》,法律出版社 2009 年版,第 2—3 页。

用,具有一定的法律效力。① 我国协商民主的软法规则包括宪法惯例、中国人民政治协商会议章程和各种条例、规定和意见。虽然这些软法不是成文法,但它在政治实践中确实具有一定的法律效力,对我国的民主政治协商有着实在的影响力和规范性。

第一,宪法惯例。常见的宪法惯例有:中共中央每当有重大的方针政策或重要人士安排,都要事先征求各民主党派领导人和无党派代表人士的意见;各级人民代表大会会议和政治协商会议基本上同时召开;每当各级政协召开大会时,同级党政领导均需列席会议,听取意见;每年的政府工作报告在递交人民代表大会之前都要事先征求各民主党派和无党派代表人士的意见;人民政府和人民法院、人民检察院向各级人民代表大会报告工作时,同级政协委员须全体列席人代会听取报告,并进行专题审议;各政党可以本党派的名义在人民政协中开展政治活动;各民主党派派员进入同级人大、政府、政协领导班子担任职务;各民主党派之间有重大的共同性事务需要协商或处理时,通常由中共党委统战部出面组织和协调;等等。② 这些宪法惯例符合我国的宪法精神与民主法治的发展方向,确保了民主协商的正常开展及其规范化。

第二,章程、条例、意见和纪要。具有软法效力的章程、条例、意见、纪要主要有《中国人民政治协商会议章程》(1982 年制定并经多次修订)、《中共中央关于进一步加强中国共产党领导的多党合作和政治协商制度建设的意见》(2005 年,中发[2005]5 号文件)、《中共中央关于加强人民政协工作的意见》(2006 年,中发[2006]5 号文件)。这些法律文件对我国人民政协工作和政治协商制度作了全面而系统的规范,构成我国人民政协工作及政治协商制度的基本法律依据。虽然这些法律文件并不是法定的立法机关制订的正式法律文本,但是它具有法律的基本标准,因而可以称之为软法。这些标准包括:制定程序的正规性、开放性和民主性或协商性;规范内容的明确性和可操作性(作为基本法还须具有系统性);保障措施的外在性、物质性和约束性。以这三项主要标准来衡量,上述规范性文件就是法律。③

---

① 参见罗豪才等:《软法与公共治理》,北京大学出版社 2006 年版,第 1 页。
② 参见罗豪才、胡旭晟:《对我国多党合作与人民政协的法学考察——以"软法"为主要分析工具》,载罗豪才等:《软法与协商民主》,北京大学出版社 2007 年版,第 105 页。
③ 参见罗豪才、胡旭晟:《对我国多党合作与人民政协的法学考察——以"软法"为主要分析工具》,载罗豪才等:《软法与协商民主》,北京大学出版社 2007 年版,第 109 页。

这些软法规范对民主政治协商的主体、内容和程序都作出了明确规定。在主体规定方面,确定了中国的8个民主党派及全国工商联合会、无党派民主代表人士,其中对其人员资格及协商议政能力都作了具体规定。在协商内容方面也有明确规定,如《中国人民政治协商会议章程》第二条规定:"政治协商是对国家和地方的大政方针以及政治、经济、文化和社会生活中的重要问题在决策之前进行协商和就决策执行过程中的重要问题进行协商。"中共中央2005年颁布的《关于进一步加强中国共产党领导的多党合作和政治协商制度建设的意见》第十条规定:"协商的内容包括:中共全国代表大会、中共中央委员会的重要文件;宪法和重要法律的修改建议;国家领导人的建议人选;关于推进改革开放的重要决定;国民经济和社会发展的中长期规划;关系国家全局的一些重大问题;通报重要文件和重要情况并听取意见,以及其他需要向民主党派协商的重要问题等。"2006年颁布的《关于加强人民政协工作的意见》第九条规定:"人民政协政治协商的主要内容是:国家和地方的大政方针以及政治、经济、文化和社会生活中的重要问题;各党派参加人民政协工作的共同性事务,政协内部的重要事务以及有关爱国统一战线的其他重要问题。"在操作程序方面也有许多具体规定。程序规定主要包括《中国人民政治协商会议全国委员会常务委员会工作规则》、《中国人民政治协商会议全国委员会专门委员会通则》、《中国人民政治协商会议全国委员会关于政治协商、民主监督、参政议政的规定》、《中国人民政治协商会议全国委员会提案工作条例》等规范性文件。另外,全国各地制定的落实中共中央相关文件的实施办法、各民主党派的联合座谈会"纪要"、各级政协的各种规章制度(如工作规则和工作条例)等,都对协商程序作出了明确的规定。

3.政党合作与政治协商会议制度法律制度的完善

软法与硬法的区分虽然有其特定的标准,但是在实际运作过程中,其效力尚有一定的区别。相比而言,软法规范的权威性与强制力明显弱于硬法规范。因此,在协商民主发展过程中,有必要将符合实际需要且运行有效的软法规范通过立法程序,将其正式制定为成文法律规范,以增强其规范性与权威性,巩固协商民主的基础,扩展协商民主的领域,确立协商民主的程序与形式,以此一步一步地推进协商民主纵深发展。

就目前中国协商民主的实践来看,有必要或是制定新法,或是将比较成熟的惯例与软法规范通过立法形式转化为硬法规范。比如,根据宪法序言的相关规定,有必要制定参政党参政议政的法律,明确参政党参政议政的权利,明确参政议政的范围、程序与方法,明确参政党的监督权力。再如,中国人民政治协商会议已经走过六十余年,有成功的经验,也有失败的教训,改革开放以后,政治协商会议制度已得到完善并走向成熟,目前已有多部规范性文件对之作出规定,在实际操作中也有比较稳固的形式与程序,有的甚至成为不成文的宪法惯例。全国政协参与全国人大会议、听取政府工作报告等,事实上已具有一定的规范性。因此,有必要通过立法形式将政治协商会议的主体、范围、程序等内容以规范形式确立下来。同时,在立法过程中,应当注重规范的完整性,应当列举特定的政治、经济、社会、文化政策与事项必须经由政治协商会议讨论协商,在取得共识之后,才能进入相关决策程序,或出台相关政策,以此使协商民主发挥其扩大共识、有效监督等特殊作用。

(二)社会组织与公众参与政治协商的法律制度的建构与完善

在协商民主范围内,除了占主导地位的多党合作与政治协商会议制度外,还有不少由社会组织与公众参与的、灵活多样的政治协商制度形式。如前述提及的公开听证、民主恳谈会、社区议事等。这些民主协商形式的主体可以是公民,也可以是社会组织。根据我国宪法,我国公民享有充分的自由权与政治权利,其中包括言论自由、结社自由。同时,我国是社会主义国家,宪法保障公民的知情权、批评权、建议权和监督权。公民可以基于这些权利,通过组成人民团体或其他社会组织,或是以个人的身份,参与到国家政治事务及地方公众事务的讨论与协商之中来。

社会组织与公众参与民主协商的形式多种多样。目前常见的主要有:一是公开听证。举行公开听证会是公民参与立法与制定公共政策的重要途径。立法机构或具有立法权的行政机构在制定涉及公民利益的法案和政策时,应当通过召开公开听证会这种程序化、有组织的方法,鼓励公众参与到立法过程中来,通过公众参与来广泛收集立法信息,获取公共政策所需要的信息,以制定符合公众利益的法案。听证是公民参与立法和制定公共政策的重要形式,也是公民表达利益的规范性渠道。公开听证会通常关注的是现行法律或公共政策的实施效果如何,是否需要修改,或者是否有必要制定新的法律和新的公共政策。二是民主恳谈。召开民主恳谈会是我国基层民主政治实践中比较常见的公民民主参与形式。简单地说,民主恳谈就是一种对话机制。一般是在地方党组织和政府的组织下,就地方基层组织的某些重要决策问题召集部分基层群众进行对话、协商、讨论,听取基层政府与公民双方的意见,以便双方充分了解决策机构与公民的决策理由及观点,从而促进决策的民主化。三是社区议事。社区议事是随着农村村民自治、城市居民自治发展起来的一种民主自治实践形式,特别是城市社区议事已成为解决社区问题的重要手段。社区内全体成员就涉及社区发展的重要事情,如公共卫生等公共议题,共同参与讨论,共同协商,共同决策。

这些类型的协商民主形式是深化我国协商民主的重要补充,应当受到广泛的重视,且应制定相应的规则予以规范。目前阶段主要是制定各种政策、规则对之予以规制,在实践中予以补充、修改及完善,形成系统的软法规范。待条件成熟的情况下,适时地将一些行之有效的软法规范通过立法形式上升为刚性的法律规范。当然,如果已有相关法律,也可以通过对现行法律进行法律解释,使之具有法律规范效力。如关于社区议事形式,就可以通过对村民自治、城市居民自治法的相关规范进行法律解释,扩展其内涵和形式,完善相应的法律规范内容。

三、协商民主争端的法律解决机制

协商民主在其运行过程中,当然会有冲突产生。解决协商民主中出现的冲突与争端,主要有两类方法:一是进一步通过协商来解决冲突与争端,也就是说,协商本身就是一种很好的解决冲突与争端的办法;二是在协商不成的情况下,启动法律争端解决机制,根据已有法律规定,将冲突与争端交由司法机关审理裁决。相对而言,如下几个方面的争端,可以在协商无效的情况下,启动法律机制来解决冲突:一是平等参与权受到损害;二是程序争议;三是对协商效力的认定产生争议。

(一)平等协商参与权争议

保障公民的基本权利,特别是公民在民主政治协商中的平等参与权,有着至关重要的意义。在民主协商过程中,公民能否参与过程之中,关涉到民主协商的成败,关系到民主协商的质量及其作用的发挥。

在宪法规范中,公民拥有言论、出版、集会、结社的自由。那么,保障公民的言论自由具有指标性的意义。在协商民主过程中,公民能否发表自己的言论,表达自己的利益需求有着至关重要的意义。如果公民的言论自由受到压制,则社会公共领域无法形成,社会共识无法达成,协商民主则无法实现。

在部分法律或行政法规中,有"应当听取各方面的意见"的强制性规定,在形式方面有"可以采取座谈会、论证会、听证会等多种形式"的规定。因此,如果立法机构或国务院行政立法过程中,违背了这些法律规定,我国公民或机构可以据此要求立法机构及国务院相关机构开展协商程序,否则可以启动法律争端解决机制,申请复议或提出诉讼。在国务院各部门、地方各级政府的行政活动中,对于法律规定"应当"启动协商程序的,必须要有协商程序,否则其行政活动应当视为无效。

(二)程序争议

哈贝马斯对协商民主的定义中最为关键的词就是程序。只有在程序公正的情形下,才能产生公正的结论。协商民主与票决民主不同,协商的议题不是先定的,而是根据需要设定的,因此,程序对于协商民主便有着特殊的意义。只有在先定的程序中展开协商,才能使协商起到整合各方意见、达成各方共识的功能。程序不合乎规定,即会损伤协商结果的法定效力。协商民主过程中有关的程序争议如果无法依协商得到解决,就应当通过法律机制解决。对于违背先定程序的协商,可以申请撤销其活动结果,重新展开协商以达成有效的共识。

(三)对协商效力的认定

协商的结果就是对某个协商的议题形成社会共识,并在此共识基础上进行立法、决策等活动。某种情况下,协商的结果可能会表现为某种具有法律效力的协议,包括会谈纪要、联合声明等。当参与协商的各方签署了此种协议或会谈纪要、联合声明后,就应当视其为有约束力的规则,应当自动地遵守执行。虽然这些协议、纪要或声明对某个具体问题的规定可能是原则性的、抽象的,甚至是模糊的,但是绝不意味着原则和精神是可有可无的。协商各方应当严格遵守这些原则和精神,在具体的决策与工作中执行或落实这些协议。如果因此发生争端,参与协商的一方主体可以依照相应的法律规定启动复议程序,或者直接依据法律规定提起诉讼,由法院比照合同或契约的规定进行法律裁决。

第三节　谈判民主的法治化

谈判民主是社会主义民主的重要实现形式之一,是票决民主、协商民主的重要补充。它在国家的政治民主及经济民主、社会民主中发挥着重要的作用,且日益显现其巨大的优势。深入总结我国谈判民主的实践经验,分析谈判民主的内在机理,并使之走上法治化的道路,对于实现我国社会主义民主有着巨大的促进作用。

一、谈判民主的主要内容

(一)谈判民主的适用范围

虽然目前已有的民主理论都把票决民主(常常被称为选举民主)、协商民主作为民主的主要内容,但是我们仍不能说票决民主、协商民主就能涵盖民主的一切。而且,实行票决民主、坚持多数统治的政治制度并不能解决国家或社会的所有冲突问题,特别是在高度分化并有激烈冲突的社会里,少数服从多数的民主统治原则并不完全适用。恰如诺德林格所说:"正统的多数主义形式下的民主模式不适合调解严重的冲突。"①协商民主在寻求共识、寻找共同利益方面有一定优势。但是在多元利益产生严重冲突时,谈判民主不失为一种最佳的、能够解决问题的、和平与理性的手段。在社会利益不断分化、社会关系日趋复杂的现代民主社会里,不同利益主体既有合作又有矛盾,谈判则是促进社会利益平衡机制正常且有效运行的基本条件和必备手段。②

谈判民主是社会主义民主的重要实现形式之一,是对票决民主、协商民主的重要补充,是实现社会民主和社会参与的主要方式之一,在中国社会主义民主政治发展过程中适用广泛,并起着重要的作用。③ 李龙认为,谈判民主主要是由有利益冲突的双方或多方坐下来进行谈判,化解已经存在的纠纷,或分配各种利益。④ 李君如认为,谈判民主的特点是通过谈判分配利

---

① 诺德林格:《分裂社会中的冲突管理》,转引自[美]乔·萨托利:《民主新论》,冯克利、阎克文译,东方出版社1998年版,第35页。
② 参见徐亚文:《谈判与社会主义民主的实现形式》,《武汉大学学报》(人文社会科学版)2007年第4期,第426页。
③ 参见李龙:《加强社会主义民主实现形式研究》,《武汉大学学报》(人文社会科学版)2007年第4期,第421页。
④ 参见李龙:《加强社会主义民主实现形式研究》,《武汉大学学报》(人文社会科学版)2007年第4期,第421页。

益,以使各方都能对自己的利益要求得到相对满足。① 周本顺在《正确把握民主和集中两种手段的作用》一文指出,谈判是分割利益。② 可见,谈判民主就是指存在严重利益冲突的社会主体运用谈判方式,通过相互妥协、退让,达成一致的利益分配协议,进而实现政治与社会目的的民主方式。

谈判民主与票决民主、协商民主有着明显的不同。票决民主的主体广泛,凡与票决议题相关的全部社会成员都有权参与投票决策,实行少数服从多数原则,其结果具有明显的强制性;谈判民主则是谈判双方自愿达成协议,不存在一方强迫另一方的情形。协商民主往往是协商主体之间就其共同的利益或共同关心的议题达成一致意见,实现其基本一致的利益要求,其协商的效力在于自觉遵守;谈判民主的主体之间存在着严重的利益冲突,其利益分配存在着此消彼长的关系,缺乏共同一致性,但为了更高的利益要求或政治与社会目的,不得不相互妥协、退让,最后达成一致同意的协议,其协议带有契约或合同性质,具有法律的强制力。

我国是一个发展中大国,我国的基本国情决定了我国发展的不平衡,由此决定了我国民主政治发展的不均衡性。一方面,我国是一个社会主义国家,但是现在正处于社会主义的初级阶段,我国在追求建设社会主义物质文明、精神文明、制度文明的同时,不能不考虑部分区域的特殊问题:港澳台仍旧实行资本主义制度;我国部分边疆地区、山区和少数民族地区仍旧残存着前资本主义社会的因素,如我国云南泸沽湖地区还保留着母系氏族的习俗与制度。另一方面,我国地域广大,发展严重不平衡,东、中、西部地区发展不平衡,城市与乡村发展不平衡,少数民族地区与汉族地区发展不平衡,由于发展不平衡而导致利益发展要求不一致。如果只考虑以票决民主来决定国家各个方面的制度与政策,可能造成部分地区人民的利益受损,进而导致民主政治合法性实现的不充分,导致部分人民群众的利益得不到最有力的保障。所以,在特殊情况下,用谈判民主的方式来解决这些特殊问题,可能更有利于维护人民群众的利益,扩大民主政治的合法性,更加符合正义的原则,更加有利于民主政治的发展。

---

① 参见李君如:《怎样看待当前中国政治体制改革和民主政治发展的走势》,载唐晋主编:《崛起进程中的中国式民主》,人民日报出版社2008年版,第10页。
② 参见周本顺:《正确把握民主和集中两种手段的作用》,《中国法学》2006年第6期,第16页。

在我国的民主政治实践中,谈判民主的适用范围相当广泛。谈判民主在中国的运用可概括为三个方面:一是非平等主体间的谈判,主要表现为中央与地方政府间的谈判,如中央与特别行政区、民族自治地区的谈判,在政府与非政府主体之间也存在着某些谈判关系;二是平等主体间的,与公共事务和政治事务相关联的谈判,主要涉及集体劳动合同谈判、调解等;三是国际政府间合作的谈判,主要涉及中国政府参与国际事务的谈判方式与合作事宜。

(二)谈判民主的妥协精神

谈判民主法治化之所以可能,是因为谈判民主本身蕴涵着法治的精神,而且在实际操作层面,可以运用法律手段来规制。这种法治精神主要表现为民主谈判中的妥协精神和契约精神。

妥协是谈判民主的内在精神之一。妥协精神在票决民主与协商民主中多有运用,但在谈判民主中表现得更为充分彻底。可以说,谈判民主是妥协精神在民主过程中最具特征的表现。谈判及妥协是一个政权协调各种政治与社会冲突的最重要的一种选择方式。在法律的框架内,存在利益冲突的各方主体需正视现实,承认利益的多元化和多样性,尊重彼此的权益,运用谈判、协商、让步、和解等方式,实现最终的妥协,有所放弃,有所收获,实现共赢。

西方政治学界对谈判民主的妥协精神早有论述。英国著名历史学家、自由主义思想家阿克顿勋爵早就指出:"妥协是政治的灵魂"。科恩认为妥协精神是民主的所有条件中最为重要的条件,没有妥协就没有民主。[①] 罗伯特·达尔则说:"民主依赖于妥协。而且,民主理论本身也充满妥协——若干冲突的、互不相容的原则之间的妥协。"[②]政治妥协是西方民主政治的有机组成部分。政治妥协催生了英国议会制度,使得议会成为代表议事、决议的机关。1688 年英国的"光荣革命",就是相互对立的英国国王势力与封建贵族、新兴资产阶级政治势力,经过谈判、妥协,最终达成协议,建立了英国的资产阶级政治制度,在英国国王与议会的相互妥协之下,开辟了议会制度。美国民主制度也是政治妥协的产物,美国宪法也是一部在动态中寻求

---

① 参见[美]科恩:《论民主》,商务印书馆 1988 年版,第 183 页。
② [美]达尔:《民主理论的前言》,上海译文出版社 1987 年版,第 1 页。

平稳,活着的宪法。学者王希在《原则与妥协:美国宪法的精神与实践》中认为①,美国北部的废奴州与南方的蓄奴州的矛盾的处理就体现了政治妥协。为了避免美国分裂,美国宪法制定过程对此进行了妥协,作为典型的资产阶级共和国的宪法竟然允许南方各州可以继续保留奴隶制度。这种暂时的妥协反映了美国当时的现实,也是各方寻求最大公约数的努力的结果。谈判是由于利益多元化的存在,美国社会中的各种利益集团之间、部分利益集团与公共利益集团之间、所有利益集团与公共利益集团之间始终就各自利益的定义和定位,进行着多层次、多方位和连续不断的协商,不同的政治力量依据共同认可的规则在政治层面上进行一种给予与取得的协商,以避免体制中的任何一方全赢或全输。不同政治力量的较量有可能在规定的政治层面以外的层面上较量,并最终改变政治协商的规则。因此,政治妥协对民主政治的形成产生了深刻影响,是民主政治的"催化剂"。以谈判、协商为主要特征的民主政治一定少不了冲突与歧异,作为民主社会的"减震器",政治妥协则是获得和平民主的最佳方式之一,它使得民主政治得以有效运行。

政治妥协有利于促进政治系统的合法性,这对存在严重利益冲突的社会尤为重要。任何政治系统要指望获得长治久安,都必须解决其合法性问题。武力镇压也许能够及时地化解冲突,但被武力压制的一方必然与政治系统疏远,这就会严重威胁到政治系统的合法性。相反,如果通过政治妥协而达成各方相对满意的结果,以实现社会的重新整合,能避免爆发更大的社会冲突,政治系统的合法性就会得到增强。同时,政治妥协还可以通过各方的参与、讨价还价、自愿同意等方式将各方从思想上、情感上以及实际行动上调动起来,让各种政治要求都能或多或少地进入政治系统,从而有效地增强民众对政治系统的忠诚度和效能感。②

政治妥协需要以法治化的社会运行为条件。与动物界的"丛林法则"不同,政治妥协的实现是存在以双方或多方一致认可并共同遵守的、预先制定的程序或规则为条件的。社会运行的法治化为人们的政治行为提供了标

---

① 参见王希:《原则与妥协:美国宪法的精神与实践》,北京大学出版社 2000 年版,第7页。

② 参见万斌、罗维:《论政治妥协》,《浙江学刊》2005 年第 1 期,第 69 页。

准和程式,让人们的政治行为因为有章可循而具有可预期性,同时也为解决政治冲突提供了规则和程序。①

（三）谈判民主的契约精神

如何建构谋求利益最大化的不同个人共同发展的社会环境,西方学者倾向于选择契约来解决这一问题。契约具有两重性,一方面,契约的基础是双边或多边互利的。"当个人的利益是冲突的时候,意见一致便只能通过某种形式的交换或交易来达成。"②从动态上来看,这是双方或多方通过谈判、协商、讨价还价并互相让步而达成妥协的过程。另一方面,妥协的达成是为了满足各方对利益的追逐,因而,这种妥协是工具理性的派生物。③

在西方民主理论中,社会契约论被视为政府合法性的理论根据。社会契约的精髓就是两个或两个以上的人,通过谈判或议价达成的协议。因为:第一,契约当事人都有自己的目的,谈判是目的性行动,谈判作为利益表达是以个人利益的存在为前提条件的,自我利益是自治行动的基础;第二,谈判的本质是经济理性,是双方在追求利益最大化过程中的计算、计较与权衡,而不是寻求获得对方的理解;第三,谈判是妥协、让步的过程,通过讨价还价,必要时放弃自己的部分利益,以寻求不同乃至竞争、冲突的利益之间的合作而不是对抗。谈判在社会契约的形成过程中的价值表明:谈判和自治在本质上是一种为形成"共识"以达成合作的机制,充满了工具理性。④

谈判民主对于维护正常的政治秩序有着重要的意义。中国是一个社会主义民主国家,不存在西方国家那样严重的阶级利益的冲突,但是,在改革开放三十多年后的今天,中国社会的阶层分化也十分明显,不同阶层、不同团体、不同职业、不同地域之间的群体,有着不同的利益需求,有着不同的目的追求。在各种利益相互冲突的情形下,通过谈判手段,各方相互妥协、相互退让,最终达成各方都能接受的方案,实现共赢,是至关重要的。

---

① 参见万斌、罗维:《论政治妥协》,《浙江学刊》2005 年第 1 期,第 65—67 页。

② [美]詹姆斯·M.布坎南、戈登·塔洛克:《同意的计算——立宪民主的逻辑基础》,中国社会科学出版社 2000 年版,第 41 页。

③ 参见万斌、罗维:《论政治妥协》,《浙江学刊》2005 年第 1 期,第 64 页。

④ 参见徐亚文:《谈判与社会主义民主的实现形式》,《武汉大学学报》(人文社会科学版)2007 年第 4 期,第 428 页。

二、谈判民主的法律制度建构

当代的谈判民主当然应在法治框架下进行,其适用范围及其合理性均受制于国家权力的范围与合理性,受到法律的规制,必须要服务于国家进行社会治理的总体目标。因此,谈判民主应当纳入法律规制范围之内,通过法律制度的建构,以实现谈判民主的法治化。当前情形下,谈判民主的法治化主要是依照相关法律精神和原则,完善有关规则与程序,形成系统的、具有可操作性的软法规则体系。待条件成熟后,可就一些程序性规范进行立法,使之成为具有强制效力的法律规范,从而推动谈判民主的法治化进程。

(一)中央与地方政府间谈判民主的法律制度建构

中央与地方政府间的谈判往往涉及中央与地方分权等问题,总体上看属于宪法事务,所以这类谈判民主的法律规制主要体现在宪法层面,应当由宪法规范进行规制。谈判民主的法律主体是中央政府与地方政府,谈判内容为中央与地方的权力分割,谈判形式为制定专门的法律或签订专门的协议。

中国是单一制国家,但是在中央与地方的关系方面却有着非常丰富的变化。如香港、澳门特别行政区具有高度自治权,有立法权、行政权和终审权等。可以预见到,对台湾地区未来地位的特殊安排甚至可能会比香港、澳门更宽松,甚至可能会允许其保留军队。我国各少数民族自治区域的制度设置,给了少数民族地区根据民族地区实际需要而灵活处理区域内事务的权利。从这些制度的设计及其运行过程的分析可以看到,在处理中央与地方政府权限方面谈判民主方式运用得比较多,且在实践上取得了明显成功。

为了解决港澳台问题,我国中央政府提出了"一国两制"的构想。为了落实这一构想,我国《宪法》第三十一条作出明确规定:"国家在必要时得设立特别行政区。在特别行政区内实行的制度按照具体情况由全国人民代表大会以法律规定。"根据宪法的这一原则规定,中国政府通过与英国政府、葡萄牙政府的谈判,承诺在香港、澳门主权回归后设立特别行政区,并由全国人民代表大会以《香港特别行政区基本法》和《澳门特别行政区基本法》分别规定了港澳特别行政区的具体制度安排。港澳主权回归及特别行政区的设置充分体现了谈判民主的价值。从一般的政治理论及政府体制学说来看,单一制国家的中央与地方的关系是明确排斥特别行政区的设置的。但是,中国的中央政府在处理香港、澳门回归问题上却有着不同的表现。如果深入谈判内容所涉及的利益层面来考察,就可以看出,香港、澳门问题的谈判实际上包括两个层面:第一个层面是国家主权层面的谈判,即中英两国之间、中葡两国之间的谈判。这一谈判实现了香港、澳门主权的回归,同时也充分体现了中国政府运用和平手段解决历史遗留问题的民主、理性的精神。第二个层面则是回归后的香港与澳门地区的制度安排问题的谈判。香港、澳门地区实行资本主义制度已逾百年,其政治制度、经济制度、文化制度、社会制度均已资本主义化了,港澳地区居民也充分认同其利益与现行的资本主义制度紧密相关,要求保留其原有的制度不变。他们的这一要求传达给了当时统治香港的英国政府、统治澳门的葡萄牙政府,让他们带到了谈判桌上。同时这些要求也被港澳地区的政治团体与民众传达给了中华人民共和国中央人民政府,而且中央政府愿意采纳港澳地区居民的意见。中英、中葡谈判的最后结果是:中华人民共和国的主体部分,即大陆地区实行社会主义制度,而香港、澳门则维持原有的资本主义制度不变。这就是中国政府创造性的"一国两制"的制度安排。可以说,香港、澳门顺利回归并保持繁荣稳定是中华人民共和国中央人民政府实行谈判民主的成功范例。中国政府在香港、澳门特殊行政区的设置上所体现出的民主宽容精神及在政治谈判中所体现出的理性、务实精神,表明中国的社会主义民主政治有着旺盛的生命力。可以预见到的是,将来台湾问题的解决如果采用和平方式,选择民主谈判方式不失为一项多赢的选择。无论是票决民主方式还是协商民主方式,在解决台湾问题方面均有其局限性,缺乏实施的基础,因此,谈判民主将是最可能采取的手段。

目前在港澳问题上,谈判民主仍在持续进行。如香港的政治安排、香港与内地紧密经济关系的安排、澳门的政治安排及澳门与内地更紧密经济关系的安排,无一不是在中央政府与港澳特别行政区政府的持续谈判中解决的。可以预见,在实行香港、澳门高度自治的状态下,这种谈判民主会持续很长一段时间。在法治化的背景下,应当有意识地将这种谈判事务制度化,形成具有软性约束力的规则体系,包括谈判程序等内容。

在处理西藏地方事务方面,谈判民主也表现出了特殊的作用与功能。新中国成立初期,为了和平解决西藏问题,中央人民政府与西藏地方政府展开谈判,并于1951年签订《关于和平解放西藏办法的协议》(以下简称"十七条协议"），实现了西藏的和平解放，为西藏与全国一起实现共同进步与发展创造了基本前提。同时，《十七条协议》肯定了改革西藏社会制度的必要性，强调"西藏地方政府应自动进行改革"，但是，考虑到西藏的特殊情况，中央人民政府对改革采取了十分慎重的态度，以极大的耐心、宽容和诚意，劝说、等待西藏地方上层统治集团主动进行改革，①允许西藏地区暂时基本保留其原有的制度不变。虽然该协议因 1959 年西藏上层统治集团的叛乱而终止，但中央政府与西藏地方政府通过民主谈判而实现西藏问题和平解决仍可视为一项成功的谈判民主案例。

中央政府在处理中央与民族区域自治方面也运用了谈判民主的手段。民族区域自治是我国宪法确立的一项基本制度。我国《宪法》规定："各少数民族聚居的地方实行区域自治，设立自治机关，行使自治权。各民族自治地方都是中华人民共和国不可分离的部分。"（第四条第三款）根据宪法这一原则规定，全国人大制定了少数民族区域自治法，更进一步明确了少数民族区域自治的原则与精神。在我国少数民族区域自治过程中，中央与少数民族地区的谈判与商谈一直在进行之中。

应当指出的是，谈判民主运用到中央政府与地方政府的谈判当中，有着明显的中国特色，那就是在坚持国家主体为社会主义制度的情况下，允许特别地区的不同步，而且带有明显的期限性、阶段性。国家的整体追求是在全国范围内实现先进的社会主义制度，在这一点上，中国共产党人和中国人民的主体部分丝毫未曾动摇。但在国家的政治现实面前，在个别地区适当地妥协，作特殊的处理，反映了社会主义民主政治原则性与灵活性的结合。如港、澳地区实行资本主义制度五十年不变等，都明确限定了其阶段性。这说明，我国中央政府在处理国家事务当中富有创造性和灵活性，能够有效使用各种民主手段解决国家政治现实中的难题。正是有效地使用了谈判民主手段，中国的国家统一与国家建设进程才能得以加速进行。

从中央政府与地方政府的谈判民主运行以来的结果看，谈判的结果往往会形成一个具有法律效力的文本，或者直接制定为法律。如特别行政区基本法、民族区域自治条例等。那么，从谈判的主体、谈判事务、谈判程序等

---

① 参见国务院新闻办公室：《西藏民主改革 50 年》（白皮书），2009 年 3 月 2 日，见 http://www.scio.gov.cn。

方面明确相应的规范,包括非法律规则等,都是理所当然之事。目前情况下,可以在总结实践经验的基础上,逐步形成系统的软法规则,条件成熟之后再以立法形式确立为硬法规则。

(二)政府与非政府主体谈判民主的法律制度

这类谈判民主的主体是政府与非政府组织,谈判内容为与公务有关的特定事务,谈判形式为签订合同。

政府与非政府主体的谈判民主内容表现为行政合同及某些特定事务上。当代政府公共治理与行政法出现了一种新的公私合作的动向,非政府主体也可参与公务,甚至可以承包某些特定公务,政府与非政府主体讨价还价,达成某种行政合同,实现政府利益与非政府主体利益的协调一致。如某些企业根据政府合同提供公共产品,包括供水、供电企业、电信企业的经营业务与利润收益,均与政府的管制分不开,其提供产品的价格与利润收益可以视为企业与政府谈判的结果。还有就是在城区开发过程中,出现的政府与开发拆迁区的市民达成的拆迁协议等,都包含着政府与民众谈判利益侵害的因素。所以,尽管这类合同具有明显的经济特征,但因政府的行政行为或治理行为具有公共治理性质,这类合同或协议可以视为谈判民主的结果。

(三)平等主体间谈判民主的法律制度

这类谈判民主的法律主体为具有平等地位的单位或自然人,谈判内容为与公共权力相关联的民事或经济事务,谈判形式为签订合同。

平等主体间的谈判类型非常多,内容也多种多样。并不是所有的谈判都可归纳于谈判民主,只有那些有公权力介入或具有公共性质的谈判才具有谈判民主的意义,即使是这样,这些性质的谈判仍可能表现为民事、经济事务的形式,而只在某些方面具有谈判民主的性质。平等主体间谈判民主现阶段主要体现在集体劳动合同的谈判、调解等事务方面。

集体劳动合同与普通的民事合同有着重要的区别:一是因为集体劳动合同的主体是以工会为谈判一方与雇主方进行谈判;二是因其与国家就业政策、人权保障等公共问题与法律问题高度关联,不能简单地等同于民事或经济合同;三是这类合同必须得到行政主管机关的审查后才能产生,也就是说它的效力在于得到行政主管机关的认可。我国《劳动合同法》第五十四条规定:集体合同订立后,应当报送劳动行政部门;劳动行政部门自收到集体合同文本之日起十五日内未提出异议的,集体合同即行生效。由此可见,劳动集体合同既包含了民事合同的成分,也存在公权力的干预,具有复合性质。正是这种复合性决定了我们应当站在谈判民主的高度上充分认识这一问题。

调解也是平等主体谈判的重要表现方式。基于和谐的理念,我国的传统文化非常强调"非讼"和"调解",反对动辄将纠纷诉诸公堂。调解是平等主体解决纠纷最常见的方式。如果是纯粹的民事或经济事务纠纷的调解,当然不能视为谈判民主。但在实际生活中,集体或群体利益纠纷或冲突往往需要政府有关机关介入进行调解,这类调解显然具有了谈判民主的性质。如地方政府介入村民集体纠纷的调解等,既有公共权利的介入,也牵涉群体利益问题,这类调解应当视为谈判民主。理所当然地,这类调解也应受到调解法规的规制。如政府应当坚持中立的立场,调解结果不能违背法律与公序良俗,以及调解双方均应自觉履行调解协议等。

(四)政府间国际合作的谈判民主的法律制度

这类谈判民主的法律主体为国家或政府,谈判内容为国际合作事务,谈判形式为签订国际合作协议或参与国际条约。

在国际事务中,各国也越来越多地运用谈判作为解决利益冲突的手段。1994 年,英国社会学家斯特沃特·霍尔在哈佛大学的一次演讲中指出:21世纪不同文明将以一种相互借鉴、相互影响和相互吸收的关系,要用"谈判"的方式来争取共存,而并非一定要诉诸毫不妥协的对抗。① 国际合作的民主谈判形式也应受到国际法及所在国法律的规制。随着全球化的加深,国际合作,甚至部分主权的让渡,都涉及国家宪法层面的诸多问题。在谈判民主的运用上,欧盟的成立有着重要的考察价值。经过多年的努力,欧盟各国积极努力地向着建立统一的欧盟前进,《欧盟宪法条约》就是各国政府进行谈判、协商的产物。它规定联盟成员国要具有共同的价值观和奋斗目标,提出联盟的基础是尊重人的尊严、自由、民主、平等、法治及尊重人权,明确规定了成员国向联盟让渡部分权能,联盟以共同体方式行使成员国让渡的权能。这说明,谈判民主亦能使民主政治达至一个新的水平和台阶,成为各利益团体或各组织,包括国家在内的成员方达成妥协、形成新的行为方式的

---

① 转引自徐亚文:《谈判与社会主义民主的实现形式》,《武汉大学学报》(人文社会科学版)2007 年第 4 期,第 428 页。

手段。在国际经济事务方面,谈判民主的运用也常常可以见到。根据 WTO
争端解决机制,如果世界贸易组织成员方之间发生贸易争端,启动 WTO 争
端解决机制,就意味着冲突各方必须接受 WTO 争端解决机构的裁决。这
种裁决与一国的司法制度紧密相关。所以说,加入 WTO 就意味着需要对
我国的经济主权作出适当调整,在让渡部分经济主权的同时,积极享受
WTO 所确认的权利。从法律程序上看,这种调整的合法性在于它得到了全
国人大常委会对中国加入该协议的批准,这就与我国宪法及国家制度产生
关联。同样地,中国参与了联合国的各项民主政治及人权的谈判工作,与有
关国际组织及国家也有政治及人权领域的谈判,也签署了《联合国关于政
治、社会权利与公民权利国际公约》、《反种族灭绝条约》、《反歧视条约》等
诸多政治与人权公约。谈判与签署这些公约必然地与中国国内法律制度相
关联,尽管这种关联度可能会根据具体情况不同而有紧有松。

　　还有部分国际合作与国际谈判事务,可能从表面上看与谈判民主无甚
关联,但其处理却涉及国家政治安排层面,我们也应当从谈判民主及国家宪
法与制度层面上予以考察与思考。如正在进行中的世界各国政府间关于气
候变化问题的国际谈判明显关涉谈判民主的相关法律规制问题。全球气候
谈判是各国政府间以谈判为基础,强调对话与协作,通过博弈建立合作机制
来降低交易成本,实现治理的秩序与目标。作为国际气候合作的基本经验,
"谈判民主制"被公认为是实现国际合作的一项博弈规则。这项规则的要
素在于:"没有一个国家有权力强迫其他国家参与国际合作或者是接受谈
判的结果,而且,每个国家都可以自由退出并无须承担责任。"[①]退出自由是
指个体离开集体的自由,无须承担责任是指单方面拒绝承担成本的自由。
《联合国气候变化框架公约》和《京都议定书》的谈判过程就是谈判民主制
运行处理与国家相关的国际事务的例证。这种跨国民主的新形式昭示着民
主已不应狭隘地理解为一种制度或组织,而是可以被解释为一种规则,一种
"在一个由独立的参与者组成的世界中,能够解决冲突、为合作提供便利或
者更普遍地使集体行动问题变得容易的规则"。[②] 当然,这些规则也必然受
到各相关国家本国法律的规制。

　　[①]　崔大鹏:《国际气候合作的政治经济学分析》,商务印书馆 2003 年版,第 94 页。
　　[②]　[澳]约翰逊·S.德雷泽克:《协商民主及其超越:自由与批判的视角》,中央编译出版
社 2006 年版,第 112 页。

国际政府间谈判民主的结果往往表现为谈判方签署某种协议或议定书,而签署往往并不能直接生效,通常情况下,它必须得到所在国的立法机关的批准后才能生效。如中国政府与外国签署的协议与条约均需经过全国人大及其常委会讨论通过后才能生效。

三、谈判民主争端的法律解决机制

谈判民主法治化的一个重要内容就是通过法律机制解决谈判争端。应当说,谈判方式本身是为了解决参与谈判各方或双方的政治争端而设计的一种机制。但如果谈判已取得某种具有法律效力的结果后,即如果谈判各方或双方已经就谈判事项达成协议或签署契约,协议各方所产生的争端理应根据法律规定,运用法律解决机制予以解决争端。谈判争端的法律解决机制包括法律解释、司法调解与司法审判等。

(一)法律解释

在沿用已有法律规范产生歧异并引起争端时,法律解释往往成为重要的解决手段。在实践中,法律解释在解决中央与地方政府权力划分的争端中有着重要的意义。如中央政府与香港、澳门特别行政区的权力划分产生争议,就应当在《宪法》第三十一条规范之下,结合《香港特别行政区基本法》或《澳门特别行政区基本法》的相关规定,进行法律解释,以解决争端。中央与特区的关系是通过基本法规定下来的,如果发生分歧,也应当通过基本法规定的途径,在法治的渠道上解决。如果在法律理解上有争议,应当根据基本法的规定,全国人大常委会享有最终解释权,当特区终审法院与全国人大常委会的解释不一致时,特区法律界必须遵守基本法赋予的人大释法权,必须尊重中央对特区政制发展的主导权和决定权,根据人大释法解决争议。① 在居港权案中所产生的争议就是通过人大释法来解决的。

(二)司法调解与司法审判

运用司法调解手段解决谈判民主争端,是一个重要的方式。司法调解不同于当事人双方之间的谈判或民事调解,它是在法官主持下,在查明事实真相,明晓相关法律规定的基础上,当事人就争议的问题进行调解、谈判,互

---

① 强世功:《文本、结构与立法原意——"人大释法"的法律技艺》,《中国社会科学》2007 年第 5 期,第 151 页。

相妥协让步,最终达成一致,从而解决双方争议。法官的介入是司法调解区别于民事调解的重要标志,它表明了公权力的介入,在性质上已有不同。

　　司法审判可以说是解决谈判民主争端的最终手段。对于平等主体间的谈判协议,可以视为具有法律效力的合同或契约,在产生争端时可以视为合同纠纷,运用民事审判程序予以审判。如工会与雇主签订劳动合同后,因执行合同而产生纠纷的,可以按照劳动合同法的相关程序规定进行调解,调解不成时,可以起诉到法院,由法院依照民事审判程序审理判决,最终解决纠纷。

第七章　民主政治法治化的
局限性及其防范

民主政治法治化是当代民主与法治发展的一种趋势,但它并不是万能的、无节制的。提倡民主政治法治化,并不是指所有的政治行为都应该法治化,也不是意味着政治法治化就能解决一切问题。因为,尽管民主与法治常常相伴而生,但这对孪生兄弟却始终存在着冲突,保持着某种程序的张力。① 在当代社会发展中,民主政治的发展与法治的发展存在着某些背离与冲突。已有许多学者指出这些问题。郭道晖曾指出,民主与法治并非总是内涵相通、和谐共存的,在一定条件下也存在着冲突。② 潘维也指出:"民主和法治是可以兼容的,但民主化和法制化两个过程却从未共生,因为二者的操作方向不同,无法兼容。"③学者们的研究提示我们,在提倡民主政治法治化的同时,应当注意到它的局限性及可能存在的弊端,并对此进行必要的防范与规避。

第一节　民主政治法治化的局限性

民主政治法治化自有其局限性,它主要表现在法治因其注重稳定性而可能阻碍民主政治的活力,当掌握国家政治的强势力量运用不当时,法治可能成为强势力量操控政治的工具,而且,司法机关的争端解决能力如运用不当,也可能使司法机关成为一种脱离民主轨道的超级力量,从而对民主政治产生危害。

---

① 参见佟德志编:《宪政与民主》,江苏人民出版社 2007 年版,第 3 页。
② 参见郭道晖:《民主的限度及其与共和、宪政的矛盾统一》,《法学》2002 年第 2 期。
③ 潘维:《法治与未来中国政体》,《战略与管理》1999 年第 5 期。

一、法律的稳定性可能阻碍民主的活力

　　法律具有连续性、可靠性和稳定性，人们根据法律规则而产生合理的预期，在这种预期的引导下，人们能够规划自己的活动，避免不可预见的冲突，建构起合理的社会秩序。但是，正如民谚所言：阳光下必有影子。尽管法律是社会生活中必不可少的、非常有益的制度，但是在法律的连续性、可靠性、稳定性的背后，法律也存在保守性倾向、时间上的滞后性特点及规则的明显僵硬性问题。这在特定情形下可能造成严重的弊端。亚里士多德就曾指出法律尽管是一种不可缺少的社会制度，但它的普遍性和一般性在个别场合可能会产生困难，因此在特定规则下，需要采取"衡平"的办法来纠正。恰如博登海默所言，法律规则往往表达的是普遍的、抽象的规则，但有时候在个别情况下可能会起到拘束性的作用。这是由法律的规范框架所固有的僵硬性带来的。① 由此，民主政治法治化也会因法律的这种弊端而产生明显的局限性。

　　社会在发展，人民的利益追求及政治追求随时处于变化之中。面对日益变化的社会，法律并不总能及时地反映人民意志的变化，也就是说，法律因其稳定特性使然，往往是处于保守的地位，法律一旦制定出来之后，便具有一定的稳定性，不经法定程序不得修改，而法律所规制的社会则随时在发生变化，如此，可能带来法律无法反映这种变化而导致僵化，进而阻碍社会的发展。

　　当法律规则与人民的意志脱节时，它往往会妨碍人民意志的实现。特别是在社会快速变革的时期，法律往往跟不上形势发展。这时，容易导致人民强烈要求摆脱法律的羁绊和控制，寻求摆脱法律限制的发展，由此而引发民主与法治的矛盾与冲突。这种状态在不同国家、不同时期均有体现。在中国改革开放以来，由于宪法规范与法律规范的滞后性，时常出现改革需要与法律规则明确冲突的地方。这导致出现"良性违宪"、"合理违法"之论，这些争议的实质就是法律与现实的脱节，不能满足改革发展的需要。在政治领域，由于社会的急剧变化，也出现过这种冲突的情形。例如，改革开放前，按照当时法律所规定的政治、经济制度，我国农村联产承包责任制就受

---

　　① 参见［美］埃德加·博登海默：《法理学——法律哲学和方法》，张智仁译，上海人民出版社 1992 年版，第 363—366 页。

到当时法律的束缚;我国村民自治制度的萌芽,也是村民自发创新的结果,在当时的法律制度背景下,这种村民自治形式与农村的"人民公社"体制有着明显的冲突。由此可见,法治化的确可能会对民主政治带来某些损害。

二、法律有可能沦为强势政治力量的统治工具

民主政治的法治化实际上也是一把双刃剑,如果运用不当,或者被一些别有用心的人利用,有可能出现反民主的效果。把民主政治问题通过法律规定下来,并不意味着一切都是符合正义原则的,符合民主政治发展需要的,相反,某些已经发现的问题显示,有些政客可能会利用法律手段来实现一党私益或一己私利。这就提示人们,在民主政治法治化过程中,应当充分注意其可能存在的问题,并尽力予以克服。"选区划分是直接选举的一个重要环节。"①如美国各州政府的执政者会利用本党在州议会的优势掌握选区划分的标准,州长也可能利用掌握行政权的优势影响选区的划分,以确保本党的特定优势,赢得特定选区的选举竞争。这在美国已是习以为常的现象,以至于"格里蝾螈"策略大行其道。② 这就是民主法治化的反例。用法治化来妨碍和阻止民主政治深入发展的事例繁多。如在政党竞选中,当政者可能会利用其司法资源,通过指控竞争对手诽谤等手段,利用司法打击对手,从而达到当选的目的。在立法中,拥有立法权的多数可能会出于一党私利制定妨碍民主的法律。如此等等,不一而足,不得不引起我们的警惕。

民主要求政权由人民享有,关心权力的来源和归属,强调通过选举等制度的设置使人民实际享有政权,实现人民当家做主,因此,民主更注重平等和公民的美德,更关心的是行使权力而不是监督权力。而法治首先关心的是权力的运用方式和对权力的限制和约束,更注重运用理性而产生的决策质量而不是选票的数量,它认为民主易于导致独裁和暴政。③ 在对待多数权力方面,民主与法治存在着相当大的差异。民主强调多数决定,只要是多数决定即符合立法原则,法治则强调正义原则,强调"恶法非法",对多数立

---

① 胡盛仪、陈小京、田穗生等:《中外选举制度比较》,商务印书馆 2000 年版,第 109 页。
② 参见王绍光:《民主四讲》,生活·读书·新知三联书店 2008 年版,第 151 页。
③ 参见刘金国、陈金木:《当代中国民主政治的法治化——以政权与治权为视角进行考察》,《法学家》2004 年第 4 期,第 42 页。

法是否符合正义原则进行审视。①

　　民主的运行超越其合理的界限就可能会损害法治的实现。民主不能必然地产生"善"和公平正义,在一定条件下,民主也会产生"恶",会对公平正义、法治秩序产生破坏,②"谁也不能否认民主也……造成经济危机、社会动乱和加剧社会不平等"③。而且,多数暴政也会成为法治的敌人。事实上,"代议制议会或人民简单多数的无限或近于无限的司法权(直接民主)会损害财产权的安全、法治"④。

　　从法律成长的历史来看,法律并不一定总是能正确反映人民的真实意志。根据亚里士多德的法治定义,法治所依据的法律首先必须是良法,即所谓的"恶法非法"。可以说,不能正确反映人民意志和利益的法律就不能认定为良法。在阶级社会里,统治阶级为了维护自己的特殊利益,往往操纵立法机关,制定维护自身特权的法律,以法律来保障自身的特权。这样,必定与人民的利益发生或大或小的冲突。如果这种法律使特权者与人民的利益的冲突发展到不可调和的程度,就会被视为恶法。

　　在极端的情形下,法治可能会演变成"以法治民",演变成专制统治的工具。在中国古代的封建社会里,由于维护封建王权专制的需要,也曾制定了严密的法律制度,特别是刑罚体系,其目的主要是维护封建专制王朝的统治,维护封建地主阶级的统治。这种法律体系就是一种典型的"以法治民"的体制。即使是到了近现代中国社会,虽然法律手段越来越受到重视,但如果不真正确立宪法体制和民主体制,也会演变成"以法治民"或"用法治民"。如民国时期的法律并不能限制国民党反动派政府的独裁、暴政。在当今世界各国民主政治发展过程中,也出现过多种多样的情形。俄国学者曾说过:法律既可以成为自由的生命,也可以成为奴役和专横的工具;既可以成为社会利益的妥协,也可以成为压迫的手段;既可以成为秩序的基础,

---

　　①　参见秦前红、叶海波:《论民主与法治的分离与契合》,《法制与社会发展》2005年第1期,第69页。

　　②　李林:《当代中国语境下的民主与法治》,《法学研究》2007年第5期,第11页。

　　③　[法]阿兰·图雷纳:《在当代,民主意味着什么》,载中国社会科学杂志社编:《民主的再思考》,社会科学文献出版社2000年版,第19页。

　　④　[加]A.布莱顿等:《理解民主——经济的与政治的视角》,毛丹等译,学林出版社2000年版,第90页。

也可以成为空洞的宣言;既可以成为个人权利的可靠支柱,也可以使专制的暴政和无法无天的局面合法。①

在民主政治法治化过程中,应当要做到与法治民主化的相互调适。民主政治法治化不是简单地将民主的事宜用法律形式固定下来,它有着多方面的内容。为了避免政治权力拥有者打着民主政治法治化的旗号,将法律变成政治势力追求自身政治私利的工具,就应当随时注意法治的民主化。民主是法治的基础,没有民主作为基础,法治本身充满着不确定性,容易失去其内在的价值,更为严重的情况是,缺乏民主性的法治甚至可能会成为民主政治发展的绊脚石。所以,民主政治法治化同时也要求,法治应当民主化,使法治真正成为能够适应民主政治发展的需要。

三、司法机关可能成为一种超级力量

司法机关通过对政治事务的审查和法律监督,有"可能发展成为一种愈来愈强大的政治权力,自己承担立法的功能",这样,政治决定就转移到无须负政治责任的地方,而负政治责任者却无相应的决策权能。这种混合,目前尚未见到令人信服的解决办法。② 而且,事情的发展进一步强化了这样的信念:在履行职责的时候,司法机关能够避开某些政治冲突,它们可以处理社会的其他所有剩余问题。③ 特别是 2000 年美国总统大选争端,最后由美国联邦最高法律的判决来决定谁在选举中胜出,实际上决定了谁是美国总统的时候,人们才恍然大悟,原来司法已经足够强大到可以左右政治的地步。日趋强大的司法功能不得不令人担心,它有可能成为一种超级力量,以至于左右着政治事务的发展方向,影响着政治的发展进程,规制着政治事务的内容。对此,目前法律界似乎显得无能为力,只是强调了司法的消极性及程序的意义,以期减少司法机关对政治的过分干预。基于对司法权过分强大的认知,以致有学者公开呼吁法院少干预政治,让宪法远离法院。④

---

① 参见[俄]依列斯特:《三种法律思想》,《外国法评议》1993 年第 1 期,第 12 页。

② [德]迪特·格林:《政治与法》,杨登杰译,《法哲学与法社会学论刊》2005 年第 6 辑,第 134 页。

③ 参见 e.g., Sir John Laws, "Law and Democracy", 1995 Public Law 72。

④ 参见[美]马克·图什内特:《让宪法远离法院》,杨智杰译,法律出版社 2009 年版,第 207—237 页。

　　从理论上分析,司法权是一种消极、被动的权力。正是因为司法机关是最没有权力的部门,人们才放心地让法院拥有裁决争端的权威。法院自身也具有某种意义上的道德正当性,以自己的判决来裁决谁之为合法,谁之为合理。但是,法院的产生本身存在着争议。在民主政治体制下,立法机构成员往往是通过民主选举产生的,换句话说,立法机关成员在立法中行使的权力是得到人民背书的。而法官的产生则不尽如此,法官的权力明显缺乏人民性。因为,在大部分国家司法体制中,法官的产生有多种形式,遴选制、任命制、选举制等多种形式并存,而且,相当多的国家都主张司法独立,法官独立行使司法审判权,不受外部势力干涉,容易导致与人民的要求脱节。可是,在司法审判中,法官却拥有了解释法律的特权。在实行司法审查权的国家里,特定司法机关能以法律违宪为由宣布法律无效,无疑,此时的司法权成为一种超越立法权的超级权力。非民选的法官可以宣布民选国会制定的法律违宪而无效,这本身即是一种悖论。美国联邦最高法院在"联合公民诉选举委员会"一案判决中,轻而易举地将美国国会两党关于限制竞选经费的法案搁置起来,重挫美国国会及共和、民主两党为防止金钱侵蚀选举而做的立法努力,同时也重创美国民众希望选举能够免受财团操纵的要求。

第二节　民主政治法治化局限性的防范

　　尽管民主政治与法治存在着紧张与冲突关系,但这种紧张关系在合适的条件下,是可能被解决的。美国宪法学者孙斯坦就曾指出:"跟那些认为宪法与人民之间一直存在冲突的人不同,我坚持认为两者之间并不一定存在冲突。一部宪法是否跟民主相冲突,主要取决于我们拥有的宪法以及追求的民主的性质。"[①]这也提示我们,尽管民主政治法治化存在着一定程度的局限性,存在着可能出现的弊端,但是,人们仍可在相当程度上防范与规避这些局限与弊端。这就要求在民主政治法治化的过程中,应当注意防止法治与民主政治的背离,应当坚守基本的原则,采取相应的措施与办法防范

---

　　①　[美]凯斯·R.孙斯坦:《设计民主:论宪法的作用》,金朝武等译,法律出版社2006年版,第9页。

与规避民主政治法治化过程中可能出现的弊端及局限。

一、推进立法民主和司法民主

推进立法民主与司法民主是当今时代中国民主政治与法治发展中的重要举措。它体现我国社会主义民主政治与法治建设的原则与精神。

立法民主是现代民主原则在立法程序、形式上的具体体现,也是现代民主政治发展的必然要求。它是指在整个立法的过程中,坚持民主的精神与原则,使社会公众参与和监督立法的全过程,做到充分反映民意,广泛集中民智,推进法制建设的科学化、民主化,使立法机关所制定的法律能真正体现和表达人民的意志和意愿。代议制民主是一种间接民主制度,人民一般是通过选举自己的代表来行使主权,包括立法权。全体人民难以直接参加立法活动,绝大多数人在立法环节只能间接当家做主。为了弥补代议制民主在立法方面存在的缺陷,有些国家如瑞士,设计了全民投票、全民公决、立法的民主复议或民主覆议等直接民主制度,以在代议制下最大限度地实现民主立法。民主立法在中国尤其有着特殊的意义。因为中国是一个人口大国,也是一个幅员辽阔的大国,从民主的技术上来看,实施直接民主措施的难度远大于人口小国和幅员小国。中国实行人民代表大会制度,人民通过选举人大代表(包括其常委会成员)行使立法权力,但是由于人大代表及其常委会组成人员的人数非常有限,绝大多数人民只能间接参与或者影响立法。因此,如何最大限度地让人民参与到立法活动中来成为民主政治的重大问题。为此,应当确立一整套的、能够体现民主立法要求的制度、规范和程序,包括立法公开制度、立法旁听制度、立法听证制度、立法参与制度、立法咨询制度、立法监督制度、立法覆议制度、专家和民众参与立法制度等。同时,应当创造各种条件保证各种民主立法制度能够切实发挥实效。

加强立法民主对于防范民主政治法治化的重要作用在于立法民主能够发挥民意表达与汇集的功能,及时地将民众的立法或修改法律的意愿与要求及时地纳入到立法规划中来,通过及时立法和及时修改更新法律的内容,以克服法律的滞后性、消极性的缺点,适时顺应现实发展需要。同时,立法民主有助于发挥其沟通、博弈与妥协的功能,让民众在参与立法过程中,通过各种意见表达在讨论与博弈中达成妥协,以提高立法内容的质量与包容性,增强法律的可行性与正当性。

加强司法民主也是防范和规避民主政治法治化局限与弊端的重要方式。司法机关在其审判活动中,因其拥有对法律的解释权而影响法律的效力。在判例法国家,法院在某种程度上具有造法功能,形成司法造法的局面。因此,加强司法民主,对法官裁决案件进行监督,可以起到抑制法官肆意裁判或枉法裁判的作用和功能。这样有助于防止恶法的出台,也可纠正法律实际适用中的不当,同时还可以规制法官造法。司法民主在一定程度上可以起到抑制司法成为超级力量的作用。

二、切实保障人权

人权是各国宪法所确立的原则与价值准则,其宪法文本也以不同的方式或文字予以表述。有的国家在其宪法中明确规定了人权原则。如《中华人民共和国宪法》即明确规定:国家尊重和保障人权。有的国家在其宪法中将人权确立为立法的准则。如《美国宪法》规定:美国议会"不得通过任何褫夺公权的法案或者追溯既往的法律",美国各州也"不得通过任何褫夺公权的法案、追溯既往的法律和损害契约义务的法律"。还有的国家宪法虽然没有明确规定宪法的人权原则,但它在公民基本权利规范中全面、准确地体现了人权原则。保障人权的宪法原则与基本权利规范明确地宣示:无论何种情形下,国家的立法不得侵犯或剥夺公民的基本权利,司法应当保障人权、保障公民的基本权利。这应该是民主政治法治化的底线。

在民主政治法治化进程中,强调保障人权的重要意义在于避免法律沦为强势政治势力追求政治私利的工具,避免法律沦为政党展开党争的工具,避免法律沦为政治统治者压制民众、打击政治异己的工具。民主政治法治化的目的在于增益法治在推进民主政治过程中的独特作用与功能,绝不能违背其目的而走向它的反面。重视保障人权,其重要意义之一在于防止出现民主政治中可能会出现的"多数暴政",以保障少数的权利而对抗政治多数的强势,防止多数利用其在立法机关、行政机关的优势地位,通过剥夺少数的基本权利的法律、行政法规和国家政策。因为不同状态下,不同时期里,不同的问题域中,任何人都可能成为少数,所以,从更广泛的意义来讲,保障少数的权利,就是保障所有人的权利。重视保障人权,重视保障人权的重要意义之二在于约束司法机关的裁决权力,避免司法机关人员为了政治利益而无视公民的权利,使司法机关沦为政治斗争的工具。

三、坚守程序正义

民主政治法治化的一项重要内容就是将民主行为程序化、法律化,换句话说,这种程序化、法律化的努力就是要接受程序正义原则的审议,就是要使程序的展开做到公开、公平、公正。如果法治化的努力背离了程序正义原则,就违背了其法治化的宗旨。

首先,程序正义体现为对公民人身自由的保障方面,这是公民从事政治活动的前提与基础。程序正义是在漫长的岁月里形成的一项宪法规则。绝大多数民主国家都确立了程序正义的基本原则。在英国历史上形成的"自然公正"理念包括两项最基本的程序规则:一是任何人不能自己审理自己或与自己有利害关系的案件;二是任何一方的诉词都要被听取。1215 年《英国大宪章》确立了"正当程序"原则,这是这一原则的源头。该大宪章第三十九条规定:"除依据国内法律之外,任何自由民不受监禁人身、侵占财产、剥夺公民权、流放及其他任何形式的惩罚,也不受公众攻击和驱逐。"1354 年,英国国王爱德华三世颁布第二十八号法令,其中第三章中规定:"不依正当法律程序,不得对任何人(无论其财产或社会地位如何)加以驱逐出国境或住宅,不得逮捕、监禁、流放或者处以死刑。"这是大法律文献中正式出现"正当程序"的法律条件的法令,它成为英国立宪体制的基本标志。法国《人权宣言》第七条规定:"除依法判决和按法律规定的方式外,任何人不应受到控告、逮捕或拘禁。"美国 1692 年的马萨诸塞州的一部制定法中曾出现"正当法律程序"的法律术语。1791 年《美国宪法》第五条修正案正式规定:"非经正当法律程序,不得剥夺任何人的生命、自由和财产。"当然,各国宪法对程序正义或正当法律程序原则表述不完全一致,重视程序也不完全一样。孙笑侠认为,是否重视宪法的程序性内容的规定,与宪法传统以及制定背景有着密切联系。法国《人权宣言》产生于革命胜利之时,其重视权利宣示的特点一直影响到法国现行宪法;德国"魏玛宪法"产生于战败反省之时,因此侧重于公民权利的确认和宣示;美国宪法产生于十三个州之间的磋商以及联邦派与反联邦派之间的论辩,当时的焦点并不涉及国家公权力与公民私权利之间的关系问题,而是把权力的分配与制约看做是宪法的关键,所以侧重于宪法程序方面的规定;新中国宪法是在经过数十年革命斗争胜利后取得的成果,它必然重视对人民的权利宣示。① 我国 1982 年宪法虽然未明确提出"正当法律程序"条款,但其基本理念已得到贯彻。如《宪法》第三十七条规定:"任何公民,非经人民检察院批准或者人民法院决定,并由公安机关执行,不受逮捕。禁止非法拘禁和以其他方法非法剥夺或者限制公民的人身自由,禁止非法搜查公民的身体。"第三十九条规定:"禁止非法搜查或者非法侵入公民的住宅。"这些条款明确地提出了法律规定是基本前提条件,这当然包括程序法规定。总的来看,中国现行宪法关于权利的宣示条款并不少见,但对如何实现这些权利缺少程序化的制度设计与宪法规范。这么一来,人民的民主自由难以按照宪法预定的内容来实现,容易给人们造成宪法形同虚设的不佳印象。因此,宪法程序应当更加完善、可行,以便在宪法规定的程序与原则的框架中,使各种各样的社会生活规范得以自然地"生成和发展"、演变。②

其次,程序正义原则体现在具体的法律、法规及其他规则之中。最为集中体现程序公正原则的法律是《刑事诉讼法》、《民事诉讼法》、《行政诉讼法》。《刑事诉讼法》除了打击犯罪、维护社会秩序方面的功能之外,在民主政治方面打击政治领域的各种各样的犯罪行为,如选举中的贿选、暴力胁迫、黑恶势力操纵等行为。《民事诉讼法》也与民主政治有着相当密切的关联,如我国选民资格案件即适用民事审判程序,自然民事诉讼程序的公正性将会影响选民资料案件的判决结果。《行政诉讼法》与政治事务的联系也相当紧密。"民告官"本身就有其明显的政治性,它体现着公民对政府相关行为的不满,通过诉讼程序改变政府的行政行为。因此,这些诉讼程序是否公正对政治公正有着直接或间接的影响力。

最后,程序正义原则还体现在立法机关的议事规则中,体现在政府决策程序中。公正有效的议事规则可以促使和确保立法机关依法定程序立法,确保法律的公正性。政府决策对民主政治关联极大,很多决策本身就是政治事务,还有些决策虽然是经济、社会、文化等事实,看起来与政治关联不大,但放在整个政府事务中来思考,这些事物本身就是一种政治,立法机关的立法关于利益的分配本身就是一种政治。可见,立法机关的议事规则、政

---

① 参见孙笑侠:《程序的法理》,商务印书馆 2005 年版,第 194—195 页。
② 参见孙笑侠:《程序的法理》,商务印书馆 2005 年版,第 195 页。

府机构的决策程序对于政治事务有着相当大的影响。

因此,程序正义是克服民主政治法治化之局限性的重要价值追求。以程序正义对抗恣意妄为,防范强势集团操纵立法,防范司法机关枉法裁判,保障与促进民主政治法治化沿着法治的轨道发展。

结　语

　　中国社会主义民主政治法治化是一项伟大的事业。在中国共产党的领导下,通过对社会主义民主宪法制度的完善,运用立法、行政与司法手段,进一步发展和规制票决民主、协商民主和谈判民主,社会主义民主政治法治化的成功是可以预期的。

　　社会主义民主政治有着比资本主义民主更先进、更优越的特点。通过民主政治的法治化,我们既要吸纳资本主义民主制度的进步的因素、合理的因素、有效的因素,同时,又要充分发挥中国特色社会主义民主政治的独特的优势性和先进性,进一步构建和完善社会主义民主制度和法律制度。

　　民主政治法治化旨在通过建立一整套的制度与机制,使民主政治的主体在法定的程序与制度中开展活动。民主政治法治化的第一要义就是将民主政治的主体转化为法律关系中的主体,并以法律的形式确立其政治权利和政治自由。只有切实地保护公民的基本政治权利和政治自由,才能防止"多数暴政"的出现,防止民主的失败。民主政治法治化的第二要义就是要制定一系列法律、法规,以此来规制民主政治主体的政治行为,使之受到法律的约束,并遵守法律所确立的原则与规范,以防止民主的行为失范,避免民主政治的变异。民主政治法治化的第三要义就是要运用法律机制解决民主政治争端,避免街头政治暴力或群体冲突,进而实现民主政治平稳、有序的发展。

　　中国是一个人口大国,在推行民主制度时面临着极大的技术困难,只能以间接民主为主,人民通过选择自己的代表行使国家权力。但是,我们国家的性质是社会主义,它的目的是保证和促进人民能够充分行使自己的民主权利,因此,需要进一步拓展公民民主的实现形式,有条件地推行直接民主形式,适时创立人民直接参与的制度形式,进一步深化参与民主及基层民主,将间接民主与直接民主有效地结合起来。中国是一个有着悠久历史的国度,同时专制统治的历史长达两千年,人治因素总是在干扰和妨碍着社会主义法治的建立,因此,需要从民主政治的各个方面实行法治化,才能彻底摆脱人治思想与专制制度残余的干扰。当然,中国是一个发展很不平衡的国家,法治化的努力既可以利用国家强制力在全国范围内推动民主政治发展,同时也会出现在一时一地脱离当地实际、拔苗助长的情形,导致效力受损、制度变形,因此,法治化的行为应当更为精细、更加科学。

中国是一个社会主义国家,中国的社会主义民主政治制度与西方资本主义民主政治制度有着极大的区别。作为一个社会主义大国,中国在政治制度与民主体制方面受到资本主义国家的民主政治制度的压力可想而知。世界上不少资产阶级民主国家,总以为自身的制度与法律是最优、最佳的选择,对中国特色社会主义民主政治动辄指责谩骂。中国必须要创新自身的民主政治,建构和完善中国特色社会主义民主政治制度,才能有效抵制西方资产阶级民主制度的侵蚀与攻击。现今的中国在政治上表现出充分的自信:一方面坚持中国特色社会主义道路毫不动摇,坚持人民代表大会制度及其他宪法制度;另一方面也尊重和承认别国人民的选择,尊重西方国家实行适合其国情的民主制度与宪法制度。中国本着良好的愿望,与不同制度、不同体制的国家及其人民和平相处,共同发展。同时,怀着进一步发展社会主义民主政治的目的,以极大的热情学习借鉴资本主义自由民主的优点与长处,并以此来改变中国的一些具体制度与做法。中国的社会主义民主政治法治化是在恶劣的国际环境中开展的,既要解决中国发展中的问题,在探索中前进,又要抵抗外国敌对势力的攻击,坚定社会主义的前进方向。这就要求在民主政治法治化的过程中,我们需要更加坚定的立场,以更为理性、更加科学的认识,更加精致的努力,更加艺术的技巧,吸收消化西方自由民主制度的优点与长处,发展中国自身的社会主义民主。同时,在此基础上努力创新,创造社会主义民主政治的新的形式与方法。

不管如何,社会主义民主政治法治化是中国政治发展的必然趋势。在这个趋势下,我们应当把党的领导、人民当家做主和依法治国有机统一起来,在中国共产党的领导下,加快推进社会主义民主政治制度化、规范化、程序化,从各层次、各领域扩大公民有序政治参与,实现国家各项工作法治化。通过民主政治的法治化,充分实现人民群众实现当家做主的政治愿望,发展中国特色社会主义政治文明,全面推进中国特色社会主义民主政治。

参考文献

［印］阿玛蒂亚·森、［法］让·德雷兹：《饥饿与公共行为》，苏雷译，社会科学文献出版社 2006 年版。

［印］阿玛蒂亚·森：《贫困与饥荒——论权利与剥夺》，王宇、王文玉译，商务印书馆 2001 年版。

［印］阿玛蒂亚·森：《以自由看待发展》，任赜、于真译，中国人民大学出版社 2002 年版。

［美］埃尔斯特、［挪］斯莱格斯塔德：《宪政与民主——理性与社会变迁研究》，潘勤、谢鹏程译，生活·读书·新知三联书店 1997 年版。

［英］安东尼·阿拉伯特：《民主》（第三版），孙荣飞、段保良、文雅译，吉林人民出版社 2005 年版。

［英］安东尼·吉登斯：《超越左右——激进政治的未来》，李惠斌、杨雪冬译，社会科学文献出版社 2000 年版。

［古希腊］柏拉图：《理想国》，郭斌和、张竹明译，商务印书馆 1986 年版。

［英］保罗·塔格特：《民粹主义》，袁明旭译，吉林人民出版社 2005 年版。

蔡定剑：《中国人大制度》，社会科学文献出版社 1992 年版。

蔡定剑：《重论民主或为民主辩护》，《中外法学》2007 年第 3 期。

蔡定剑主编：《国外公众参与立法》，法律出版社 2005 年版。

蔡英文：《政治实践与公共空间——阿伦特的政治思想》，新星出版社 2006 年版。

常桂详：《法治政治论》，山东大学出版社 2007 年版。

陈端洪：《人民主权的观念结构——重读卢梭〈社会契约论〉》，《中外法学》2007 年第 3 期。

陈弘毅:《法理学的世界》,中国政法大学出版社 2003 年版。

陈俊:《政党与立法问题研究——借鉴与超越》,人民出版社 2008 年版。

陈晓枫:《中国法律文化研究》,河南人民出版社 1993 年版。

丁以升:《法治问题研究》,上海交通大学出版社 2006 年版。

[英]戴维·赫尔德:《民主的模式》,燕继荣等译,中央编译出版社 2004 年版。

[英]戴维·赫尔德:《民主与全球秩序——从现代国家到世界主义治理》,胡伟等译,上海人民出版社 2003 年版。

[德]迪特·格林:《政治与法》,杨登杰译,《法哲学与法社会学论刊》第 6 辑,2005 年卷。

范进学:《论法治政治》,《法律科学》1999 年第 6 期。

范进学:《论民主的实现形式——直接民主与间接民主比较》,《文史哲》2002 年第 1 期。

范进学:《权利政治论:一种宪政民主理论的阐释》,山东人民出版社 2003 年版。

范进学:《认真对待宪法解释》,山东人民出版社 2007 年版。

范进学等:《法治文明论》,中国经济出版社 2008 年版。

房宁:《民主政治十论》,中国社会科学出版社 2007 年版。

[美]房龙:《美国故事》,台北牧村图书 2001 年版。

[英]弗里德利希·冯·哈耶克:《自由秩序原理》,邓正来译,生活·读书·新知三联书店 1997 年版。

高放:《选举是民主的第一要义》,《党政干部学刊》2008 年第 5 期。

高鸿钧、马剑银编:《社会理论之法:解读与评析》,清华大学出版社 2006 年版。

高鸿钧:《现代法治的出路》,清华大学出版社 2003 年版。

高鸿钧等:《法治:理念与制度》,中国政法大学出版社 2002 年版。

高鸿钧等:《商谈法哲学与民主法治国——〈在事实与规范之间〉阅读》,清华大学出版社 2003 年版。

高民政:《选举在发展党内民主中的意义》,《探索与争鸣》2007 年第

12 期。

高全喜:《论宪法政治》,《北大法律评论》第 6 卷第 2 辑,2005 年。

何华辉:《比较宪法研究》,武汉大学出版社 1988 年版。

何华辉:《市场经济与社会主义宪政建设》,武汉大学出版社 1997 年版。

侯健:《实质法治、形式法治与中国的选择》,《湖南社会科学》2004 年第 2 期。

侯健:《表达自由的法理》,上海三联书店 2008 年版。

胡盛仪、陈小京、田穗生等:《中外选举制度比较》,商务印书馆 2000 年版。

黄卫平、汪永成主编:《当代中国政治研究报告 V》,社会科学文献出版社 2007 年版。

黄卫平:《中国选举民主:从广度到深度》,《吉林大学学报》(社会科学版)2008 年第 3 期。

[美]哈罗德·J.伯尔曼:《法律与革命——西方法律传统的形成》,贺卫方、高鸿钧、张志铭、夏勇译,中国大百科全书出版社 1993 年版。

[美]哈罗德·J.伯尔曼:《法律与革命——西方法律传统的形成》,贺卫方等译,中国大百科全书出版社 1992 年版

[美]汉密尔顿、杰伊、麦迪逊:《联邦党人文集》,程逢如、在汉、舒逊译,商务印书馆 2004 年版。

[美]亨廷顿:《第三波——20 世纪晚期民主化浪潮》,刘军宁译,上海三联书店 1998 年版。

[美]胡安·J.林茨、阿尔弗莱德·斯泰潘:《民主转型与巩固的问题:南欧、南美和后共产主义欧洲》,孙龙等译,浙江人民出版社 2008 年版。

[德]霍恩:《法律科学与法哲学导论》,法律出版社 2005 年版。

[美]霍华德·J.威亚尔达主编:《民主与民主化比较研究》,北京大学出版社 2004 年版。

季卫东:《法治秩序的建构》,中国政法大学出版社 1999 年版。

季卫东:《宪政新论——全球化时代的法与社会变迁》,北京大学出版社 2002 年版。

季卫东:《秩序与混沌的临界》,法律出版社 2008 年版。

江国华:《无诉讼即无宪政》,《法律科学》2002 年第 1 期。

江国华:《宪法的形而上之学》,武汉大学出版社 2004 年版。

江国华:《宪法哲学导论》,商务印书馆 2007 年版。

江宜桦:《自由民主的理路》,新星出版社 2006 年版。

[美]基恩·E.惠灵顿:《宪法解释:文本含义,原初意图与司法审查》,杜强强、刘国、柳建龙译,中国人民大学出版社 2006 年版。

[美]卡尔·科恩:《论民主》,聂崇信、朱秀贤译,商务印书馆 2005 年版。

[美]凯斯·R.孙斯坦:《自由市场与社会正义》,金朝武等译,中国政法大学出版社 2001 年版。

[美]肯尼思·W.汤普森编:《宪法的政治理论》,张志铭译,生活·读书·新知三联书店 1997 年版。

李伯超:《宪政危机研究》,法律出版社 2006 年版。

李步云:《论法治》,社会科学文献出版社 2008 年版。

李步云主编:《法理学》,经济科学出版社 2000 年版。

李步云主编:《宪法比较研究》,法律出版社 1998 年版。

李贺林、左宪民:《中国特色协商民主研究》,中共中央党校出版社 2008 年版。

李林、胡水君编:《民主法治之道》,中国社会科学出版社 2008 年版。

李林:《当代中国语境下的民主与法治》,《法学研究》2007 第 5 期。

李林:《当代中国语境下的民主与法治》,《法学研究》2007 年第 5 期。

李龙、蔡守秋主编:《和谐社会中的重大法律问题研究》,中国社会科学出版社 2008 年版。

李龙:《李龙文集》,武汉大学出版社 2006 年版。

李龙:《良法论》,武汉大学出版社 2001 年版。

李龙:《宪法基础理论》,武汉大学出版社 1999 年版。

李龙主编:《法理学》,人民法院出版社 2003 年版。

李龙主编:《人本法律观研究》,中国社会科学出版社 2006 年版。

李龙主编:《西方法学名著提要》,江西人民出版社 2005 年版。

李龙主编:《西方宪法思想史》,高等教育出版社 2004 年版。

李龙主编:《依法治国与政治文明建设》,武汉大学出版社 2008 年版。

李铁映:《论民主》,中国人民大学出版社 2007 年版。

林来梵:《从宪法规范到规范宪法:规范宪法学的一种前言》,法律出版社 2001 年版。

林尚立:《党内民主》,上海社会科学院出版社 2002 年版。

刘金国、陈金木:《当代中国民主政治的法治化——以政权与治权为视角进行考察》,《法学家》2004 年第 4 期。

刘军宁等编:《市场社会与公共秩序》,生活·读书·新知三联书店 1996 年版。

刘军宁等编:《直接民主与间接民主》,生活·读书·新知三联书店 1998 年版。

陆平辉:《宪法权利诉讼研究》,知识产权出版社 2008 年版。

[美]拉里·戴尔蒙德:《第三波过去了吗?》,载《民主与民主化》,商务印书馆 1999 年版。

[美]理查德·H.皮德斯:《民主政治的宪法化》,田雷译,载张千帆主编:《哈佛法律评论》(宪法学卷),法律出版社 2005 年版。

罗豪才等:《软法与公共治理》,北京大学出版社 2006 年版。

罗豪才等:《软法与协商民主》,北京大学出版社 2007 年版。

[美]罗伯特·达尔、沃尔特·墨菲等:《宪政与民主》,佟德志编,凤凰出版传媒集团、江苏人民出版社 2008 年版。

[美]罗伯特·达尔:《论民主》,李柏光、林猛译,商务印书馆 1999 年版。

[美]罗纳德·德沃金:《论合法性与政治》,郭琛译,《清华法学》第 1 卷第 1 期,2002 年。

[英]洛克:《政府论》(下编),商务印书馆 1982 年版。

马长山:《法治的社会根基》,中国社会科学出版社 2003 年版。

[英]马丁·洛克林:《公法与政治理论》,郑戈译,商务印书馆 2002 年版。

[英]马丁·洛克林:《剑与天平——法律与政治关系的省察》,高秦伟译,北京大学出版社 2011 年版。

[美]马克·普拉特纳:《让宪法远离法院》,杨智杰译,法律出版社 2009 年版。

［美］马克·普拉特纳:《自由主义与民主:二者缺一不可》,载《民主与民主化》,商务印书馆 1999 年版。

［美］马修·德夫林编:《哈贝马斯、现代性与法》,高鸿钧译,清华大学出版社 2008 年版。

［南非］毛里西奥·帕瑟林·登特里维斯主编:《作为公共协商的民主:新的视角》,王英津等译,中央编译出版社 2006 年版。

毛寿龙:《政治社会学》,中国社会科学出版社 2001 年版。

［法］米歇尔·克罗齐、［日］绵贯让治、［美］塞缪尔·亨廷顿:《民主的危机》,马殿军等译,求实出版社 1989 年版

［英］密尔:《代议制政府》,商务印书馆 1982 年版。

［波兰］莫迪凯·罗希瓦尔德:《民主的圣经根源》,《国外社会科学》2007 年第 6 期。

莫纪宠:《实践中的宪法学原理》,中国人民大学出版社 2007 年版。

莫纪宏:《实践中的宪法学原理》,中国人民大学出版社 2007 年版。

欧阳景根:《论美国宪政历史上宪政正义的转变》,《云南社会科学》2004 年第 3 期。

［美］P.C.奥德舒克:《立宪原则的比较研究》,程洁译,《公共论坛——市场社会与公共秩序》第 2 卷,生活·读书·新知三联书店 1996 年版。

潘维:《法治与"民主迷信"——一个法治主义者眼中的中国现代化和世界秩序》,香港社会科学出版有限公司 2003 年版。

强世功:《立法者的法理学》,生活·读书·新知三联书店 2007 年版。

［美］乔·萨托利:《民主新论》,冯克利、阎克文译,东方出版社 1998 年版。

秦前红、叶海波:《论民主与法治的分离与契合》,《法制与社会发展》2005 年第 1 期。

秦前红:《宪法变迁论》,武汉大学出版社 2002 年版。

任俊伟:《党内民主差异性研究》,中共中央党校 2007 年博士学位论文。

沈宗灵:《现代西方法理学》,北京大学出版社 1997 年版。

施雪华、孔凡义:《代议民主的制度规则与中国全国人民代表大会制度的改革与完善》,《理论月刊》2006 年第 9 期。

施雪华:《政治现代化比较研究》,武汉大学出版社 2006 年版。

时和兴:《关系、限度、制度——政治发展过程中的国家与社会》,北京大学出版社 1996 年版。

苏永钦:《合宪性控制的理论与实际》,台湾月旦出版股份有限公司 1994 年版。

孙笑侠:《程序的法理》,商务印书馆 2005 年版。

[美]斯蒂芬·L.埃尔金、卡罗尔·爱德华·索乌坦编:《新宪政论——为美好的社会设计政治制度》,周叶谦译,生活·读书·新知三联书店 1997 年版。

谈火生:《民主审议与政治合法性》,法律出版社 2007 年版。

唐贤兴:《民主与现代国家的成长》,复旦大学出版社 2008 年版。

佟德志:《民主化与法治化的互动关系初探——从第三次民主化浪潮看我国的政治文明建设》,《理论导刊》2004 年第 7 期。

佟德志:《现代西方民主的困境与趋势》,人民出版社 2008 年版。

佟德志:《在民主与法治之间——西方政治文明的二元结构及其内在矛盾》,人民出版社 2006 年版。

童之伟:《论法治民主》,《法律科学》1998 年第 6 期。

汪进元:《良宪论》,山东人民出版社 2005 年版。

汪进元:《论宪法的正当程序原则》,《法学研究》2001 年第 2 期。

汪习根:《法治社会的基本人权》,中国人民公安大学出版社 2002 年版。

汪习根主编:《权力的法治规制——政治文明法治化研究》,武汉大学出版社 2009 年版。

王长江:《怎样理解"党管干部"才是科学的》,《北京日报》2009 年 2 月 16 日。

王建勋编:《自治二十讲》,天津人民出版社 2008 年版。

王磊:《宪法的司法化》,中国政法大学出版社 2000 年版。

王人博、程燎原:《法治论》,山东人民出版社 1989 年版。

王绍光:《安邦之道——国家转型的目标与途径》,生活·读书·新知三联书店 2007 年版。

王绍光:《民主四讲》,生活·读书·新知三联书店 2008 年版。

王世杰、钱端升：《比较宪法》，中国政法大学出版社 1997 年版。

吴冠军：《正当性与合法性之三岔路口——韦伯、哈贝马斯、凯尔森与施米特》，《清华法学》第五辑，2008 年。

吴文程：《政治发展与民主转型——比较政治理论的检视与批判》，吉林出版集团有限责任公司 2008 年版。

夏勇、李林等主编：《法治与 21 世纪》，社会科学文献出版社 2004 年版。

夏勇：《法治源流——东方与西方》，社会科学文献出版社 2004 年版。

肖北庚：《走向法治政府》，知识产权出版社 2006 年版。

谢鹏程：《论社会主义法治理念》，《中国社会科学》2007 年第 1 期。

谢维雁：《从宪法到宪政》，山东人民出版社 2004 年版。

徐继强：《论作为法律之德的法治——基于塔马纳哈"薄的法治"概念所作的分析》，《环球法律评论》2009 年第 2 期。徐显明主编：《人权研究》第四卷，山东人民出版社 2004 年版。

徐亚文、刘菲：《论民主政治程序化的理论基础——对政治稳定、法治秩序与程序建设的理性思考》，《政治与法律》2004 年第 2 期。

徐亚文：《程序正义论》，山东人民出版社 2004 年版。

闫健编：《民主是个好东西——俞可平访谈录》，社会科学文献出版社 2006 年版。

杨光斌：《制度的形式与国家的兴衰——比较政治发展的理论与经验研究》，北京大学出版社 2005 年版。

俞可平：《政治学的公理》，《江苏社会科学》2003 年第 5 期。

俞可平主编：《依法治国与依法治党》，中央编译出版社 2007 年版。

[古希腊]亚里士多德：《政治学》，商务印书馆 1965 年版。

[德]尤尔根·哈贝马斯：《包容他者》，曹卫东译，上海人民出版社 2002 年版。

[德]尤尔根·哈贝马斯：《合法性危机》，刘北成、曹卫东译，上海人民出版社 2000 年版。

[德]尤尔根·哈贝马斯：《后民族结构》，曹卫东译，上海人民出版社 2002 年版。

[德]尤尔根·哈贝马斯：《交往与社会进化》，重庆出版社 1989 年版。

[德]尤尔根·哈贝马斯:《在事实与规范之间——关于法律和民主法治国的商谈理论》,童世骏译,生活·读书·新知三联书店2003年版。

[澳大利亚]约翰·S.德雷泽克:《协商民主及其超越:自由与批判的视角》,丁开杰等译,中央编译出版社2006年版。

[美]约瑟夫·熊彼特:《资本主义、社会主义与民主》,商务印书馆1999年版。

詹成付主编:《村民选举权利救济机制研究》,中国社会出版社2007年版。

[美]詹姆斯·博曼、威廉·雷吉主编:《协商民主:论理性与政治》,陈家刚等译,中央编译出版社2006年版。

[美]詹姆斯·博曼:《公共协商:多元主义、复杂性与民主》,黄相怀译,中央编译出版社2006年版。

占红沣:《社会主义民主的实现形式研究》,武汉大学2008年博士学位论文。

张恒山:《法治与党的执政方式研究》,法律出版社2004年版。

张晋藩:《中国法律的传统与近代转型》,法律出版社1997年版。

张千帆:《司法审查与民主——矛盾中的共生体?》,《环球法律评论》2009年第1期。

张千帆:《司法审查与民主——矛盾中的共生体?》,《环球法学评论》2009年第1期。

张千帆:《宪法学导论》,法律出版社2003年版。

张树义主编:《法治政府的基本原理》,北京大学出版社2006年版。

张文显:《二十世纪西方法哲学思潮研究》,法律出版社2006年版。

张文显主编:《法理学》,高等教育出版社2007年版。

郑贤君:《宪法解释是政治法律化的基本途径——兼议司法释宪的形式化特征》,《法学杂志》2006年第1期。

周光辉:《论公共权力的合法性》,吉林出版集团有限责任公司2007年版。

周伟:《宪法解释方法与案例研究》,法律出版社2007年版。

周叶中、潘洪祥:《论民主政治的法治化》,《郑州大学学报》(哲学社会科学版)1999年第5期。

周叶中:《代议制度比较研究》,武汉大学出版社 2005 年版。

周叶中:《宪政中国研究》(上、下),武汉大学出版社 2006 年版。

周叶中主编:《宪法》(第二版),高等教育出版社、北京大学出版社 2005 年版。

周佑勇:《行政法基本原则研究》,武汉大学出版社 2005 年版。

周祖成:《政治法治化问题研究》,法律出版社 2011 年版。

朱苏力:《道路通向城市——转型中国的法治》,法律出版社 2004 年版。

朱苏力:《法治及其本土资源》,中国政法大学出版社 1996 年版。

朱维究:《中国民主政治法律化探究》,中国政法大学出版社 2000 年版。

卓泽渊:《法治国家论》,法律出版社 2008 年版。

[日]猪口孝等编:《变动中的民主》,吉林人民出版社 1999 年版。

Daniel C.Esty, "Good governance at the Supranational Scale: Globalizing Administrative law", *The Yale Journal*, May, 2006.

Devid Miller, *Is Democracy Unfair to Disadvantaged Groups? Democracy as Public Deliberation: New Perspectives*, Edited by Maurizio Passerin D'entreves, Manchester University Press, 2002.

Dicey A V, *Introduction to the Study of the Law of the Constitution*, London: Macmillan and Co. ,Limited, 1926. pp.183 - 201.

Frank van Dun, "The Lawful and the Legal", in *Journal des economistes et des études humaines*, VI, 4, 1996, p.p 555 - 579.

John Rawls,"The Idea of Public Reason Revisited", *The University of Chicago Law Review*, Vol.64, No.3, 1997.

John S. Dryzek, *Deliberative Democracy and Beyond*, Oxford University Press, 2000.

Jorge M. Valadez, *Deliberative Democarcy, Political Legitimacy, and Self Democracy in Multicultural Socities*, USA Westview Press, 2001.

Joseph.M.Bessette, "Deliberative Democracy: The Mjority Principle in Republican Govermment ", in *How Democratic Is the Constition? Des. Robert A. Goldwin and William A Scham-bra*, Washington: American Enterprise

Institure, 1980.

L.B.Solum, "Equity and the Rule of Law", in *The Rule of Law*, I. Shapiro, de., New York University Press, 1992。

Michael Walzer, "Constitutional Rights and The Shape of Civi Society", in *The Constitution of The People: Reflections on Citizence: University press of Kansas*, 1991; Michael Walzer, "Multicuturalism and Individualism", *Dissent*, 1994, Vol. 41, No.2.

Michael.Perry, *The Constitution, the Courts and Human Rights*, Yale University Press, 1982.

Moor M S.*A*; "Natural Law Theory of Interpretation", *Southern California Law Review*, 1985.

Richard H. Pildes, "The Constitutionalization of Democratic Politics", *Harvard Law Review*, vol.118:28(2003).

Seymour Martin Lipset, "Some Social Requisites of Democaracy: Economic Development and Political Legitimacy", *The American Political Science Review*, Vol.53, No.1(Mar.,1959),69 - 105.

Theodora Ziamou, "Altermative Modes of Administrative Action: Negotiated Rule-making in the United States, Germany and Britain", *European Public Law*, Vol.6, Issue1.

Walker G de Q, *The Rule of Law: Foundation of Constitutional Democracy*, Melbourne University Press, 1988: 23 - 48.

后　　记

　　出于专业的认知,许多年来,我对中国的民主政治与法治问题有着强烈的兴趣,持续地关注并研究着该课题。从热爱中国五千年历史开始,到关注现代中国的革命与建设,关注"一国两制"与祖国统一,关注当下中国民主政治与法治的发展,作为学人,恰如我的同代人一样,我总是希望着能为祖国和民族贡献出自己的一份心、一份力。记得大学毕业时,校园里正流行着"年轻的朋友来相会"那首歌。每每唱到"但愿到那时,我们重相会,伟大的祖国,该有多么美。天也新,地也新,城市乡村处处增光辉。啊,亲爱的朋友们,创造这奇迹要靠谁,要靠你,要靠我,要靠我们八十年代的新一辈⋯⋯为祖国,为四化,流过多少汗,回首往事心中可有愧",那时年少的我们总是心潮澎湃,真心地认为国家与民族的进步与发展需要我们付出自己的汗水与努力。

　　时光荏苒,二十余年过去了,两鬓微霜的我仍旧艰难地走在追求学术的路上。对于民主政治法治化专题的研究始于我在武汉大学读博期间。恩师李龙教授一生致力于人权、民主与法治研究,对我的研究影响至深。2008年正当我为博士论文选题殚精竭虑之际,意外地接到一个好消息,我以"社会主义民主政治法治化研究"为题申报国家社会科学基金项目获得立项。基于"毕其功于一役"的想法,我遂以"中国民主政治法治化研究"为题撰写我的博士论文。一年之后,论文初成,顺利通过博士论文答辩。2010年9月至2011年9月间,受国家教育部留学基金委派遣,前赴美国埃默里大学法学院访学,重点研究宪法、选举法与政治学。回国后,顺利完成了国家基金项目研究并结项。此书即是我的博士论文及课题成果的最后结晶。然而,民主与法治问题博大精深,上下五千年,纵横几万里,必须以"上穷碧落下黄泉"的心境去探求才能有所得。本书虽成,却只能是略窥中国民主政治法治化的门径,大致搭起一座研究性框架,抽离出几条主线,寻求到初步的解答。本人深信,民主政治法治化是中国民主政治的发展方向,研究并解决其中的问题有着重要的意义。我将继续努力,期望能够有更多的研究成果奉献给大家。

东湖之滨,珞珈山下,武汉大学美丽的枫园,我在那里度过了愉快而又充实的三年。在作博士论文及课题研究期间,恩师李龙教授一直给予细心的指导和无微不至的关怀,周叶中、汪习根、徐亚文、江国华、张万洪、付子堂、李伯超、陈寿灿、肖伯庚、范进学等众多老师和同学给予我指导和帮助。在赴美访学期间,佩里教授给了我许多指导。在此,一并表示感谢。

同时,我要感谢长沙理工大学的领导和同事们,他们给予许多帮助与关心,为我的研究提供了方便。

感谢所有的同学与朋友,他们的关怀与友谊使我忘却了著书的艰辛与烦闷。

感谢我的家人,他们的关怀给了我持续的动力,使我能够静心地完成本书的写作。

最后,我要将此书献给在我年少时便已故去的父亲王同春先生,以寄我深深思念之情,以慰其殷殷期盼之心。家父生前对我疼爱有加,期许甚高。记得那年我尚在读小学,家父听说有一套上海出版的《青年自学丛书》对考大学很有帮助,便不顾家中经济的困难,把那套当时非常紧俏的丛书从县城给我"挑"了回来。其情其景,至今难忘。由于父亲早早地故去,以致当我需要"牵引"的时候,总是没能"牵到他的手"。少年时的我,曾多少次跌得头破血流,却又不得不爬起来独自前行。但是父亲的期望却总在我心里,成为我永远的动力。站在父亲的故冢之前,我常常泪流满面。无以遣怀,以书为寄。

王新生

2013 年 6 月 1 日